职业教育汽车专业课程改革创新教材

汽车文化

（第2版）

Automobile Culture

(2nd Edition)

万军海 ◎ 主编

双色

人 民 邮 电 出 版 社

北 京

图书在版编目（CIP）数据

汽车文化 / 万军海主编. -- 2版. -- 北京 : 人民邮电出版社，2013.7（2022.8重印）
职业教育汽车专业课程改革创新教材
ISBN 978-7-115-31827-5

Ⅰ. ①汽… Ⅱ. ①万… Ⅲ. ①汽车—文化—职业教育—教材 Ⅳ. ①U46-05

中国版本图书馆CIP数据核字(2013)第116912号

内容提要

本书从文化的角度出发，围绕汽车发展历史、技术进步对社会文化产生的影响这一主线组织编写。全书共 8 章，主要内容包括汽车认识、汽车史话、汽车造型设计文化、汽车品牌文化、汽车名人、汽车运动、车与生活及汽车技术。

本书可作为各类职业院校汽车类相关专业的通用教材，也可供相关从业人员参考。

◆ 主　　编　万军海
责任编辑　刘盛平
责任印制　沈　蓉　焦志炜

◆ 人民邮电出版社出版发行　北京市丰台区成寿寺路 11 号
邮编　100164　电子邮件　315@ptpress.com.cn
网址　http://www.ptpress.com.cn
三河市祥达印刷包装有限公司印刷

◆ 开本：787×1092　1/16
印张：11.75　2013 年 7 月第 2 版
字数：272 千字　2022 年 8 月河北第 14 次印刷

定价：35.00 元

读者服务热线：(010)81055296　印装质量热线：(010)81055316
反盗版热线：(010)81055315
广告经营许可证：京东市监广登字 20170147 号

第 2 版前言

随着汽车工业和汽车技术的发展，以及职业教育改革的不断深化，各类职业院校汽车专业的知识结构和教学内容已经与现代企业的生产要求存在较大的差异。本书的编写就是要尝试打破以往汽车文化教材中以汽车技术为中心的知识结构，按文化的内涵来构建本课程的知识体系，体现汽车这一载体所反映出的文化内容。

本书在保持第 1 版主要内容及结构的同时，为了保证知识介绍的连贯性，调整了部分章节的顺序，比如将第 7 章的内容调到汽车品牌文化之前进行介绍，并且将其中的汽车标志内容调整到汽车品牌文化里面介绍，同时还增加了汽车俱乐部等知识。通过本课程的学习，使学生初步了解汽车的基本构造、汽车发展的历史及现代汽车技术，培养学生学习专业课程的兴趣和爱好，开拓专业视野，激发学生学习专业课的热情和振兴民族汽车工业的信心，从而奠定学习专业课程的基础。

本书既强调文化知识，又力求体现文化知识与专业内容的结合，并体现可读性和趣味性。本书在编写时采用简约的文字表述，采用大量图片，直观明了。本书注重知识和实践的结合，在内容中设置了“试一试”、“找一找”、“想一想”、“考考你”及“小故事”小栏目，形式生动，将知识与教学要求融会贯通。

本课程的教学时数建议为 48 学时，各章的教学课时可参考下面的课时分配表。

章节	课程内容	课时分配
第 1 章	汽车认识	4
第 2 章	汽车史话	6
第 3 章	汽车造型设计文化	6
第 4 章	汽车品牌文化	8
第 5 章	汽车名人	4
第 6 章	汽车运动	4
第 7 章	车与生活	6
第 8 章	汽车技术	8
	机动	2
课时总计		48

本书由万军海任主编，并编写了第 1 章、第 2 章以及第 4 章至第 7 章，陈秀妙编写第 3 章、第 8 章。本书的编写得到了广州市交通技师学院领导和教研室、专业系等相关部门，尤其是汽车工程系领导和教师的指导和帮助，在此表示衷心的感谢。

由于编者水平有限，书中难免存在错误和不妥之处，恳请广大读者批评指正。

编 者

2013 年 5 月

目录

第 1 章　汽车认识　1

第 1 节　汽车概念　2
第 2 节　汽车分类　3
第 3 节　汽车基本构造　9
第 4 节　汽车基本参数　12
本章小结　17
思考与练习　18

第 2 章　汽车史话　19

第 1 节　车的发明　20
第 2 节　蒸汽机汽车　22
第 3 节　内燃机汽车　26
第 4 节　世界的汽车工业　29
第 5 节　中国的汽车工业　34
本章小结　37
思考与练习　38

第 3 章　汽车造型设计文化　39

第 1 节　汽车设计　40
第 2 节　汽车造型　43
第 3 节　汽车色彩　47
本章小结　49
思考与练习　49

第 4 章　汽车品牌文化　50

第 1 节　欧洲车系　51
第 2 节　美洲车系　60
第 3 节　日韩车系　69
第 4 节　中华车系　77
第 5 节　汽车标志　84
本章小结　90
思考与练习　91

第 5 章　汽车名人　92

第 1 节　卡尔 · 本茨　93
第 2 节　戈特利布 · 戴姆勒　95
第 3 节　威廉 · 迈巴赫　96
第 4 节　费迪南德 · 保时捷　97
第 5 节　亨利 · 福特　99
第 6 节　威廉 · 杜兰特　101

第 7 节　瓦尔特 · 克莱斯勒　102
第 8 节　恩佐 · 法拉利　103
第 9 节　丰田喜一郎　105
第 10 节　饶斌　107
第 11 节　李书福　108
本章小结　110
思考与练习　110
第 6 章　汽车运动　111
第 1 节　汽车运动起源　111
第 2 节　汽车运动类型　114
第 3 节　方程式汽车赛　116
第 4 节　汽车拉力赛　119
第 5 节　卡丁车赛　121
第 6 节　德国房车大师赛　123
第 7 节　勒芒 24 小时耐力赛　125
第 8 节　印第安 500 大赛　126
本章小结　128
思考与练习　129
第 7 章　车与生活　130
第 1 节　报纸杂志　131
第 2 节　汽车博物馆　134
第 3 节　汽车展览　139
第 4 节　汽车广告　143
第 5 节　汽车模型　147
第 6 节　车牌趣事　150
第 7 节　汽车俱乐部　154
本章小结　156
思考与练习　157
第 8 章　汽车技术　158
第 1 节　汽车技术发展概况　159
第 2 节　现代汽车技术　164
第 3 节　未来的汽车　173
本章小结　178
思考与练习　178

Contents

第 1 章

汽车认识

（Automobile Recognition）

汽车是我们生活中很熟悉的一种交通工具，图 1.1 所示为我们在路面上经常见到的汽车。你们知道汽车的准确定义吗？能准确而全面地说出汽车的分类吗？了解汽车的基本构造吗？知道汽车有哪些基本的参数吗？下面就让我们带着这些问题来认识汽车吧。

图 1.1　常见的汽车

学习目标

◎ 了解汽车的相关概念及有关定义。

◎ 了解汽车的类型及分类方法。

第 1 节　汽车概念
（Automobile Definition）

一天，在某职业学校汽车专业课的课堂上，老师问一位同学：“你知道什么是汽车吗？”这位同学立刻回答：“烧汽油的车就是汽车。”老师接着问其他同学：“你们认为刚才那位同学的回答正确吗？”有的说正确，有的说不正确，还有的说不知道。下面我们就来了解什么是汽车。

一、各国对汽车的定义

（1）我国国家最新标准《汽车和挂车类型的术语和定义》（GB/T 3730.1—2001）中对汽车有如下定义：

由动力驱动，具有 4 个或 4 个以上车轮的非轨道承载的车辆，主要用于：载运人员和（或）货物；牵引载运人员和（或）货物的车辆；特殊用途。

定义还包括以下几种情况。

① 与电力线相连的车辆，如无轨电车。

② 整车整备质量超过 400kg 的三轮车辆。

（2）美国汽车工程师学会标准 SAEJ 687C 中对汽车的定义是：由本身动力驱动，装有驾驶装置，能在固定轨道以外的道路或地域上运送客货或牵引车辆的车辆。

（3）日本工业标准 JIS D0101—1993 中对汽车的定义是：自身装有发动机和操纵装置，不依靠固定轨道和架线仍能在陆地上行驶的车辆。

二、可以称为汽车的条件

依据我国国家标准对汽车的定义可知，汽车必须具备以下条件。

（1）汽车是由动力驱动的。动力可以是各种类型的发动机、电动机，如汽油机、柴油机、燃气发动机等。

（2）汽车应有 4 个或 4 个以上的车轮。两轮或三轮车均不属于汽车（但整车整备质量超过 400kg 的三轮车辆除外）。

（3）汽车不依靠轨道承载。有轨电车不属于汽车。

（4）汽车用于载运人员和（或）货物、牵引以及特殊用途。有些厂内或特种作业的车辆，如推土机、挖掘机、叉车、拖拉机等，不属于汽车。

想一想

（1）运送汽油的油罐车是汽车吗？

（2）救护车是汽车吗？

（3）F1 赛车是汽车吗？

第 2 节　汽车分类
（Types of Automobile）

随着汽车制造技术的发展，汽车的类型越来越多。那么，这样多的汽车，怎样将它们分门别类呢？

一、汽车分类的国家标准

新中国成立以来，我国已多次修改过汽车的分类方法。随着我国汽车工业的发展以及与国外汽车业的合资合作与交流日益增多，近十几年来出现了各式各样的汽车。原有的标准与国际通行标准不衔接，不适应社会发展的需要。目前，汽车类型的划分是按照新的国家标准《汽车和挂车类型的术语和定义》（GB/T 3730.1—2001），将其按用途分类主要分为用于代步的乘用车和用于商业运输的商用车两大类。新的国家标准是依据国际标准《道路车辆 车辆类型 术语和定义》（ISO 3833—1977）制定的。

二、汽车的分类

依据国家标准，汽车主要分为以下几类。

1. 乘用车

乘用车在其设计和技术特性上主要用于载运乘客及其随身行李和（或）临时物品，包括驾驶员座位在内，乘用车最多不超过 9 个座位。乘用车分为以下 11 种车型。

（1）普通乘用车（见图 1.2）。此类型车为封闭式车身，固定式硬车顶，有的车顶一部分可开启。车厢内有 4 个或 4 个以上座位，至少两排，后座椅可折叠或移动以形成装载空间。有 2 个或 4 个侧门，并可有 1 个后开启车门。

（2）活顶乘用车（见图 1.3）。此类型车具有固定侧围框架的可开启式车身，车顶为硬顶或软顶。车顶至少有两个位置：一是封闭，二是开启或拆除。可开启式车身可以通过使用一个或数个硬顶部件和 / 或合拢软顶将开启的车身关闭。车厢内有 4 个或 4 个以上座位，至少两排。有 2 个或 4 个侧门，4 个或 4 个以上的侧窗。

（3）高级乘用车（见图 1.4）。此类型车为封闭式车身，前后座之间可以设有隔板，车顶为固定式硬车顶，有的车顶一部分可开启。车厢内有 4 个或 4 个以上座位，至少两排，后排座椅前可安装折叠式座椅。有 4 个或 6 个侧门，也可有一后开启门，6 个或 6 个以上侧窗。

图 1.2　普通乘用车

图 1.3　活顶乘用车

图 1.4　高级乘用车

（4）小型乘用车（见图 1.5）。此类型车为封闭式车身，通常后部空间较小。车顶为固定式硬车顶，有的车顶一部分可开启。车厢内有 2 个或 2 个以上的座位，至少一排。有 2 个侧门，也可以有一后开启门，2 个或 2 个以上的侧窗。

（5）敞篷车（见图 1.6）。此类型车为可开启式车身，车顶可为软顶或硬顶。车顶至少有两个位置：第 1 个位置遮覆车身：第 2 个位置车顶卷收或可拆除。车厢内有 2 个或 2 个以上的座位，至少一排。有 2 个或 4 个侧门，2 个或 2 个以上的侧窗。

（6）舱背乘用车（见图 1.7）。此类型车为封闭式车身，车顶为固定式硬车顶，有的车顶一部分可以开启。车厢内有 4 个或 4 个以上的座位，至少两排。其后座椅可折叠或移动，以形成一个装载空间。有 2 个或 4 个侧门，车身后部有一仓门。

以上 6 种乘用车也可俗称轿车。

图 1.5 小型乘用车

图 1.6 敞篷车

图 1.7 舱背乘用车

（7）旅行车（见图 1.8）。此类型车为封闭式车身，车尾外形可提供较大的内部空间。车顶为固定式硬车顶，有的车顶一部分可以开启。车厢内有 4 个或 4 个以上的座位，至少两排，座椅的一排或多排可拆除或装有向前翻倒的座椅靠背，以提供装载平台。有 2 个或 4 个侧门，并有一后开启门，有 4 个或 4 个以上的侧窗。

（8）多用途乘用车（见图 1.9）。此类型车是除上述 7 种类型车辆以外的、只有单一车室载运乘客及其行李或物品的乘用车。但是，如果这种车辆同时具有下列两个条件，则不属于乘用车而属于货车：一是除驾驶员以外的座位数不超过 6 个（只要车辆具有可使用的座椅安装点，就应算座位存在）；二是 $p-(M+N\times 68)>N\times 68$。式中，$p$ 为最大设计总质量；M 为整车装备质量与 1 位驾驶员质量之和；N 为除驾驶员以外的座位数。

（9）短头乘用车（见图 1.10）。此类型乘用车一半以上的发动机长度位于车辆前风窗玻璃最前点以后，并且方向盘的中心位于车辆总长的前四分之一部分内。

图 1.8 旅行车

图 1.9 多用途乘用车

图 1.10 短头乘用车

（10）越野乘用车（见图 1.11）。此类型车是一种在其设计上所有车轮同时驱动（也包括一个驱动轴可以脱开的车辆），或其几何特性（接近角、离去角、纵向通过角、最小离地间隙）、技术特性（驱动轴数、差速锁止机构或其他型式机构）和它的性能（爬坡度）允许在非道路上行驶的乘用车。

（11）专用乘用车（见图 1.12）。此类型车是运载乘员或物品并完成特定功能的乘用车。它具备完成特定功能所需的持殊车身和 / 或装备。例如，旅居车、防弹车、救护车、殡仪车等。

图 1.11　越野乘用车

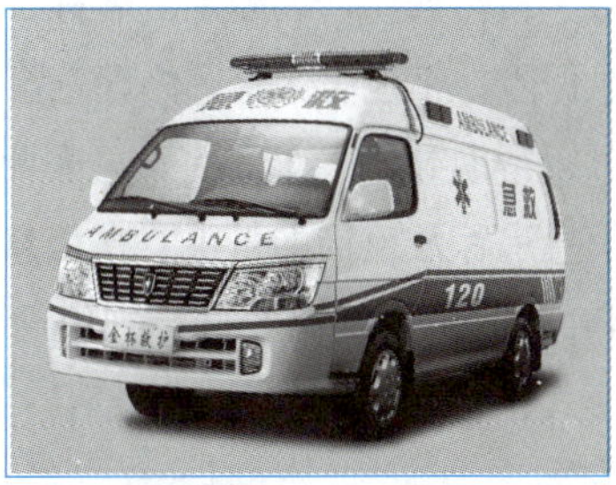

图 1.12　专用乘用车

2. 商用车

商用车在设计和技术特性上用于运送人员和货物，并且可以牵引挂车，但乘用车不包括在内。商用车分为下面 3 种车型。

（1）客车（见图 1.13）。此类型车是在设计和技术特性上用于载运乘客及其随身行李的商用车辆。包括驾驶员座位在内，其座位数超过 9 座。客车有单层或双层，也可牵引一挂车。客车又分为小型客车、城市客车、长途客车、旅游客车、铰接客车、无轨电车、越野客车和专用客车 8 种。

（2）半挂牵引车（见图 1.14）。此类型车是装备有特殊装置用于牵引半挂车的商用车辆。

（3）货车（见图 1.15）。此类型车是一种主要为载运货物而设计和装备的商用车辆，它能否牵引一挂车均可。货车又分为普通货车、多用途货车、全挂牵引车、越野货车、专用作业车和专用货车 6 种。

图 1.13　客车

图 1.14　半挂牵引车

图 1.15　货车

三、车辆识别代号

为了有序地实行车辆产品管理，现代汽车都具有车辆识别代号（Vehicle Identification Number，VIN）。

1. 什么是 VIN

VIN 即国家标准《道路车辆 车辆识别代号（VIN）》（GB 16735—2004）。该标准于 2004 年 6

月 21 日由国家质检总局、国家标准化管理委员会正式颁布，于 2004 年 10 月 1 日实施。该标准为在全国范围内规范车辆的生产、管理提供了依据。

VIN 具有全球通用性，最大限度的信息承载性和可检索性，已成为全世界识别车辆的唯一“身份证”。VIN 由一组字母和阿拉伯数字组成，共 17 位。从 VIN 中可以识别出车辆的生产国、制造公司或厂家、车的类型、品牌、车型系列、车身形式、发动机型号、车型年款、安全防护装置型号、检验数字、装配工厂名称、出厂顺序号码等。当每辆车打上 VIN 后，其代号将伴随车辆的注册、保险、年检、保养、修理直至回收报废。根据 VIN 可查询车辆的制造厂、销售商及车上的部件，可以帮助寻找失车的线索，因此，VIN 是国家各部门、各行业、各用户对车辆管理、检索、统计、信息追踪及反馈的帮手，在信息化的现代社会，VIN 实际上已成为汽车管理必不可少的工具。

VIN 的 17 位编码经过排列组合，可以使车辆生产在 30 年之内不会发生重号。VIN 一般以标牌的形式，装贴在汽车的不同部位（见图 1.16）。

图 1.16　车内的 VIN

2. VIN 的作用

（1）车辆管理：登记注册、信息化管理。

（2）车辆检测：年检和排放检测。

（3）车辆防盗：识别车辆和零部件，建立盗抢数据库。

（4）车辆维修：诊断、电脑匹配、配件订购、客户管理。

（5）二手车交易：车辆历史信息查询。

（6）汽车召回：年代、车型、批次和数量。

（7）车辆保险：保险登记、理赔、浮动费率的信息查询。

3. VIN 的识读

VIN 由世界制造厂识别代号（WMI）、车辆说明部分（VDS）和车辆指示部分（VIS）3 部分组成。

对完整车辆和 / 或非完整车辆年产量大于等于 500 辆的车辆制造厂，车辆识别代号的第 1 部分为 WMI，第 2 部分为 VDS，第 3 部分为 VIS，如图 1.17（a）所示。

对完整车辆和（或）非完整车辆年产量小于 500 辆的车辆制造厂，车辆识别代号的第 1 部分为 WMI，第 2 部分为 VDS，第 3 部分的第 3 ～ 5 位与第 1 部分的 3 位字码一起构成世界制造厂识别代号（WMI），其余 5 位为 VIS，如图 1.17（b）所示。

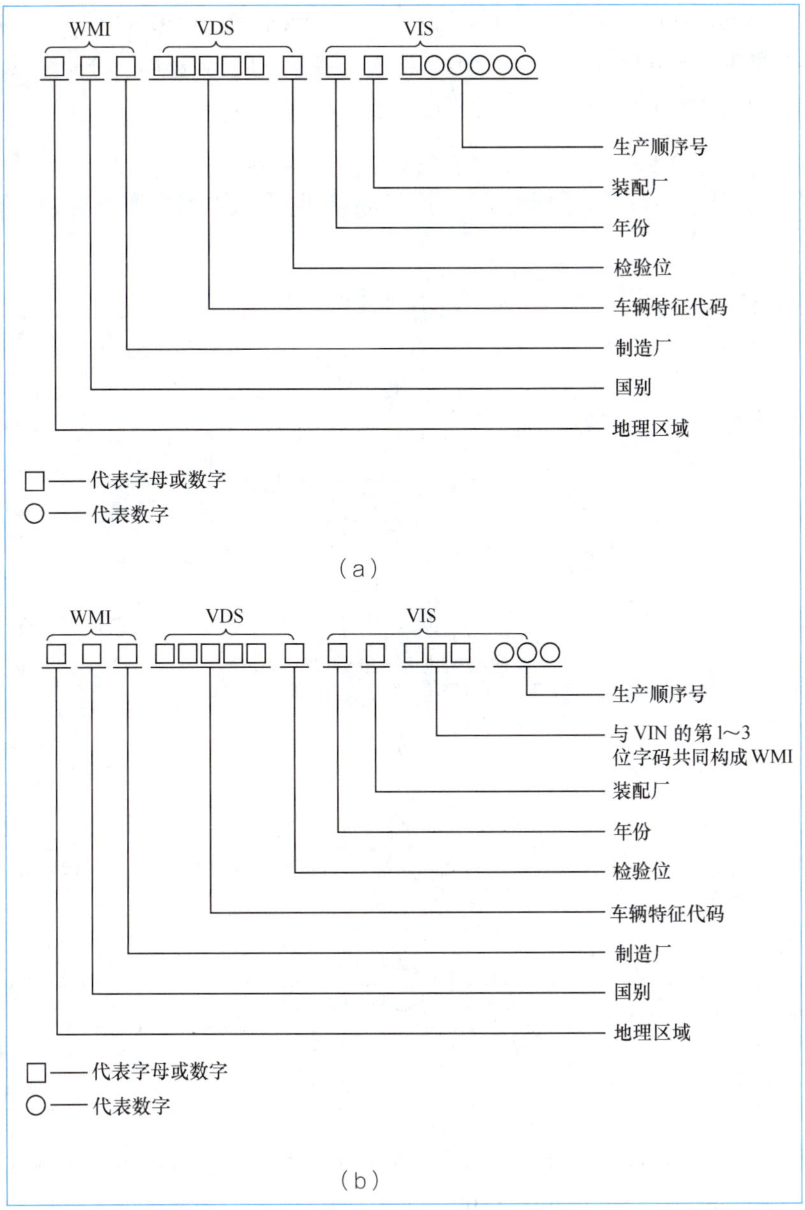

图 1.17 VIN 的组成

（1）世界制造厂识别代号（WMI）。WMI（见表 1.1）由国际标准化组织按地理区域分配给各国，各国再分配给本国的制造厂，所有的 WMI 由美国汽车工程师学会（SAE）保存并核对。我国由天津汽车技术研究中心标准所代理，并经国家商务部备案。其组成含义如下。

第 1 个字码：地理区域代码。如 1 ~ 5 代表北美，S ~ Z 代表欧洲，6 ~ 7 代表大洋洲，A ~ H 代表非洲，J ~ R 代表亚洲，8、9、0 代表南美洲等。

第 2 个字码：标明一个特定地区内的一个国家的字码。由美国汽车工程师协会（SAE）分配国家代码。

第 3 个字码：由国家机构指定一个字码来标明某个特定的制造厂。

我国实行的车辆识别代号中 WMI 的第 1 位是“L”，表示中国，第 2 位和第 3 位表示制造厂。若制造厂的年产量少于 500 辆，其 WMI 代码的第 3 个字码为 9。大厂用于分配车系。

由 WMI 可识别汽车源产地。

表 1.1　　中国、日本、德国、美国的 WMI

国　别	WMI	制　造　厂
中国：LA ~ L0	LSV	上海大众
	LFV	一汽大众
	LDC	神龙富康
	LEN	北京吉普
	LHG	广州本田
	LKD	哈飞
	LSY	沈阳金杯
	LSG	上海通用
	LS5	重庆长安
日本	JAA，JAJ，JAL	五十铃
	JA5，JB5，JJ5，JMA，JP5	三菱
	JSA	铃木
	JT1，JT7	丰田
	JT6，JT8	凌志（雷克萨斯）
	JHM，JH4，JHG	本田
德国：W（德国） 3（墨西哥） 8（阿根廷） 9（巴西）	WD3，WDB，8A3，8AB，9BM，3MB	戴姆勒 - 克莱斯勒
	WV1，WV2，WV3，WVM	大众
	WBA，WBS，WB1，4US	宝马
美国：1A ~ 10，4A ~ 40，5A ~ 50 2（加拿大） 3（墨西哥）	1FD，1FT	福特
	1G0，1G9	通用
	1B3，4P3	克莱斯勒

（2）车辆说明部分（VDS）。VDS 表示车辆的类型和配置。若其中的一位或几位字符不用，必须用选定的字母或数字占位。VDS 一般包含以下信息：车系；动力系统（如发动机型号、变速器形式）；车身形式；约束系统配置（如气囊、安全带等）；校验位（在第 9 位，用 0 ~ 9 或 X）。

（3）车辆指示部分（VIS）。VIS 是制造厂为了区别每辆车而指定的一组字符。VIS 一般包含以下信息：车型年代（见表 1.2）；装配厂；生产顺序号。

表 1.2　　标示年份的字码

年　份	代　码	年　份	代　码	年　份	代　码	年　份	代　码
1971	1	1981	B	1991	M	2001	1
1972	2	1982	C	1992	N	2002	2
1973	3	1983	D	1993	P	2003	3
1974	4	1984	E	1994	R	2004	4

续表

年　份	代　码	年　份	代　码	年　份	代　码	年　份	代　码
1975	5	1985	F	1995	S	2005	5
1976	6	1986	G	1996	T	2006	6
1977	7	1987	H	1997	V	2007	7
1978	8	1988	J	1998	W	2008	8
1979	9	1989	K	1999	X	2009	9
1980	A	1990	L	2000	Y	2010	A

试一试

试根据所学知识，说明如下 VIN 的含义。

(1) LSVHA19J022221761

(2) LGBC1AE063R000814

第 3 节　汽车基本构造

(Basic Structure of Automobile)

从人类的进化史知道，人是在几百万年前从猿不断进化而来的。而汽车的“祖宗”又是谁呢？这里可以告诉你：现代汽车是在古代马车（见图 1.18）的基础上发展而来的。

图 1.18　古代马车

马匹是最早被人类驯服、用作生产工具的动物。从两轮马车到四轮马车，汽车的发明家们从这种用牲畜拉动的车辆上得到了启发。他们从动力装置、传动装置、控制装置……一步一步将这种用畜力驱动的车辆，改变发展而成为当今我们所见到的汽车。

那么，现代汽车究竟是由什么组成的？它与马车之间的联系又是怎样的呢？

一、汽车的组成

有人将汽车的组成比作人体的某些部分。人体有心脏、骨骼、躯干和神经系统，相应地，汽车有发动机、底盘、车身和电气设备4大部分（见图1.19），这4大部分又称为4大总成。熟悉汽车的基本结构和各部分的作用，我们就能正确地使用它，使它更好地发挥安全、经济、环保及舒适的功能，为人类服务。

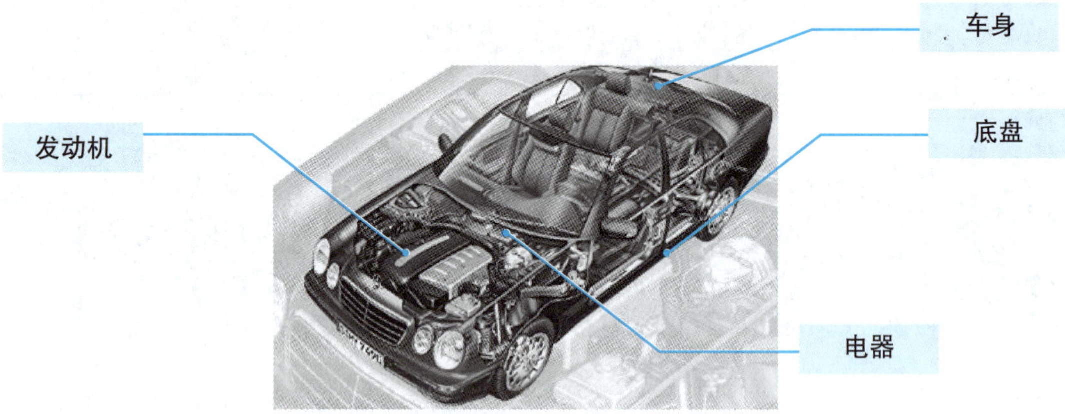

图1.19　汽车结构

二、汽车的心脏——发动机

发动机是汽车的“心脏”，是汽车的动力装置（见图1.20），其作用是使供入其中的燃料燃烧而发出动力。目前，绝大部分的汽车均采用内燃机作为汽车的发动机，它由机体与曲柄连杆机构、配气机构、燃料供给系、冷却系、润滑系、点火系和起动系组成。根据所用燃料的不同，内燃机分为汽油机、柴油机和燃气（天然气、液化石油气或氢气）机。近年来，随着环保和能源问题的日益突出，人们正在研究用蓄电池和燃料电池作为汽车动力的电动汽车，以及采用内燃机与电动机混合的方式为汽车提供动力，称混合动力车。

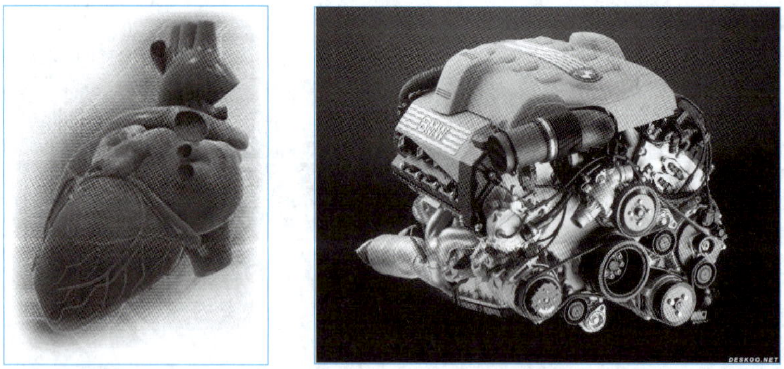

（a）　（b）

图1.20　汽车的“心脏”

三、汽车的骨骼——底盘

底盘是汽车的“骨骼”，是汽车的基体（见图1.21），其作用是将发动机的动力传送至驱动车轮使汽车运动，并能按驾驶员的意图转向和停车，保证汽车的安全行驶。

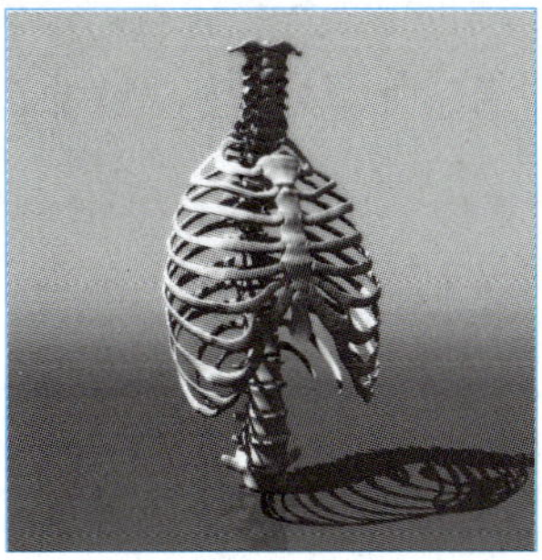

（a）

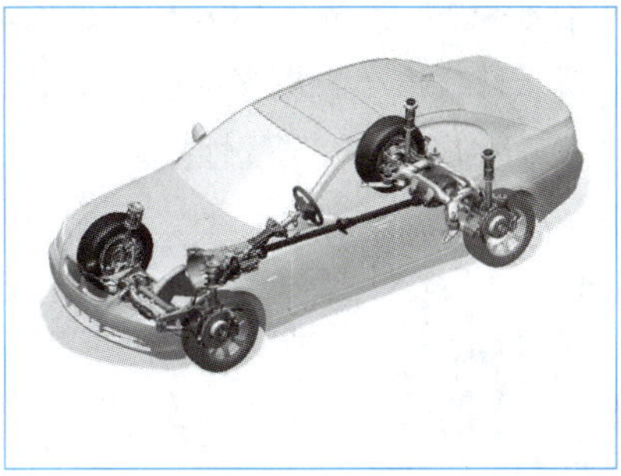

（b）

图 1.21 汽车的“骨骼”

底盘由传动系、行驶系、转向系和制动系 4 个系统组成。

（1）传动系：由离合器、变速器、万向传动装置和驱动桥组成，用于将发动机输出的动力传给驱动轮，使之适应汽车行驶的需要。

（2）行驶系：由车架、车轮、轮胎、悬架等部件组成，用于将汽车各总成联结成一个整体并对全车起支撑作用。行驶系影响汽车的操纵稳定性和乘坐舒适性。

（3）转向系：主要由转向操纵机构、转向器和转向传动机构组成，用于改变汽车的行驶方向。

（4）制动系：由制动器、制动操纵机构及制动传动装置组成。汽车的制动系一般有行车制动和驻车制动两套制动系统。它用于汽车的减速或停车，并保证停放的车辆能可靠地驻停。

四、汽车的躯干——车身

车身是汽车的“躯干”（见图 1.22），是汽车优美外型之所在，它为驾驶员和乘客提供工作或乘坐的空间，还提供存放行李及其他物品的空间。车身既要为驾驶员提供方便的操作条件，又要为乘客提供舒适的环境；既要保护乘员的安全，又要保证货物完好无损；它既是安全防护部件又是承载部件。在现代汽车中，车身是技术与艺术有机结合的艺术品。车身分承载式车身（无车架）和非承载式车身（有车架）两种。轿车车身一般是承载式车身。

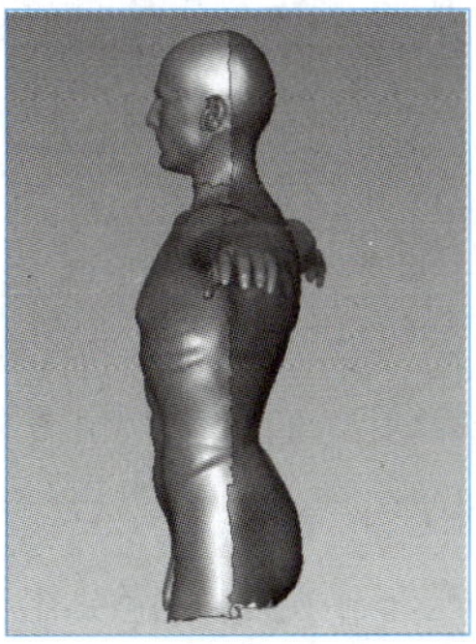

（a）

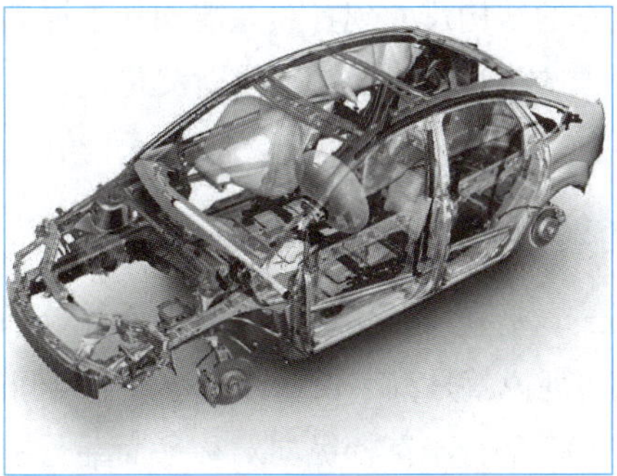

（b）

图 1.22 汽车的“躯干”

五、汽车的神经系统——电气设备

电气设备是汽车的“神经系统”（见图 1.23），是对汽车各项工作实施控制的关键部分，它保证了发动机的正常运行、汽车的安全行驶和乘客的乘坐舒适。电气设备包括电源、发动机点火系和启动系、照明和信号装置、空调、仪表和报警系统、辅助电器等。各电器部件分布于汽车发动机、底盘和车身。对于现代汽车，更多地应用了电子设备，如微处理机、中央计算机系统及各种人工智能装置等，显著地提高了汽车的性能。

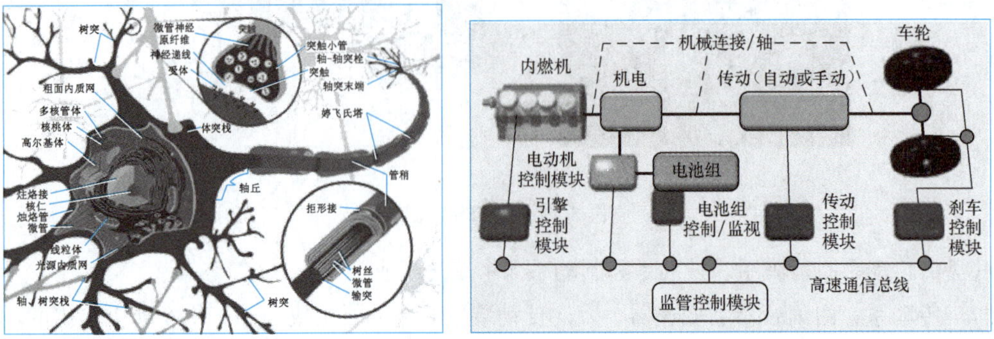

（a）　　（b）

图 1.23　汽车的“神经系统”

第 4 节　汽车基本参数

（Basic Parameter of Automobile）

一天，刚到某交通职业学校入读的新生小茗，与父母一起来到了一间离家不远的汽车 4S 店。这家店内展示的一款新车，外型线条流畅、洁白无暇，静静地躺在红色的地毯上，就像是白雪公主在等待着唤醒他的白马王子。他们仨人的眼光一下子被这辆车吸引了，不约而同地发出了“哇”的声音，这正是他们早就想购买的车型。二话没说，他们请来了前台销售顾问小黄，了解该车的情况。尽管小黄从车的结构尺寸到各项性能均作了详细的介绍，但小茗的父母还是丈二和尚摸不着头脑。毕竟年轻人脑袋瓜转得快，小茗对父母说：明天我带您俩到学校，请我们的老师给您俩上上课。第二天，小茗请了学校的一位专业老师，给她的父母介绍了如下一些汽车的基本参数。

一、尺寸参数

（1）车长（mm）。垂直于车辆纵向对称平面并分别抵靠在汽车前、后最外端突出部位的两垂面之间的距离，简单地说就是汽车长度方向两极端点间的距离。

（2）车宽（mm）。平行于车辆纵向对称平面并分别抵靠车辆两侧固定突出部位的两平面之间的距离。简单地说就是汽车宽度方向两极端点间的距离，但是不包含左、右后视镜伸出的宽度，而是后视镜折叠后的宽度。

车长及车宽较大的车型可以获得较为宽敞的车内空间，给驾驶员和乘客提供较好的乘坐舒适性，但是降低了调头、停泊的方便性和在狭窄巷道中行驶的灵活性。

（3）车高（mm）。车辆支撑平面与车辆最高突出部位相抵靠的水平面之间的距离。简单地说就是从地面到汽车最高点间的距离，但不包括天线的高度。

车高会影响到座位的头部空间以及乘坐姿态。头部空间大则不易有压迫感，容许稍挺的坐姿以适合长时间的乘坐。较高的车高有利乘员在车内的活动，但是过高的车高却不利车辆进出地下停车场。而强调运动性的跑车，为了提升在弯道的稳定性，通常车高较低。

（4）轴距（mm）。前轮轴中心到后轮轴中心之间的距离。较长的轴距可以使汽车获得较好的直线行驶稳定性，而短轴距则提供更好的灵活性。对于车内空间来说，轴距越长，车内纵向空间就越大，膝部及脚部空间因此而较宽敞，乘坐舒适性得到提高。

（5）轮距（mm）。同一车轴左右两轮胎胎面中心线之间的距离。较宽的轮距有助于汽车横向的稳定性与较佳的操纵性能。轴距和轮距确定之后，即确定了 4 个车轮占地的面积。车轮占地面积越大的车型，其行驶的稳定度越好。

（6）前悬（mm）。指通过两前轮中心的垂面与抵靠在车辆最前端（包括车牌及任何固定在车辆前部的刚性件）垂面之间的距离。

（7）后悬（mm）。指通过车辆最后车轮中心的垂面与抵靠在车辆最后端（包括牵引装置、车牌及固定在车辆后部的任何刚性部件）垂面之间的距离。

（8）最小转弯半径（mm）。当转向盘转到极限位置，汽车以最低稳定车速转向行驶时，外侧转向轮的中心平面在支撑平面上滚过的轨迹圆半径。它在很大程度上表征了汽车能够通过狭窄弯曲地带或绕过不可越过的障碍物的能力。转弯半径越小，汽车的机动性能越好。

汽车的主要尺寸参数如图 1.24 所示。

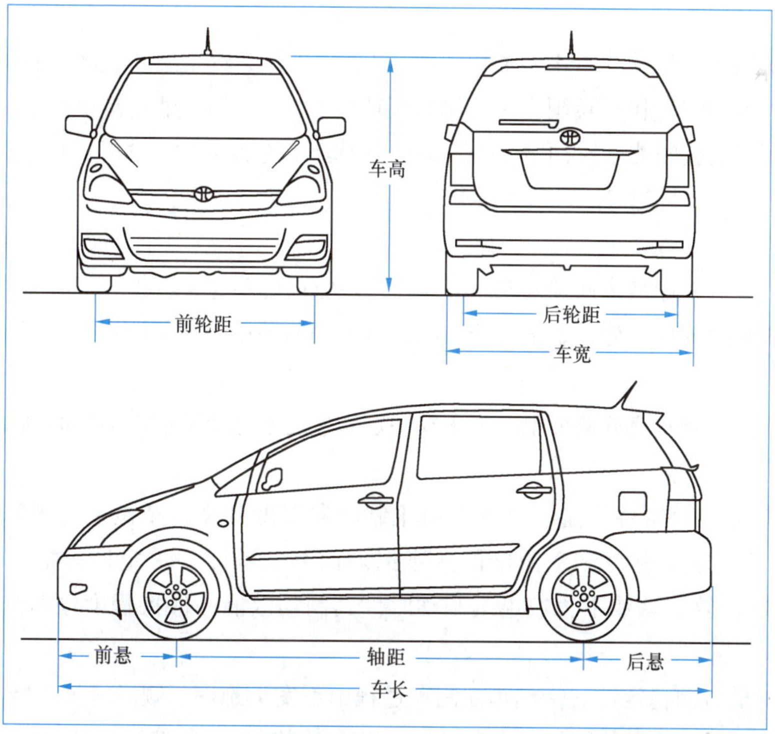

图 1.24 汽车的尺寸参数

二、性能参数

1. 动力性

汽车运输效率的高低在很大程度上取决于汽车的动力性。动力性是汽车各项性能中最基本、最重要的性能。汽车的动力性可通过下面 3 个指标进行评价。

（1）汽车的最高车速。指汽车在水平良好路面（混凝土或沥青）上能达到的最高行驶速度。

（2）汽车的加速时间。汽车的加速时间反映了汽车的加速能力，它对汽车的平均行驶速度有较大的影响。常用汽车原地起步加速时间和超车加速时间来反映汽车的加速能力。原地起步加速时间是指汽车由 1 挡或 2 挡起步，并以最大的加速强度（包括选择恰当的换挡时机）逐步换至最高挡后达到某一预定的距离或车速所需的时间。超车加速时间是指用最高挡或次高挡由某一较低车速全力加速至某一高速所需的时间。

（3）汽车的最大爬坡度。指汽车满载（或某一载质量）时在良好路面上的最大爬坡度，用 i_{max} 表示（如果汽车能爬上角度为 θ 的坡，则 $i_{max}=\tan\theta\times 100\%$）。由于汽车 1 挡输出的动力最大，因而，最大爬坡度指的是 1 挡的最大爬坡度。

对于乘用车，要求最高车速大，加速时间短，一般不强调它的爬坡能力；对于货车，因需要在较复杂的道路上行驶，所以必须具备足够的爬坡能力，一般 i_{max} 要达到 30% 即 16.7° 左右。对于越野汽车，因其要在坏路或无路条件下行驶，因此爬坡能力是一个很重要的指标，其最大爬坡度可达 60% 即 31° 左右。

2. 燃油经济性

在保证动力性的前提下，汽车以尽可能少的燃油消耗量经济行驶的能力，称为汽车的燃油经济性。

我国及欧洲各国一般采用百千米油耗，即升 / 百千米作为汽车燃油经济性的指标。该数值越小，表示经济性越好。美国、英国等一些国家用英里 / 加仑作为燃油经济性指标，即每消耗 1 加仑燃油，汽车可以行驶的英里数（1 英里 =1.609 3 千米，1 美加仑 =3.785 升，1 英加仑 =4.546 升）。该数值越大，表示经济性越好。

3. 制动性

汽车行驶时能在短距离内减速停车，且维持行驶方向的稳定，在下长坡时能维持一定的车速及在一定坡道上能长时间驻停车辆的性能，称为汽车的制动性。汽车的制动性可从以下 3 方面来评价。

（1）制动效能。指在良好路面上，汽车在一定初速度下迅速减速至停车的制动距离、制动减速度或制动时间。

（2）制动效能的恒定性。制动过程中由于制动器温度升高、摩擦系数下降，致使汽车制动能力降低，这种现象称为制动效能的热衰退。而制动效能的恒定性是指汽车高速行驶制动、短时间多次重复制动或下长坡连续制动时，其制动效能的保持程度也即汽车抗热衰退的性能。

（3）制动时的方向稳定性。指汽车在制动过程中不发生跑偏、侧滑或失去转向能力的性能，常用制动时汽车按给定路径行驶的能力来评价。如果制动时发生跑偏、侧滑或失去转向能力，则汽车将偏离原来的给定路径，影响行车安全。

4. 操纵稳定性

汽车的操纵稳定性是指汽车受到外界干扰（如侧向力）后，迅速恢复原有运动状态而稳定行驶的能力。

随着现代汽车技术的进步及高速公路的发展，汽车的行驶速度得到了提高。汽车的速度常在100km/h以上，现代轿车设计的最高车速常在200km/h以上。如果稳定性不良，将容易导致车辆侧滑、倾覆。因此，操纵稳定性是现代汽车非常重要的性能。

5. 平顺性（舒适性）

汽车行驶时，路面的不平会引起汽车的振动（颠簸）。当这种振动达到一定程度时，将使乘客感觉不舒适和疲劳，或使运载的货物和汽车零部件损坏。汽车对路面不平的隔振特性，称为汽车的平顺性。由于平顺性主要是根据乘坐者的舒适程度来评价的，所以它又称为乘坐舒适性。

提高汽车的舒适性，除了改善路面质量，减少振动输入外，汽车悬架的结构及其特性是最重要的影响因素。通常要求悬挂系统能够吸收振动能量，其输出的振动频率及其强度要避开多数人的不适敏感范围。

6. 通过性

汽车的通过性（又称越野性）是指汽车能以足够高的平均车速通过各种坏路及无路地带（如松软路面、雪地、沙漠、坎坷路面等）和克服各种障碍物（陡坡、台阶、壕沟、侧坡等）的能力。

汽车的通过性主要取决于地面的物理性质及汽车的结构型式和几何参数。各种汽车的通过能力是不一样的，轿车和客车由于经常在良好路面上行驶，对通过性的要求可以相对低一些，而越野汽车、军用车辆、自卸汽车和载货汽车，就必须有较强的通过能力。

7. 安全性

汽车的安全性是指汽车行驶时避免发生碰撞或碰撞后能减轻伤亡和损失的能力。

安全性是汽车的重要使用性能之一，它直接关系到人们的生命健康以及汽车和运输货物的完好。汽车的速度性能能否发挥，很大程度上取决于汽车是否具有足够的安全性，特别是随着汽车保有量的日益增加和汽车速度的提高，对汽车安全性的要求愈来愈高。

汽车的安全性包括主动安全性和被动安全性。

（1）主动安全性是指汽车对操纵稳定性和制动性能等事故的预防能力。汽车主动安全方面的主要内容有：保证驾驶员有良好的视野、保证良好的操纵性能、保证各种照明及信号装置符合有关要求等。主动安全系统装置主要有；汽车制动防抱死装置（ABS）系统、电子控制制动力分配系统（EBD）、驱动防滑控制系统（ASR）、电子增稳系统（ESP）、灯光安全系统等。

（2）被动安全性是指汽车发生碰撞事故时（见图1.25），对驾驶员、乘员和行人进行保护，尽可能减少其所受伤害的能力，如保险杠性能、防撞车身结构、安全带效能、安全气囊效能、安全玻璃性能等。被动安全系统装置主要有安全带、安全气囊、撞击感应系统、吸能式安全车身、安全式转向柱、汽车防侧撞安全系统等。

汽车安全性是生命财产攸关的重大问题，由于汽车事故危害巨大，因而世界各国对其极为重视，不惜耗费大量人力物力进行研究。

图 1.25 汽车的碰撞

8. 可靠性

可靠性是汽车在正常条件下，在规定的时间内完成必要工作的能力。如果汽车的零部件在规定的使用期限内不能保证性能要求，就称为“故障”或“不可靠”。故障包括零部件不工作、工作不稳或性能降低。

汽车零部件产生故障后，有的经过维修后仍可恢复性能，有的则不可维修而报废。零部件从开始正常工作直至不能正常工作而报废的整个过程称为使用寿命，可用零部件的工作时间和汽车的行驶里程去衡量。

三、发动机参数

1. 缸数

指发动机气缸的数量。发动机常用的缸数有 4、6、8、10、12 缸等。排量 1 ~ 2.5 升一般为四缸发动机，3 升左右的发动机一般为 6 缸，4 升左右为 8 缸，5.5 升以上用 12 缸发动机。一般来说，在同等缸径下，缸数越多，排量越大，功率越高。

发动机内气缸有各种排列形式。一般 5 缸以下发动机的气缸多采用直列方式排列，6 ~ 12 缸发动机一般采用 V 形排列。发动机气缸大多采用每缸 2 气门结构，即一个进气门，一个排气门。有些发动机采用每缸 4 气门结构，即 2 个进气门，2 个排气门，提高了进、排气的效率，同时气门的重量也减小，有利于提高发动机转速和功率。有的发动机甚至采用每缸 5 气门结构，即 3 个进气门，2 个排气门，主要作用是加大进气量，使燃烧更加彻底。

2. 排量

又称为单缸排量，指发动机气缸的工作容积，即活塞从上止点到下止点所扫过的空间容积，它取决于缸径和活塞行程。发动机排量是各缸工作容积的总和，一般用升（L）来表示。排量是发动机最重要的结构参数之一，发动机的许多指标都与排量密切相关。

3. 输出功率

输出功率的单位一般用马力（hp）或千瓦（kW）来表示，1hp = 0.735kW。发动机的输出功率与转速关系很大，随着转速的增加，发动机的功率也相应提高，但是到了一定的转速以后，功率反而呈下降趋势。

4. 最大扭矩

发动机从曲轴端输出的力矩，在功率固定的条件下它与发动机转速成反比关系，转速越快扭矩越小，反之越大，扭矩的单位是牛·米（N·m）。

想一想

（1）客车、货车和轿车对各种性能的要求相同吗？如果不同，以上各类车对性能有哪些侧重？

（2）根据你的认识，将汽车的8种性能按重要性进行排序，并在小组中向同学们解释你为什么这样排序。

本章小结

1.
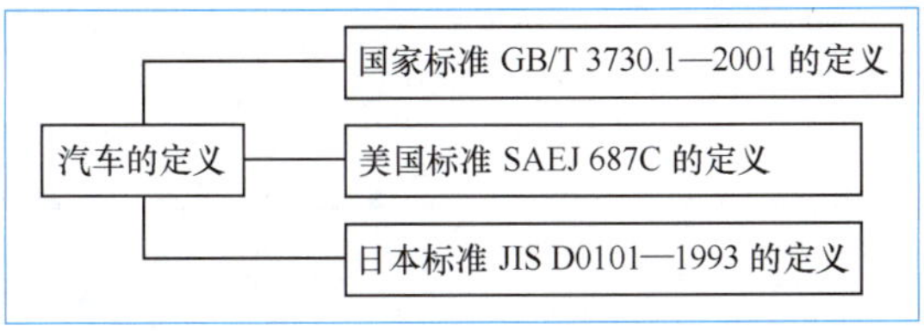

2.
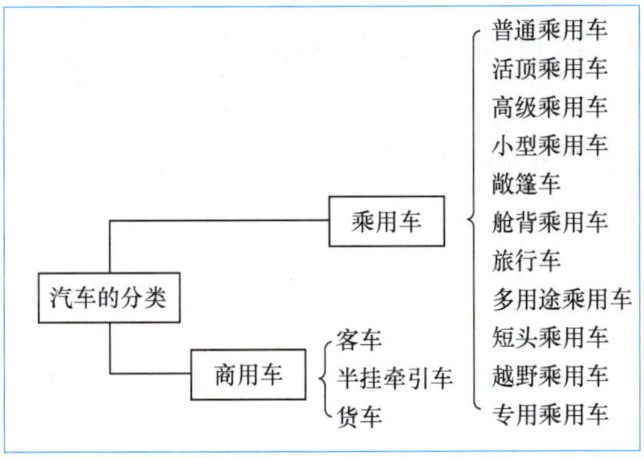

3.
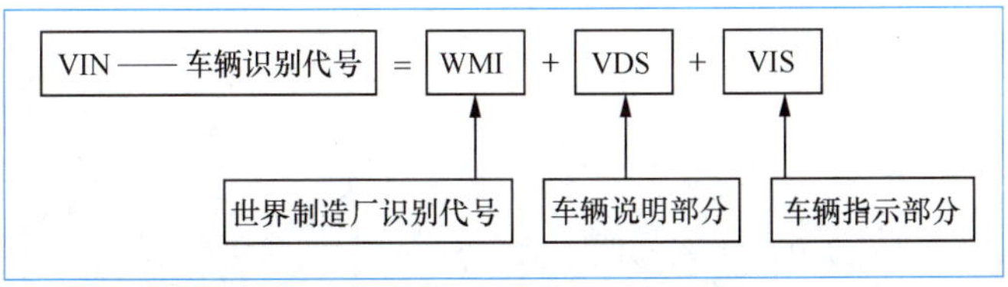

4.
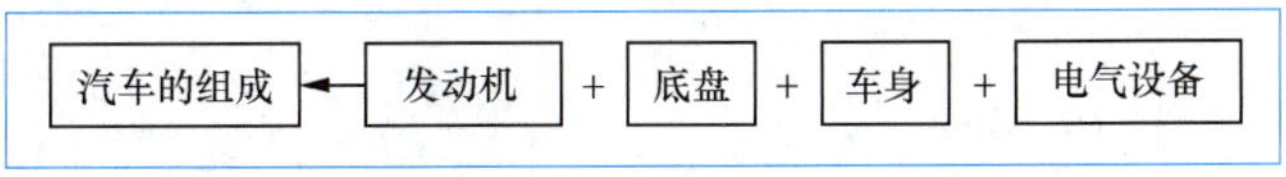

5.

- 汽车基本参数
  - 尺寸参数
    - 车长
    - 车宽
    - 车高
    - 轴距
    - 轮距
    - 前悬
    - 后悬
  - 性能参数
    - 最小转弯半径
    - 动力性
    - 燃油经济性
    - 制动性
    - 操纵稳定性
    - 平顺性
    - 通过性
    - 安全性
    - 可靠性
  - 发动机参数
    - 缸数
    - 排量
    - 输出功率
    - 最大扭矩

思考与练习

（1）VIN 有何作用？自己找一辆车上的 VIN 代码，记录下来并叙述其含义。

（2）什么是汽车的安全性？它包括哪些内容？

（3）为什么气缸多（大于 6 缸）的发动机一般采用 V 型排列？

（4）试列举一些汽车上的电气设备。

第 2 章

汽车史话

（History of Automobile）

从对石器时代的考古描述中，我们可以知道：人类早期的历史（史前时期），实质上就是人类与生产工具联系的历史。人类跨入新石器时代，最重要的标志是人类由食物采集者变成了食物生产者。农牧业和手工业的发展使劳动产品日益增多，交换这种新方式开始形成的同时，还产生了人们对运输的需求，这种需求促使了人类历史上最早的运输工具制造业和运输业的出现和发展。新石器时代后期，我们的祖先在陆路上，先后创造出滚木、轮子、轮轴，直到后来车辆的产生，如图 2.1 所示。

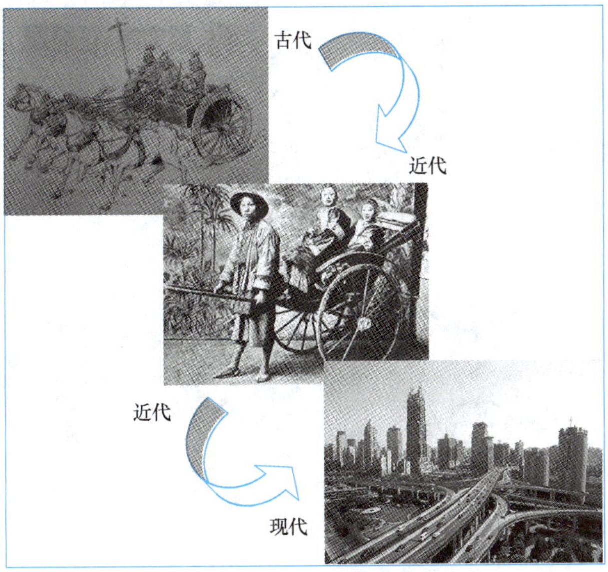

图 2.1　我国运输工具的发展

学习目标

◎ 了解车辆的变迁简史。
◎ 掌握蒸汽机汽车与内燃机汽车的联系与区别。
◎ 了解汽车工业在国民经济中的地位与作用。
◎ 熟悉世界汽车工业和中国汽车工业发展的特征阶段及发展速度。

第1节　车的发明
（Invention of Automobile）

车是在人类历史的发展中，为了解放生产力、提高劳动效率而发明和不断改进的一种生产生活工具。它自诞生之日起，其种类和功用就不断地获得发展。关于这一点，我们可以从“车”的原始文字中得到印证。

一、从“车”字说起

在我国汉字的甲骨文、金文中，“车”字的形体就有几十种，如图 2.2 和图 2.3 所示，图中列出了“车”字原始字形的部分写法。根据汉字发展的一般规律，字形不同，反映了造字者所描绘的实物或功能的差异。“车”的原始文字的多样性，正说明我国古代不同区域和不同时代的人们根据用途的不同，造出了种类繁多、功能各异的车。

图 2.2　甲骨文中的“车”字

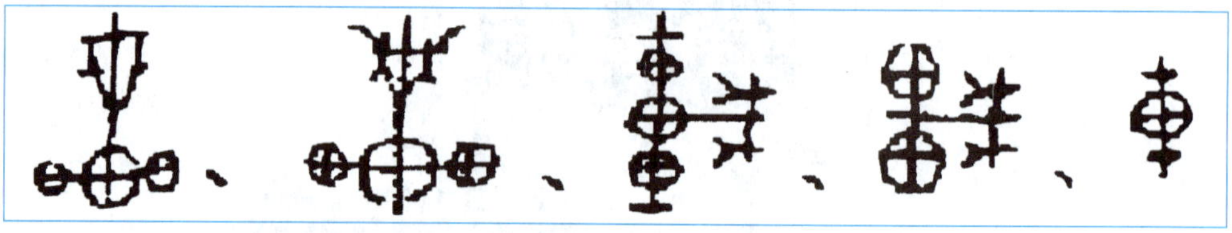

图 2.3　金文中的“车”字

二、轮子与车

在没有文字记载的时期，原始人类创造了不同程度的文明，与工具相关的文明表现在各种遗址、遗迹、遗物上。考古学家们通过对这些遗物制造材料、制造工艺的分析逐步地揭开远古人类生活、生产活动的神秘面纱。远古的人类在陆地上迁徙的唯一方式就是步行，人们是靠手提肩扛的方式运输物品。当他们需将一天打到的猎物搬回洞穴时，小的靠肩膀扛回去，大的只能抓着尾巴拖回去。但碰到垒屋堵洞，需要大树木或大石块时，搬运就显得非常困难了，有什么更好的方法能将大件的物品进行搬运呢？后来，从伐木时树木在地面上滚动这一司空见惯的现象中，人们产生了灵感，并逐渐学会用一种简单的工具——撬。把物品放在撬的上面，并将圆木置于撬的下面，然后拖着前进。这样，重物就可以轻松地被拉动，由一个地方移到另外一个地方，这种方式被称为早期的木轮运输。后来人们发现用直径大的木轮运输速度会较快，于是所用木轮的直径越来越大，逐渐演变为带轴的轮子，这就是今天所有车的雏形。

三、车的出现

人类首次学会利用来自体力外的动力是在牛拉犁这一生产活动中体现出来的。苏美尔人最初发明的轮子的构造是用一块圆形木板和轴固定在一起的。约公元前3000年，他们将轴装到手推运输工具上，不久，“圆木”车轮发展成了装有“轮辐”的车轮。原始的“车”看似笨拙，事实上它是东方车辆文明发展进程的起点，它代表着真正的“运输革命”。约公元前2000年，有辐条的车辆成为了双轮战车，便于驾驭。车辆制造技术的首次出现，对于整个古代车辆文明具有深远的意义。

相传中国人大约在4600年前的黄帝时期就已经创造了车。到了4000年前，当时的薛氏部落以造车闻名于世。《左传》中记载，薛氏部落的奚仲担任夏朝（约公元前21世纪至公元前17世纪）的“车正”官。此外，《墨子》、《荀子》和《吕氏春秋》也都记载了奚仲造车之事。他发明的车由两个车轮架起车轴，车轴固定在带辕的车架上，车架附有车厢，用来盛放货物。所以，奚仲是中国轮式木车的创造者，也是世界上第一辆轮式木车的发明者。

考古发现，战国时已出现了双轮车。到了汉代，考古发掘明确表明了有辕双轮车的迹象。《周礼》中详细叙述到车轮匠和车辆制造者，以及关于车轮各部分的技术名称。秦王朝时期（公元前221年—公元前206年），秦始皇兼并6个诸侯国后，采取一系列巩固政权、统一全国的措施，其中修筑驰道这一措施对交通运输设定了标准，如对道路上跑的马车施行“舆六尺，架六马，车同轨”的规定。陕西临潼秦始皇陵出土的战车式样，体现了2000年前车辆的制造水平。汉朝在政治、经济、文化等诸多领域有了长足的发展，这时的马车改用四轮结构取代两轮结构。在现今被发掘的秦始皇的兵马俑和汉景帝的兵马俑中，马车类拥有的数量占有一定比重，庞大的规模与宏伟的气势，是几千年前车辆制造技术的体现，也是古代东方文明独特文化的展现（见图2.4）。

图2.4　兵马俑中的车

唐代（公元618—907年）的科学技术水平步入了新阶段。天文学家、佛学家僧一行（公元683—727年）曾谈到依靠蒸汽推动实现行驶的“汽车”，可这在当时只是个设想。宋代（公元960—1279年）科学技术的发展达到了高峰，有位叫燕肃的进士，也是一名机械工匠。公元1027年的宋仁宗天圣五年，燕肃启奏皇帝，并在奏书中详细说明了制造指南车和记里鼓车的方法，经允许，他重新制造了标志中国古代车辆文明发展进程的指南车和记里鼓车（见图2.5和图2.6）。这种类型的车除了带有齿轮系统，车上的木偶人还带有有声信号系统，每行驶500m，小木人击鼓一次，行驶5 000m，击锣一下。晚清时期，在清同治元年（1862年）7月14日，徐寿（1818—1884年）与华蘅芳共同制造出一台气缸。这个长 2 尺、直径为 1.7 寸的单缸蒸汽机还被安装到名为“黄鹄”号的一艘木轮船上，并于同治四年（1865 年）试验成功。这可能是中国第一辆蒸汽机推动的运输工具。

图 2.5　复原的指南车

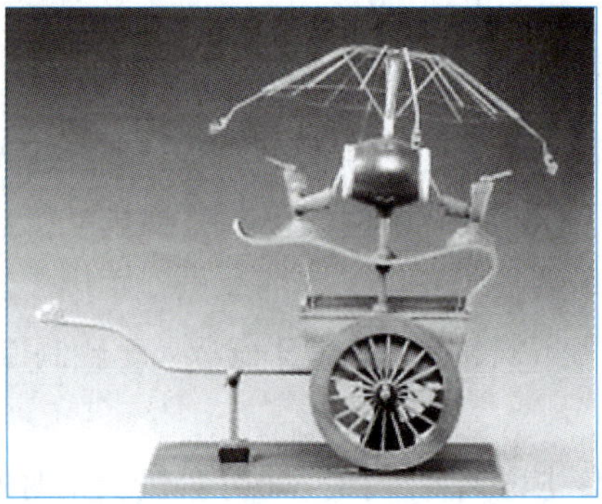

图 2.6　复原的记里鼓车

西方国家车辆的发展可追溯到欧洲的中世纪。公元前 12 世纪，西欧的罗马人西塞尔发明了轮子的前轴可以转向的四轮马车，并为它安装了滚轴轴承，车轮还配有细长的轮辐，它代表欧洲马车制造技术有了新的发展。不久，古罗马军队开始用双轮马车运送兵器。16 世纪时，欧洲已经进入了文艺复兴的前夜，欧洲的马车制造商风起云涌。这时，马车的发展进入高潮，制造技术有了很大的提高，各地已大量发展了双轴四轮式马车。这种马车带有控制方向的转向盘，在车身构造方面，出现了活动车门和车窗封闭式机构；在车的内部，除了装饰符合一般标准外，在车身和车轴上也有创新，其中安装了弹簧减振装置以增加乘客的舒适程度，为车辆的安全与舒适性开创了先河。

找一找

除了以上所见的车字外，你还能找出多少个不同字体的“车”字？

第 2 节　蒸汽机汽车
（Steam Engine Automobile）

在上小学的时候，同学们都听说过瓦特的故事吧，人们都将瓦特与蒸汽机联系起来，那么瓦特与汽车能联系起来吗？

一、萨弗里蒸汽提水机

16 世纪末到 17 世纪后期，英国的采矿业，特别是煤矿，已发展到相当的规模，单靠人力、畜力已难以满足排除矿井地下水的要求，而现场又有丰富而廉价的煤作为燃料。现实的需要促使许多人，如英国的 D・帕潘、T・萨弗里、T・纽科门等致力于“以火力提水”的探索和试验。

萨弗里制成的世界上第一台实用的蒸汽提水机（见图 2.7）在 1698 年取得标名为“矿工之友”的英国专利。他将一个蛋形容器先充满蒸汽，然后关闭进气阀，在容器外喷淋冷水使容器内蒸汽冷凝而形成真空。打开进水阀，矿井底的水受大气压力作用经进水管吸入容器中；关闭进水阀，重开进气阀，靠蒸汽压力将容器中的水经排水阀压出。待容器中的水被排空而充满蒸汽时，关闭进气阀和排水阀，重新喷水使蒸汽冷凝。如此反复循环，用两个蛋形容器交替工作，可实现连续排出地下水的目的。

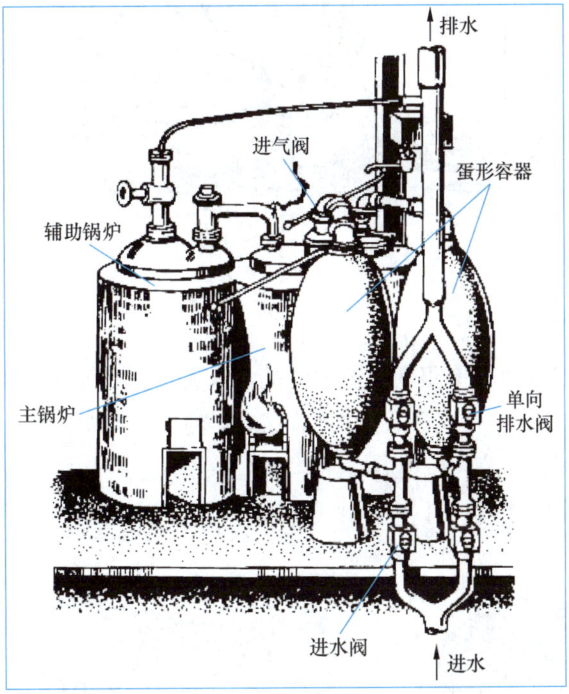

图 2.7　萨弗里蒸汽提水机

二、纽科门大气式蒸汽机

萨弗里的提水机依靠真空的吸力汲水，但汲水深度不能超过 6m。纽科门及其助手 J・卡利在 1705 年发明了大气式蒸汽机，用以驱动独立的提水泵，被称为纽科门大气式蒸汽机（见图 2.8）。扇形平衡杠杆左侧的配重将活塞提起，同时蒸汽进入活塞下部的气缸中。当活塞上升到气缸顶部时，关闭进汽阀，向气缸中喷入冷水使蒸汽冷凝，形成真空，活塞上面的大气压力将活塞下压，提起杠杆左侧的提水泵拉杆，使装在矿井深处的提水泵将水汲出。因为气缸直径大于提水泵的缸径，所以，既便气缸活塞上的压力只等于大气压，也可以汲出数十米深处的水。这种蒸汽机先在英国，后来在欧洲大陆得到迅速推广。

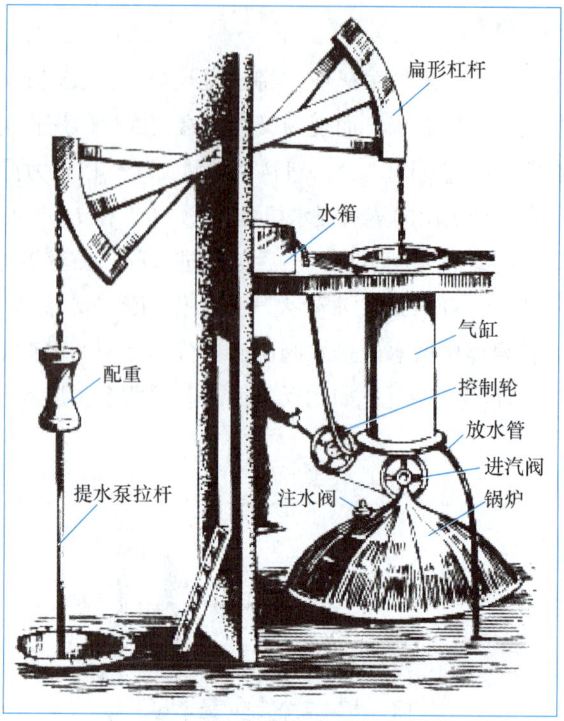

图 2.8　纽科门大气式蒸汽机

三、瓦特蒸汽机

纽科门大气式蒸汽机的热效率很低，这主要是由于蒸汽进入气缸时，在刚被水冷却过的气缸壁上冷凝而损失掉大量热量，只在煤价低廉的产煤区才得到推广。1764 年，英国的仪器修理工 J • 瓦特为格拉斯哥大学修理纽科门蒸汽机模型时注意到了这一缺点，于 1765 年发明了设有与气缸壁分开的凝汽器的蒸汽机（见图 2.9），并于 1769 年取得了英国的专利。

图 2.9　詹姆斯 • 瓦特和瓦特蒸汽机

1782 年前后，瓦特将机器进一步改进，完成了两项重要发明。

（1）在活塞工作行程的中途关闭进汽阀，使蒸汽膨胀做功以提高热效率。

（2）使蒸汽在活塞两面都做功（双作用式）以提高输出功率。

这时的活塞既要向下拉动杠杆又要向上推动杠杆，扇形平衡杠杆和拉链已不再适用，瓦特便发明了平行四边形机构。瓦特于 18 世纪末将曲柄连杆机构应用在蒸汽机上，并使蒸汽机的热效率成倍提高，煤耗大大下降。因此，瓦特是蒸汽机最主要的发明人。

四、世界第一辆蒸汽机汽车

法国陆军工程师，炮兵大尉尼古拉斯•古诺（1725—1804 年），从小天资聪明，勤于思考，对机械颇感兴趣。青年时期曾在德国军队担任技师，开始了研制汽车的工作。经过 6 年的苦心研究，于 1769 年，古诺终于制造出世界上第一辆蒸汽机驱动的三轮汽车，这是汽车发展史上的第一个里程碑，这辆汽车被命名为“卡布奥雷”。古诺驾驶着这辆三轮汽车碾过巴黎街头的石板路，轰隆隆的吼声吸引着市民争看这辆不用马拉，完全依靠自身动力行走的庞然怪物（见图 2.10）。

图 2.10　世界第一辆蒸汽机汽车

这辆蒸汽机汽车存在一个致命的缺点，就是每走 15min，锅炉的压力就耗尽了，只得停下来再用 15min 时间加水烧开产生蒸汽，因而运行速度仅为 3.5 ~ 3.9km/h。由于转向杆操纵困难，试车中不断发生事故，一次在般圣奴兵工厂附近下坡时，因转弯不及时而撞到了兵工厂的石头墙壁上。值得纪念的世界第一辆蒸汽机汽车被撞得七零八落，面目全非。尽管古诺的这项发明以失败而告终，但却是古代交通运输（以人、畜或风为动力）与近代交通运输（动力机械驱动）的分水岭，具有划时代的意义。这以后，古诺毫不气馁，又花了一年半的时间，终于在 1771 年成功地改进了蒸汽机汽车，其时速可达 9.5km/h，能够牵引重达 4~5t 的货物。

五、蒸汽公共汽车

1825 年，英国嘉内公爵（1793—1873 年）制成了第一辆 18 座蒸汽公共汽车，车速为 19km/h。这辆车的蒸汽发动机装在后部，后轴驱动，前轴转向。它采用了巧妙的专用转向轴设计，最前面两个车轮不承担车重，可由驾驶者利用方向舵柄轻便地转动，然后通过一个车辕，引导前轴转动，使转向可以轻松自如。1831 年嘉内利用这辆车开始了世界上最早的公共汽车运营业务，所以这辆车也被认为是世界上最早的公共汽车（见图 2.11）。

随着人们生产经验的日益丰富，应用于蒸汽汽车上的技术越来越先进，蒸汽汽车的性能也不断提高。到了 20 世纪，随着内燃机汽车、电动汽车的大量涌现，蒸汽机汽车便渐渐退出了它曾经创造过辉煌的历史舞台。

图 2.11 世界第一辆蒸汽公共汽车

请你说一说瓦特的生平。

第 3 节 内燃机汽车
(Internal Combustion Engine Automobile)

蒸汽机汽车的燃料是在发动机外面燃烧，将气缸中的水加热产生蒸汽以推动活塞，进而驱动车轮前进，所以也称蒸汽机为“外燃机”。而现代汽车应用的是内燃机，那么，内燃机是如何发明的呢?

一、内燃机的发明

1. 惠更斯与火药发动机

内燃机的发明可以追溯到 17 世纪 70 年代。早在 1673 年，荷兰的物理学、数学和天文学家克里斯蒂安 • 惠更斯（1629—1695 年）就尝试用火药爆炸来推动活塞做功，为此他绘制了火药发动机工作原理图（见图 2.12）。其原理是：气缸底部放置的火药点燃爆炸后，推动活塞向上运动，当活塞运动到气缸上止点时，高温气体从排气口高速排出，同时让气缸冷却，产生真空，这时活塞在大气压力的作用下向下移动，而重物通过绳索经滑轮连接向上运动，当活塞到达气缸底部时，火药又开始新一轮爆炸做功。这种发动机是基于爆炸冷却后在缸内形成真空，由大气推动活塞做功，因此称为“大气原理发动机”，也即“内燃机”。用火药作燃料的火药发动机是现代内燃机的雏形。遗憾的是，当时的材料不能承受如此大的热应力，而且很难准确地控制发动机的工作过程。

惠更斯火药发动机存在的问题使科学家们考虑在气缸外燃烧加热。惠更斯的学生丹尼斯·巴本发现，在缸内用蒸汽作介质并冷凝做功果更好。这一想法被纽科门采用，制作成了他的第一台大气原理蒸汽机。

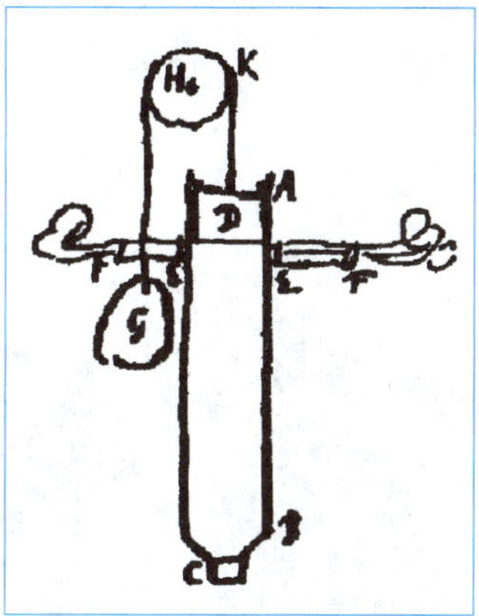

图 2.12　惠更斯和火药发动机原理图

2. 第一台实用内燃机

第一台实用的内燃机是 1860 年由比利时人埃特尼·勒努瓦制造（见图 2.13）并进行了小批量生产。这台发动机的结构类似于蒸汽机，由水平放置的一个气缸和双侧做功的活塞组成，每一转圈做两次功。用滑阀控制空气 / 煤气的吸入和燃气的排出，使用电池感应线圈产生电火花点燃混合气，在活塞两侧进行燃烧，但该发动机的效率只有 3%。

图 2.13　勒努瓦和煤气内燃机

在此，我们还应该认识第一个应用四冲程循环原理制成内燃机的人——德国工程师尼古拉斯·奥托。尼古拉斯·奥托原是一个商人，在他 22 岁时弃商开始从事煤气发动机的试验工作。1861 年奥托开始对勒努瓦的煤气机发生了兴趣，制造了他自己的煤气机。1862 年，他试验成功了中压煤气机，并投入生产，一年销售了 50 台，并于 1863 年获得专利。1866 年，奥托研制出具有划时代意义的立式活塞式四行程奥托内燃机，转速达到 80 ~ 100r/min。1876 年，奥托对四行程内燃机又做了改进，试制出第一台实用活塞式四行程内燃机，转速提高到 250 r/min，运转十分成功。1877 年 8 月 4 日取得专利，并成批投入生产。

奥托还提出了内燃机的工作原理，即可燃气体先在气缸中压缩，在点燃压缩可燃气体时产生较强的爆发力，提高了内燃机的热效率和输出功率。同时，他利用活塞的 4 个行程，把进气、压缩、做功及排气融为一体，使内燃机的结构紧凑和简化，从而推动了小型内燃机的实用化（见图 2.14）。奥托创建的内燃机工作原理，一直在现代汽车发动机上沿用至今，所以人们习惯上将点燃式的四行程内燃机循环称为“奥托循环”。

图 2.14　奥托和四行程循环发动机

二、内燃机汽车

1. 卡尔·本茨与汽车诞生日

卡尔·本茨（1844—1929 年）于 1844 年出生在德国西部的卡尔斯鲁厄一个火车司机的家庭。在中学时，本茨就对自然科学产生了浓厚的兴趣。由于家境清寒，他还要靠修理手表来挣零用钱。1860 年，根据母亲的意愿，本茨进入了卡尔斯鲁厄综合科技学校，并有幸遇到了两位深信“资本发明”学说的老师，他们影响了本茨的一生。本茨也在这个学校里学到了重要的机械构造、机械原理、发动机制造、机械制造经济核算等课程，为以后的事业打下了基础。

在经历过学徒工、服兵役、娶妻生子等人生经历后，他于 1872 年组建了“奔驰铁器铸造公司和机械工场”，专门生产建筑材料。1885 年，他把一台自制的两冲程单缸 0.9 马力汽油机，安置在一辆三轮马车前后轮之间的底盘上。此车具备了现代汽车的主要特点，如火花点火、水冷循环、钢管车架、铜丝辐条车轮、钢板弹簧悬架、后轮驱动、前轮转向和制动把手，并且首次采用了伞形差速齿轮，该车每小时可行驶 15km（见图 2.15）。1886 年 1 月 29 日，德国曼海姆专利局批准了卡尔·本茨申请的专利，这一日期被国际汽车界定为汽车的诞生日。其实，在本茨之前已经有不少人在研制车用内燃机和汽车，如法国报刊早在 1863 年就报道过雷诺发明的汽车，以及戴波梯维尔在 1884 年运用内燃机作为动力源，制成一辆装有单缸内燃机的三轮汽车和一辆装有两缸内燃机的四轮汽车。但世界上公认的还是卡尔·本茨在曼海姆制成的第一辆本茨专利内燃机汽车（被人们称为“奔驰一号”，以本茨的名字命名，我国译为“奔驰”）。

2. 戴姆勒 - 奔驰汽车公司

“奔驰一号”获得专利后，由于汽车在路上经常抛锚，受到不少冷嘲热讽，因此卡尔·本茨不愿在公开场合驾驶它上街。看着自己辛辛苦苦造起来的车在车库里睡大觉，他饭也吃不香、觉也睡不安。就在本茨的事业遭受挫折与困境时，他的妻子贝尔塔·林格尔决定用行动给丈夫信心。1888 年 8 月的一个清晨，这位勇敢的女性，带着两个孩子驾车从曼海姆出发，行驶了 144km 到达普福尔茨海姆，成为世界上第一个试车者和女驾驶员。当行驶至维斯洛赫时，他们向一家药店要过一些汽油和水，因而有人把这家药店称做世界上第一个汽车加油站。在妻子行动的鼓励下，卡尔·本茨不断努力，改进汽车的结构，终于使制造的车辆获得了成功。1888 年，卡尔·本茨雇用了 50 名工人，组织批量生产三轮汽车。

图 2.15　本茨与世界第一辆三轮汽车

1926 年 6 月 29 日，本茨与戈特利布·戴姆勒的继承人鲍尔，把两个人的公司合并成为“戴姆勒 - 奔驰汽车公司”，以形似汽车转向盘的“三叉星”作为车标，陆续生产出梅赛德斯·奔驰系列乘用车、赛车和商用车。1895 年，法国科学院正式把这种乘人的车辆定名为“汽车”(Automobile)，该词源自希腊文的 Auto（自己）和拉丁文的 mobile（运动）。

第 4 节　世界的汽车工业
（Automobile Industry in the World）

汽车自 19 世纪末诞生以来，已经走过了风风雨雨 100 多年。从卡尔·本茨造出的第一辆以每小时 15km 的速度行驶的三轮汽车跑到现在，已经诞生了从速度为零加速到 100km/h 只需要 3s 多一点的超级跑车。这 100 多年，汽车发展的速度是如此惊人。同时，汽车工业也造就了多位巨人，他们创建了通用、福特、丰田、本田这样一些在各国经济中举足轻重的著名公司。

一、德国汽车工业的发展

1. “一战”期间汽车工业

德国既是现代汽车文明的发祥地，也是世界汽车工业的摇篮。自 1886 年 1 月 26 日这一具有历史性的世界汽车诞生日起，汽车的诱人前景使德国的汽车厂纷纷涌现，其他行业的一些厂家也纷纷转向汽车生产。1901 年，德国只有 12 家汽车厂，职工 1 773 人，年产汽车 884 辆。而到了 1908 年，汽车厂家已达 53 家，职工 12 400 多人，年产汽车 5 547 辆。1914 年第一次世界大战前，德国汽车工业已基本形成一个独立的工业部门，汽车制造工人有 5 万多人，年产量达 2 万辆。

图 2.16　弗迪南德・波尔舍

尽管“一战”给德国的汽车工业发展带来了不利的影响，但战争结束后，德国人仅用了 10 年左右的时间就大大超过了战前的繁荣。其中 1923—1929 年 7 年时间，被称做德国汽车工业“黄金般的 20 年代”。

1934 年 1 月，从戴姆勒 - 奔驰公司辞职的著名汽车设计大师弗迪南德・波尔舍（Ferdinand Porsche，1875—1951 年）（见图 2.16），联合各方力量，合股成立了大众汽车公司，开发设计了“Volkswagen”，即“大众的汽车”。而随后开发的甲壳虫汽车更令大众汽车公司迅速成为国际性的汽车厂商。

2. “二战”期间汽车工业

第二次世界大战爆发后，德国很快卷入全面战争。到战争结束时，大部分的汽车工业都遭受重创，但依靠德国人顽强的民族精神，德国的汽车工业很快得到了恢复并获得了重生。1950 年，德国的汽车产量达到 30 万辆。1952 年，“大众汽车加拿大有限公司”的成立标志着大众汽车开始向全球进军，之后又在巴西、美国和南非建立了销售和装配公司。到了 1960 年，德国汽车的年产量已达 200 万辆，10 年内，增长了 5.7 倍，年均增长率达 21%，从此成为欧洲最大的汽车生产国和出口国。在 1965 年及随后的几年里，大众汽车公司陆续收购了其他的汽车公司，一个大型的德国汽车制造集团形成了。1991 年，通过收购西亚特和斯柯达，大众汽车公司形成了与多品牌战略相适应的结构。作为欧洲最大的汽车制造集团，其管理权下放到大众汽车、奥迪、西亚特、斯柯达和大众汽车商用车等各独立品牌的董事会手中。

3. 现代汽车工业

经过几十年的演变，世界汽车工业形成了“6 + 3”的格局：“6”即 6 大汽车集团——通用、福特、戴姆勒 - 克莱斯勒、丰田、大众、雷诺 - 日产；“3”即三家具特色的汽车公司——本田、宝马、标致 - 雪铁龙。其中德国的汽车公司占了“2 + 1”的三分之一江山。

从总体上看，德国汽车以质量好、安全可靠而著称。曾有报道：“大众的畅销主要由于它是一个老实车。它没有乔装打扮。它使买主有这样一辆老实车而自豪。无论看什么地方，都能看到诚实的设计和坚实的工艺的象征”。同样，奔驰、宝马等豪华车和保时捷跑车在世界车坛也享有盛誉，经久而不衰。

二、法国汽车工业的发展

1. “一战”期间汽车工业

法国在世界历史上占有重要的地位，而巴黎则是这些地位的核心。法国的汽车工业也不例外，从它诞生的第一天起，就和这座城市紧密相连。

法国出现第一辆汽油汽车是在 1890 年，由阿尔芒・标致创立的标致公司生产。第一次世界大战前，标致的年产量达到 1.2 万辆，到 1939 年时年产量达 4.8 万辆。而 1915 年由安德烈 • 雪铁龙（见图 2.17）创办的雪铁龙汽车公司发展更快，在 20 世纪 20 年代初年产量就突破 10 万辆，1928 年日产汽车达 400 辆，占全法汽车产量三分之一。另一创办于 1898 年的大型汽车厂雷诺汽车公司发展也很快，1914 年便形成了大规模生产，第一次世界大战期间更是因军火生产而筹集了大量资金用于汽车生产。

图 2.17 安德烈 • 雪铁龙

2. “二战”后的汽车工业

第二次世界大战后，雷诺公司在法国政府的支持下，公司利用国家资本，兼并了许多小汽车公司，并发掘自身的技术潜力，开发出多种汽车新产品。1975 年汽车年产量超过了 150 万辆，成为法国第一大汽车厂商，而标致汽车公司的产量也在战后 20 年内猛增十几倍，一跃成为法国第二大汽车公司，20 世纪 80 年代更是超过雷诺而登上榜首。雪铁龙汽车公司则因经营不善而被标致汽车公司于 1976 年收购，成为了法国最大的汽车集团——“标致 - 雪铁龙集团”。

3. 现代汽车工业

汽车产业是法国的经济支柱之一，在历史上曾经为法国带来过一个个辉煌，也曾经把法兰西的浪漫文化撒播到全世界。进入 20 世纪 80 年代，世界性的经济危机使法国汽车工业受到了一定的挫折，雷诺公司更是连年亏损，1984 年产量急剧下降到 30 万辆。但几年后，雷诺公司便恢复了元气，1999 年 3 月还收购了日产汽车公司 36.8% 的股份。

三、美国汽车工业的发展

美国是典型的车轮上的国家。从 20 世纪初到现在，美国汽车工业已超过了 100 多年的历史，在与同行的激烈竞争中不断创新发展，迎合消费者对汽车造型的性能需求，主宰了世界汽车工业，成为名副其实的汽车大国。

19 世纪末，美国的经济超过了英、法、德，已经达到了比较高的水平，成为世界最大的工业和农业大国。由于工农业的发展产生了对新型运输工具的强烈需求，同时，它的钢铁和石油化工等工业的发展又为汽车工业的发展创造了条件。当汽车出现后，美国就有 300 多家公司和个人试制汽车，美国随即出现了普及汽车的高潮。

图 2.18 亨利 • 福特

美国汽车工业的发展大致可分为以下 6 个阶段。

1. 第 1 阶段（1900—1915 年）

自 1893 年亨利 • 福特（见图 2.18）发明世界上第一辆以汽油为动力的汽车后 7 年，汽车开始大量生产，人们进入了汽车时代。成立于 1887 年的奥尔兹莫比汽车公司，是美国历史最悠久的汽车制造厂商。该公司于 1903 年生产的 Doctor Coupe 是单气缸汽车，也是该公司第一批大量生产的汽车，1903 年共生产了约 4 000 辆。1908 年，福特汽车推出了著名的 T 型车，这种售价不足 500 美元，后更降到 300 美元的汽车，只有当时同类汽车价格的 1/4 甚至 1/10，美国一个普通工人用一年工资就可以购买到。1913 年，福特公司首先在生产中使用流水线作业法装配汽车，这给汽车工业带来了革命性的变化，为汽车制造开创了新纪元，当时的媒体一致推选福特 T 型汽车为 20 世纪最重要的汽车发明。

2. 第 2 阶段（1916—1929 年）

汽车制造在这个时期日臻成熟，越来越多的中等阶层拥有汽车，1916 美国汽车销量首度突破 100 万辆，1920 年再度建立超越 200 万辆的新里程碑。这个时期，汽车的造型已经成为汽车制造过程中的一个重要步骤，通用汽车公司更率先成立了艺术与色彩生产部门。当时，富有人家流行定做汽车车身，即先购买某种汽车的机械部件，然后再另外设计定做车身。成立于 1902 年的凯迪拉克汽车公司一向以机械部件优良著称。公司曾经有过把 3 辆汽车拆开，将机械零部件整个打散，再重新混合组合成 3 辆汽车的记录。这项创举，旨在强调凯迪拉克的零部件的标准化及一致性。这个时期，美国汽车工业为适合消费者需求已经能够生产 8 缸引擎跑车，时速可达到 115 英里。1925 年当时在通用汽车公司任职的沃尔特·克莱斯勒买下了马克斯威尔汽车公司，创立了美国第三大汽车制造厂——克莱斯勒汽车公司。在美国经济大萧条前夕的 1929 年，美国汽车销量仍冲破 500 万辆。

3. 第 3 阶段（1930—1942 年）

这是汽车关键技术发展的阶段，应用空气动力学原理而对汽车引擎的设计在这个时期出现了长足的进步。Packard 汽车公司共制造了 7 种时速可达 100 英里的高性能 Packard Speedstar 汽车，被视为当时豪华汽车的代表。当时全球市场上有 15 家厂商制造豪华型汽车，Packrad 就占了 50% 的市场份额。

4. 第 4 阶段（1946—1959 年）

随着喷气飞机时代的来临，汽车造型也趋向更低、更长、更宽，并在车后加上大大的尾翅。这个时期的汽车造型有两大特色，一是车身的防撞设计，二是尾翅的流行。20 世纪 50 年代美国最具特色的汽车是家庭式旅行车（Station Wagon），象征着郊区家庭的美好生活。这个时期，福特雷鸟汽车曾是公司跑车的代言者。1958 年，美国汽车厂商专为纽约国际汽车展览设计了一款只有 1 辆的 Dual Ghia 100 原型汽车，具有 400 马力（294kW），最高时速为 140 英里（224km），并配有当时车迷所梦想的盒式磁带汽车音响。

5. 第 5 阶段（1960—1979 年）

消费者抛弃以往强调越大越美的汽车造型，传统而保守的造型蔚然成风，以甲壳虫为代表的小型汽车大为流行。一些价格合理的小跑车，如 Mustang、Corvette 等普遍受到欢迎，小型汽车市场开始增长。美国三大汽车公司都有此类产品推出，1964 年福特野马跑车率先掀起小型车的革命。

6. 第 6 阶段（1980—2000 年）

从 20 世纪 80 年代起，美国汽车工业几乎难以招架日本汽车业的凌厉攻势，日本的本田、日产、三菱和富士公司相继在美国设厂。美国汽车工业为与日本汽车进行竞争，又不断推出新造型汽车，被称为小型箱式车（Minivan）的客货两用轻型汽车一度成为最受家庭喜爱的车种。20 世纪 90 年代，多功能车又独领风骚，因为很多美国人喜欢有载货和越野功能而又可以做代步工具的汽车。

四、日本汽车工业的发展

日本汽车工业的起源，可以追溯到明治末期。那时的机械工业以初具汽车生产技术能力的造船公司为主，包括纺织机械制造厂商、铸造厂商等也开始模仿生产，这为日本汽车的出现提供了可能。

1. “一战”期间汽车工业

日本汽车制造业的开山者应是吉田真太郎，1904 年他创立了东京汽车制造所，3 年后制造出第一辆国产汽油轿车“太古里 1 号”。

图 2.19　丰田喜一郎

1924 年和 1926 年美国福特汽车公司和美国通用汽车公司分别在日本设立其子公司，装配汽车和生产汽车部件。美国两大汽车公司向日本的扩展，给日本的汽车工业带来重大的影响，使软弱的日本汽车工业受到压制。在此背景下，丰田喜一郎（见图 2.19）在其父丰田佐吉创办的丰田自动织机公司的基础上，于 1937 年创建了举世闻名的丰田汽车公司。

2. “二战”期间汽车工业

第二次世界大战前，日本的汽车产量达 5 万辆。第二次世界大战期间，由于战争的影响只生产了约 5 000 辆汽车。当时的日本政府为了保护本国汽车产业，对进口汽车征收高达 40% 的关税（本项关税于 1978 年废止，其后直到今天日本对进口汽车全免关税），同时严格禁止外国资本渗透国产汽车工业。而一些小的汽车厂家为了生存，纷纷采取与国外厂家连手搞“事业合作”或“技术合作”，唯有丰田依然靠自身力量开发生产国产轿车。

3. 现代汽车工业

1955 年，日本通产省公布了发展国民车的大胆构想，他们提出鼓励企业发展一种供日本老百姓使用的微型汽车的计划。当时的设想是：设计生产出一种 400kg 以下，时速 100km 以上，乘坐 4 人或 2 人并可以同时携带 100kg 货物，发动机排量 350 ~ 500mL，行驶 10 万千米无大修的汽车。而且这种汽车生产成本限制在 15 万日元以下，售价 25 万日元以下。国民车构想发布后在日本国内引起极大反响，各大汽车公司竭力想在这场竞争中分得一杯羹，因而，使汽车工业得到了促进。

20 世纪 70 年代，世界发生两次石油危机，油价的提高使人们对汽车的兴趣大减，欧美汽车生产厂商纷纷减产，而这时日本却以其小型轿车油耗低的特点博得了消费者的青睐，3 年时间里日本汽车出口量翻了一番，达到 200 万辆。到 1980 年，日本汽车年产量达到 1 100 万辆，超过美国坐上了世界汽车生产的头把交椅，日本终于成为美国和欧洲之后世界第 3 个汽车工业发展中心。

进入 20 世纪 90 年代，日本汽车工业渐呈颓势，许多厂商出现了开工不足、生产力闲置的情况，而美欧汽车商则通过兼并重组恢复了元气，反过来把日本汽车公司当做并购的对象。现在，通用汽车在富士重工、五十铃、铃木三家公司分别拥有 20%、49%、9.9% 的股份，福特汽车则拥有马自达 33.4% 的股份，戴姆勒 - 克莱斯勒拥有三菱汽车 34% 的股份。1999 年，日本第二大汽车公司—日产汽车公司因亏损严重，被迫将 36.8% 的股权卖给法国雷诺公司，成为日本汽车工业危机的一次大暴露。

五、韩国汽车工业的发展

1. 汽车工业起步期

韩国最早从事汽车生产的公司是起亚工业公司，始建于 1944 年 12 月。但第二次世界大战后不久又爆发了朝鲜战争，由于政治局势动荡，韩国经济长期处于不景气的状态。韩国汽车业的真正起步在20世纪60年代初期，先后成立了现代、起亚、大宇等汽车公司。各汽车厂商以组装进口零部件生产整车的方式开始试制汽车，直到1970年，韩国的汽车年产量仅为2.8万辆。

进入20世纪70年代，韩国政府实行“汽车国产化”政策，各汽车公司开始大规模引进国外生产技术。1973年，现代汽车公司引进日本三菱公司发动机、传动系和底盘技术，1975年便开始自己开发生产汽车，并大量向非洲出口。大宇汽车公司1972年与美国通用汽车开始合资，随着1990年第一辆自主设计名为“王子”的国产车的推出并在市场取得成功并于1992年解除了与通用20年的合作关系。

2. 汽车工业发展期

20世纪80年代后，韩国经济水平有了较大的改观，到1987年，人均国民生产总值突破了3 000美元，进而出现了普及汽车的热潮，国内市场迅速扩大。同时，国产化政策使韩国的汽车工业获得了飞速发展，经过多年的努力，国家经济得到显著的改观。1985年，韩国的汽车年产量为37万辆，1986年达到60万辆。同时，由于韩国始终坚持把汽车工业作为出口战略产业，不遗余力扩大出口，经过努力终于在80年代末取得成效，逐步实现了向美国等发达国家大量出口汽车的目标，而这又进一步推动了韩国汽车工业的高速发展。1988年韩国汽车产量突破100万辆，1995年达到240万辆，1997年达到280万辆，一跃成为世界汽车第五大生产国。从此以后，即进入高速普及轿车期。

韩国自六七十年代开始引进国外汽车生产线以来，始终执行着一种多样化的发展方针，汽车品种涵盖了小型客车、小汽车、大型旅游车、吉普车、卡车等多个领域，产量基本可以满足本国需要。

3. 现代汽车工业

韩国经济的腾飞被视为奇迹，而汽车业的发展在其中扮演了极为重要的角色。同韩国的其他工业体系一样，汽车工业的发展是与国家的扶持政策分不开的。但是1997年亚洲金融危机爆发后，韩国的汽车业遭受了重大打击，原来被飞速发展所掩盖的政企不分、家族式经营日益显露出弊端，企业走到了破产与亏损的边缘。在风雨中，韩国汽车工业被迫进行新的调整。1997年，双龙汽车公司因资不抵债而被大宇收购。同年起亚汽车公司也被政府招标拍卖，现代集团奋起应标，于1998年收购成功，但不久自己内部却出现债务问题。1999年大宇汽车公司也背上了180亿美元的债务，不得不向欧美汽车公司求援，在与通用、戴姆勒-克莱斯勒的竞争中，2000年7月，它被福特汽车公司如愿以偿地收购了。

第5节　中国的汽车工业
（Automobile Industry in China）

新中国成立以来，中国的汽车工业从无到有，从国外引进到自主设计，逐渐进入世界汽车工业强国之列。在2008年世界金融海啸的考验中，中国的汽车工业更显示出不屈不挠的中华民族精神。

中国汽车工业的发展可以归纳为四部曲。

一、四部曲之一（1950—1984 年）

1. 1950—1956 年

新中国成立后，在经济恢复、百业待兴的形势下，中央人民政府即着手筹划建立汽车工业。从 1950—1953 年，展开了一系列建设汽车制造厂的准备工作。

中国汽车的起跑线是从 1953 年的 7 月 15 日开始的。在那一天，第一汽车制造厂举行了奠基典礼。奠基仪式上，将刻有毛泽东主席亲笔题写的“第一汽车制造厂奠基纪念”的奠基石（见图 2.20）安放在厂区中心广场。

1956 年 7 月第一汽车制造厂（以下简称一汽）正式建成投产，同年 7 月 13 日，在长春一汽崭新的总装线上，第一辆解放牌汽车试制成功。7 月 14 日，当装配出的第一批 12 辆 4 吨解放牌汽车在欢声笑语和雷鸣般的掌声中徐徐驶出装配线。这标志着第一汽车制造厂的 3 年建厂目标如期达到，从此结束了中国不能批量制造汽车的历史。长春一汽被誉为中国汽车工业的摇篮，解放卡车既是一汽的根，也是中国汽车工业的根，可以说是解放卡车奠定了中国民族汽车工业的基石。当年，第一汽车制造厂共生产了 1 600 多辆的解放牌汽车（见图 2.21）。

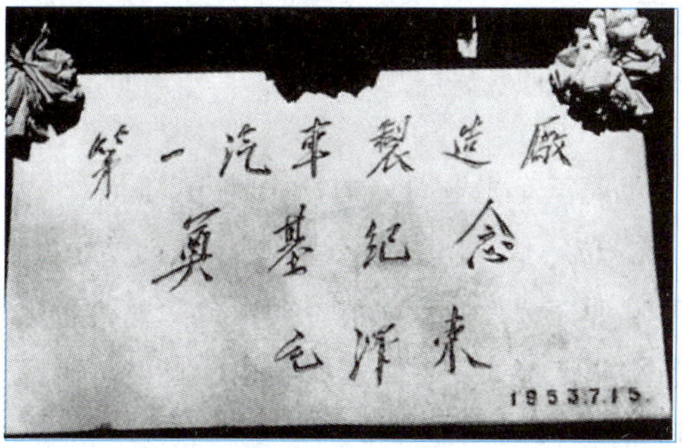

图 2.20　毛泽东主席为一汽奠基题词

图 2.21　新中国第一辆汽车

2. 1957—1965 年

经过第一个 5 年计划，国民经济取得较大发展。一汽刚刚投产，汽车品种和数量一时不能满足各方面的迫切需求，从 1957 年起，其他一些省市也开始制造汽车。到 1963 年全国共有汽车制造厂 18 家，改装车厂 45 家，当年生产各类汽车约 2 万辆。从这时开始，中国的汽车工业出现了新的构造体系，形成了南京、上海、北京和济南 4 个较有实力的汽车生产基地。

起步初期的中国汽车步履是很平稳的。1960 年，全国汽车总产量已从 1955 年的 61 辆提高到 22 574 辆。

1965 年，开始在湖北十堰筹建第二汽车制造厂（简称二汽）。4 年之后，二汽破土动工，并从一汽抽调人员援建二汽。

3. 1966—1984 年

这一时期，中国汽车工业发展缓慢。直到 1971 年，全国汽车产量才突破 10 万辆，1980 年，才突破 20 万辆。

在中国汽车的第一个阶段里，轿车也“繁荣”过。1958 年，一汽相继生产了“东风”、“红旗”

图 2.22 新中国第一辆红旗轿车

两种享誉盛名轿车（见图 2.22）。同样在 1958 年，北京汽车制造厂研制的“井冈山”牌小轿车、上海打造的“凤凰”牌轿车也被作为向共和国的献礼生产出来。

从 1958 年到 1983 年，中国轿车用了 25 年的时间才将年产量突破 5 000 辆。其中，1961 年全国轿车产量仅 5 辆。

1953 年到 1984 年，中国汽车工业基本上是“中国卡车工业”。这一时期是中国汽车工业的起步阶段。

二、四部曲之二（1984—1994 年）

1984 年，汽车企业吸引外资的问题被推到了前台。

1984 年 1 月，中国汽车的第一个中外合资企业——北京吉普诞生了。有了问路石的中国汽车很快就进入了第一轮合资浪潮。1985 年，上海大众汽车公司成立，同年，南京汽车引入了意大利菲亚特的依维柯汽车；广州汽车与法国标致的合资项目也获批准，轿车工业开始大步向前。

在 1986 年的六届四次人大会议上，“把汽车制造业作为重要支柱产业”被写进了“七五”计划。当年，全国轿车总量就突破了 1 万辆，是上一年的 2.3 倍。此后连年大幅上升，到 1994 年，轿车产量就已超过 25 万辆，上海大众这样的单一轿车生产企业也逐渐超越了一汽、二汽等大集团，成为中国汽车的领头羊。

1990 年，轿车产业的“三大基地”进一步调整。上海汽车工业总公司宣告成立。同年，投资上百亿、规划 15 万辆的一汽大众、神龙项目签约。

这一时期，由于改革开放的不断深入，中国汽车工业完成了汽车老产品（解放、跃进、黄河车型等）的升级换代，汽车、摩托车车型品种、质量和生产能力大幅增长，全国生产的各类汽车累计为 1 452 万辆。这一时期是中国汽车工业的引进合作阶段。

三、四部曲之三（1994—2000 年）

1994 年，是中国汽车史，特别是轿车史上值得纪念的一年。在这一年，《汽车产业发展政策》出台了，这个产业政策将“汽车”和“家庭”联系到了一起，汽车在老百姓心中也不再神秘、遥远。从 1994 年到 1995 年，全国汽车总产量增加了 10 万辆，其中，轿车就增加了 8.5 万辆，增长量比 1991 年的轿车总产量都多。

到了 1998 年，中国汽车的总产量达到了 162.8 万辆，从而成为世界上第十大汽车制造国。就在这一年，中国轿车的第二轮合资热潮开始了，上海通用、广州本田破土动工，而后别克、雅阁的问世，使国产汽车的词典里又多了个“中高档轿车”的名词。

在此期间，一汽大众、神龙公司也站稳了脚跟，开始向连续多年位居国内汽车企业榜首的上海大众发出挑战。这一时期是中国汽车工业的普及阶段。

四、四部曲之四（2000 年至今）

对于进入 21 世纪的中国汽车，“家庭汽车”已不再是争论的热点，取而代之的是 WTO 之后的生存与发展。

在 2001 年的“十五”计划中，汽车进入家庭已经被明确提出。赛欧、夏利 2000 等一批旨在重新定义家庭轿车的新车型涌入了市场。

同时，原国家计委也将汽车价格放开，汽车终于从高高在上的“生产资料”，还原成了走进平民百姓家庭的“商品”。在企业层面，新的合资项目越来越多，而像吉利这样的民企也得以进军轿车领域。

这个阶段比之前各个时期的发展快了许多，但真正值得大书特书的却是 1999—2002 年的迅猛发展和巨大变化。据统计，从 1999—2002 年，中国汽车的产销量分别从 1998 年的 163 万辆和 160 万辆，跃升到 2002 年的 320 万辆和 322 万辆，几乎翻了一番。年平均增长率分别为 18.4% 和 19.1%；私人汽车保有量 2001 年达到 770.78 万辆，比 1998 年增长 82%；其中私人客车保有量 2001 年达到 470 万辆，比 1998 年增长 103.7%。摩托车产量则连续 4 年超过千万辆，年出口超过 20%，成为世界第一大摩托车生产国。这一时期是中国汽车工业的快速发展阶段。

本章小结

1.

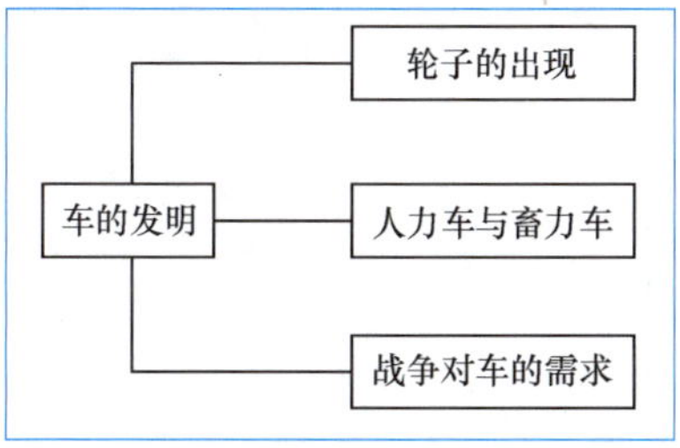

2.

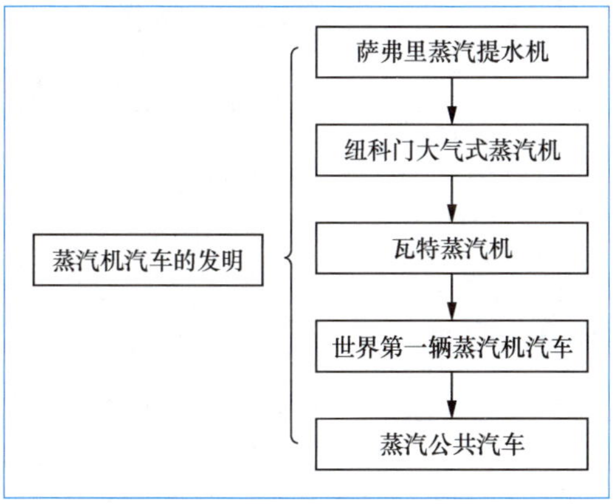

3. 内燃机汽车
   - 惠更斯与火药发动机
   - ↓ 第一台实用内燃机
   - ↓ 内燃机汽车

4. 世界汽车工业的发展
   - 德国汽车工业的发展
   - 法国汽车工业的发展
   - 美国汽车工业的发展
   - 日本汽车工业的发展
   - 韩国汽车工业的发展

5. 中国汽车工业的发展
   - 1950—1984 年（起步阶段）
   - 1984—1994 年（引进合作阶段）
   - 1994—2000 年（普及阶段）
   - 2000 年至今（快速发展阶段）

思考与练习

（1）简述古代人类生产和战争与车的发明之间的关系。

（2）瓦特蒸汽机与之前出现的蒸汽机的差异主要在哪里？

（3）为什么称蒸汽机为“外燃机”？

（4）什么叫做奥托循环？

（5）世界汽车诞生日为何日？

（6）各国汽车工业有哪些代表人物？

（7）试述各国汽车的主要品牌。

（8）简述我国汽车工业发展的主要阶段。

第 3 章

汽车造型设计文化
（Auto Culture of Figure Design）

前面我们对汽车有关知识有所了解，那么，大家对图 3.1 所示的汽车有何评介？你会喜欢哪一款？这些车是如何设计出来的？在设计中如何考虑汽车的外形、汽车的颜色？当你看到一辆车的标志时，你能说出这是什么厂家生产的、该车标又有何含义呢？下面就让我们带着这些问题来认识汽车艺术吧。

图 3.1　几款汽车

学习目标

◎ 初步了解汽车设计的基本方法。
◎ 了解汽车的造型、色彩对汽车艺术的影响。
◎ 熟悉汽车外型变化的趋势。
◎ 掌握汽车色彩的选择原则。
◎ 熟悉典型的汽车标志及代表意义。

第1节　汽车设计
（Automobile Design）

一天，班上小文问其他同学：“你们最喜欢哪种车的外形”？一位同学立刻回答：“跑车”。其他同学有的说“越野车”，有的说“轿车”。这时，老师走了进来，看同学们议论纷纷，就问同学们：“那你们知道这些车的是如何设计的吗？”同学们一下子静了下来。老师接着说：“我们这节课就向大家介绍汽车是怎样设计的。”

一、汽车设计的定义

按现代汉语词典中对设计一词的解释是：在正式做某项工作之前，根据一定的目的要求，预先制定方法、图样等。那么，汽车设计也就是在制造汽车之前所进行的各项方案的制定过程。由于现代汽车已综合了机、电、计算机、美术、能源等多学科的内容，因此，汽车设计需要在整个设计过程融入各种相关的知识：车身结构、制造工艺、空气动力学、人机工程学、工程材料学、声学和光学，而且还少不了诸如绘画、雕塑、色彩感等基本艺术功底。由此不难理解为什么说汽车设计是一个团队智慧的结晶。

汽车设计最吸引人的部分就是汽车造型设计，汽车造型设计是根据汽车整体设计的多方面要求来塑造最理想的车身形状，汽车造型设计是汽车外部和车厢内部造型设计的总和。它不是对汽车的简单装饰，而是运用艺术的手法科学地表现汽车的功能、材料、工艺和结构特点。

二、汽车设计的特点

1. 生产量大，品种及型号多

要注意实行零件标准化、部件通用化和产品系列化。只有这样，才能提高工效、保证产品质量、降低生产成本及方便维修。

2. 使用条件复杂多变

要充分考虑汽车使用的地区、温度、气压、路面等使用条件。

3. 安全、可靠、经济与环保

汽车良好的使用性能是设计者要追求的目标，不同的汽车其使用性能有不同的要求，而且某些性能之间有时是相互矛盾的。因此，要在给定的使用条件下协调各使用性能的要求，优选各使用性能指标，使汽车在该使用条件下的综合使用性能达到最优。

4. 车身既重视质量，更注重外观造型

汽车车身的外形、油漆及色彩是汽车给人们的第一个外观印象，是人们评价汽车的最直接方面，也是轿车的重要市场竞争因素，是汽车设计非常重要的内容。车身造型既是工程设计，又是美工设计。

5. 尽量减小汽车的自身质量

减小其自身质量可节约大量的制造材料，降低生产成本，降低运营成本，会对汽车工业和汽车运输业带来巨大的经济效益。

6. 按有关标准和法规进行

除设计图纸的绘制与标注应按有关国家标准进行外，汽车设计还应遵守与汽车有关的相关标准与法规。

7. 汽车设计是系统工程

汽车是由人来驾驶和乘坐的，因此其设计必须考虑人车关系；汽车是一种交通工具，其设计必须符合交通工程的要求。此外，汽车的设计还是制造工程、运营工程、管理工程的系统设计工程。

三、汽车设计的过程

1. 制订产品开发规划

（1）确定具体的车型。

（2）进行可行性分析。

（3）拟定汽车的初步方案。

（4）制订设计任务书。

2. 初步设计

汽车初步设计的主要任务是进行汽车的形状设计，主要包括如下内容。

（1）汽车总布置设计。总布置设计又称初步造型，是将汽车各个总成及其所装载的人员或货物安排在恰当的位置，以保证各总成运转相互协调、乘坐舒适和装卸方便。在这个阶段，需要绘制汽车的总布置图（见图 3.2），绘出发动机、底盘各总成、驾驶操作场所、乘员和货物的具体位置以及边界形状。

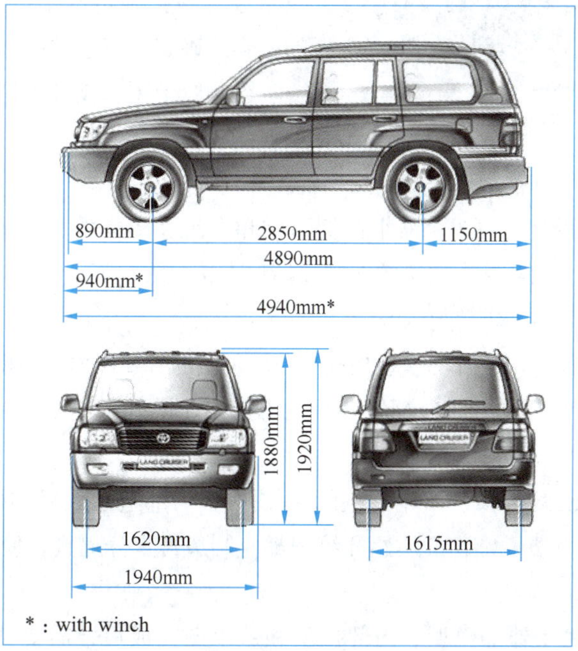

图 3.2 汽车的总布置图

（2）制作效果图。效果图是表现汽车造型效果的图画。造型设计师根据总布置设计所定出的汽车尺寸和基本形状，就可勾画出汽车的具体形象。效果图可分为构思草图和彩色效果图两种。构思草图（见图 3.3）是记录设计师设计灵感的速写。彩色效果图（见图 3.4）是在构思草图的基础上绘制的彩图，且要表现正确的比例、表达质感等。

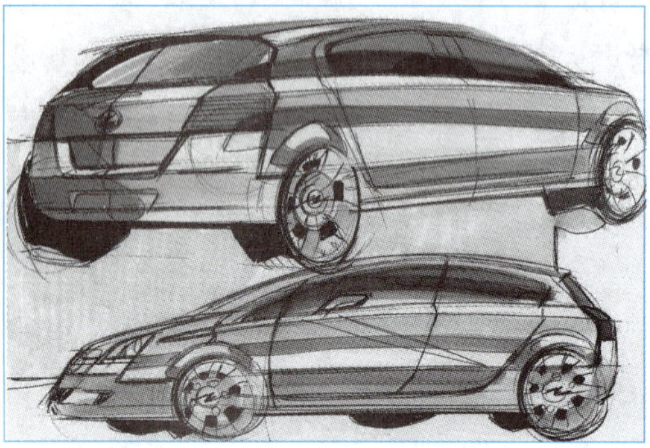

图 3.3　构思草图

图 3.4　彩色效果图

（3）制作模型。模型（见图 3.5）是根据效果图在构架上缩小比例涂敷造型泥雕塑而成。轿车缩小模型常用 1:5 的比例。缩小比例模型具有立体形象，具有真实感。

图 3.5　缩小比例模型

（4）召开选型讨论会。经过初步设计，绘制出一批彩色效果图和塑制出几个缩小比例模型，就可以召开选型讨论会。会议的目的是从若干个造型方案中选择出一个合适的车型方案，以便作为技术设计的依据。

3. 技术设计

技术设计包括确定汽车造型和确定汽车结构两个方面的内容。确定汽车造型的步骤如下。

（1）绘制胶带图。胶带图是用细窄的彩色不干胶纸带粘贴成的 1:1 汽车整车图样，可表达零部件形状及外形曲线。胶带图可用来审查整车外形曲线的全貌。

（2）绘制 1:1 整车外形效果图。缩小比例图样和全尺寸图样的真实感是截然不同的。因此，汽车形状的最后确定，不能从缩小比例的图样或模型直接放大，而应经过 1:1 效果图和 1:1 模型的修正，以符合等大的尺度感和审美要求。

（3）制作 1:1 外部模型。1:1 外部模型是汽车外形定型的首要依据。根据缩小比例模型的放大数据，结合胶带图和 1:1 效果图的修订情况，就可以制造 1:1 的外部模型。制造一个 1:1 外部模型的时间很长，通常需要几个星期。

（4）制作 1:1 内部模型。1:1 内部模型用以审视汽车内部造型效果和检验汽车内部尺寸。1:1 内部模型的形状、色彩、覆盖饰物的质感和纹理都应制造得十分逼真，使人具有置身于真车室内的感觉。

（5）造型的审批。1:1 外部模型、内部模型和效果图完成后，需要交付企业有关部门领导，通过一定的程序审批，使汽车最终定型。

汽车的结构设计，是确定汽车整车、部件（总成）和零件的结构。也就是说，设计师需要考虑由哪些部件组合成整车，又由哪些零件组合成部件。确定汽车结构的步骤如下。

（1）汽车零件设计。零件设计是产品设计的根基。零件设计时，首先要考虑这个零件在整个部件中的作用和要求。

（2）确定零件采用的材料。汽车所采用的材料有金属材料和非金属材料。金属是汽车上使用的最重要的材料，占全车重量的大部分。为减轻整车重量，节省金属材料的使用量，在汽车制造中还广泛使用各种非金属材料。

（3）确定汽车零件的形状。在确定零件的形状时，不仅要考虑其使用因素和条件，还需要考虑零件的制造方法等，这要花费设计师许多心血。

想一想

（1）汽车设计有哪些特点？

（2）汽车设计的过程是怎样的？

第2节　汽车造型

（Figure Design）

从19世纪汽车的出现到今天，已经历了一个多世纪的岁月。汽车的形状从马车型到箱型，从甲壳虫型到船型，又从鱼型到楔型……随着科学技术和汽车技术的不断发展，汽车的造型也越来越多。那么，这里面包含了什么奥妙？为什么汽车会是如今的模样？

一、汽车造型的定义

造型就是塑造形体，是人类有意识的行为。例如，用一块木料雕塑成一个头像，若无意识地切下屑末，这还不算造型，若是有意识地精心雕成了头像，才算造型。造型按其性质可分为3种。

（1）实用的造型：这种造型只具有实用价值而不对人产生精神感染，如齿轮、螺钉等。

（2）精神的造型：这种造型只对人产生精神感染而没有实用价值，如画、照片等。

（3）综合的造型：这种造型既具有实用价值，又对人产生精神感染，如服装、汽车等。

汽车造型是根据汽车整体设计的多方面要求来塑造最理想的车身形状。

二、汽车造型的发展

汽车诞生百年来，汽车车身外形经历了马车型、厢型、流线型、船型、鱼型等造型的演变过程。

1. 马车型汽车（1885—1915 年）

早期的汽车是将马车的动力换成发动机，因此，当时人们把汽车称为“无马的马车”（见图 3.6）。本茨的第一辆三轮车和戴姆勒的第一辆四轮汽车都是无篷马车形的。

2. 厢型汽车（1915—1934 年）

随着车速的提高，迎面风使乘员难以忍受，为此，汽车制造者想着改变汽车的外形，于是就出现了厢型汽车（见图 3.7）。1895 年，法国 P&L 公司生产了世界上第一辆封闭式汽车——厢型汽车。厢型车内部空间大，乘坐舒适，受到大众的喜爱，有“活动房屋”的美称。但随着发动机技术的发展，厢型汽车的问题也暴露出来，厢型汽车空气阻力大，造成汽车能量消耗大，且影响汽车的前进。

图 3.6 马车型汽车

图 3.7 厢型汽车

3. 流线型汽车（1934—1949 年）

1934 年，美国雷依教授采用汽车模型在风洞中试验的方法测量了各种车身的空气阻力。1936 年，福特公司研制了“林肯 · 和风”牌流线型汽车。德国大众公司的甲壳虫汽车（见图 3.8）是当时流线型汽车的代表。但甲壳虫汽车也有缺点：一是内部空间狭小，特别是后排座位；二是对横向风的不稳定性。

4. 船型汽车（1949—1952 年）

1949 年，福特公司推出了新型福特 V8 型汽车，这种车型采用了前翼子板和发动机罩，后翼子板和行李箱融于一体，大灯和散热器罩也形成整体，车身两侧形成一个平滑的面，从外形看，整车就像一只小船，所以称为“船型汽车”（见图 3.9）。

图 3.8 甲壳虫轿车

图 3.9 1956 年生产的船型汽车

船型汽车强调以人为主体，不仅具有流线型汽车的优点，同时克服了甲壳虫汽车的缺点，提高了汽车的舒适性、操纵性，开阔了视野。但船型汽车尾部形成了阶梯状，高速时产生较强的空气涡流，因此影响汽车车速的提高。

5. 鱼型汽车（1952—1963 年）

把船型汽车的后窗玻璃逐渐倾斜，由于汽车的背部像鱼的脊背，所以称为鱼型汽车。1952 年，美国通用公司的别克牌轿车（见图 3.10）开创了鱼型汽车时代。鱼型汽车车室宽大，视野开阔，造型具有动感，乘坐舒适，行李箱容积大。但鱼型汽车玻璃倾斜过大，使玻璃的表面积增大，车身强度下降，高速行驶时会产生升力，使车轮的附着力减小，降低了汽车行驶的稳定性。

6. 楔型汽车（1963 年至今）

为了从根本上解决鱼型汽车的升力问题，人们设想了种种方案，最后终于找到了一种楔型（见图 3.11）：将车身整体向前下方倾斜，车身后部像刀切一样平直。这种造型能有效地克服升力，既考虑到汽车的高速性、稳定性，又考虑到乘员的舒适性和操作性。

图 3.10　1952 生产的别克牌轿车

图 3.11　楔型汽车

1963 年司蒂倍克·阿本提第一次设计了楔型小客车。但由于诞生于船型车的盛行时代，与通常的外形形成尖锐的对立，因此，未能起到引导车身外形向前发展的作用。直到 1966 年才被奥兹莫比尔·托罗纳多所采纳、继承和发展。

这种车的形状如楔子，它的车身整体向前下方倾斜，车身腰线前低后高，因此后行李舱明显高于前发动机舱，而车尾平直。现代轿车基本上都朝这个方向发展，如人们最熟悉的奥迪、捷达、桑塔纳等都属于楔型车型。

楔型对于目前所考虑到的高速汽车，已接近于理想的造型。现在世界各大汽车生产国都已生产出带有楔型效果的小客车，这些汽车的外形简洁大方，具有现代气息，给人以美的享受。汽车发展到鱼型，关于空气阻力的问题已经基本解决，楔型继承了这一成果，并有效地克服了鱼型车的升力问题，使汽车的行驶稳定性有了显著的提高，是目前最为理想的车身造型。

三、动感汽车造型表现方法

随着时代的进步，生活水平的提高，人们赏车、购车、玩车已成为现在的一种流行趋势。目前，动感的外型是越来越被人们接受和喜欢的汽车造型。动感汽车的造型表现方法有以下 3 种。

1. 使汽车造型与动物的外形相似

动物在生命长期进化过程中形成了与运动方式相适应的矫健身躯，汽车造型利用仿生学原理，来获取汽车的动感，如模仿小鹿、熊猫、火鸟、美洲豹等来设计汽车造型（见图 3.12）。

图 3.12　对动物的仿生

2. 使汽车具有活泼流畅的线条和光顺的车身表面

活泼流畅的线条犹如行云流水，一泻千里。图 3.13 所示两辆汽车为新旧造型在线条上的对比，汽车车身纵向的曲线和曲面拼接尤为重要，如果拼接不光顺，就会削弱汽车的动感。

图 3.13　新旧造型线条的对比

3. 强调水平划分线和削弱垂直划分线

强调水平划分线的主要目的是使汽车看起来矮而长，这与汽车运动方向一致。强调水平划分线的常用方法有：在汽车侧面镶嵌上水平的装饰条；在汽车侧面的覆盖上刻出前后直通的浮雕线（见图 3.14）；用两种色彩水平划分车身侧面。

削弱垂直划分线的主要目的也是使汽车显得矮而长，常用削弱车窗立柱的数目和宽度的方法。

图 3.14　强调水平划分线的汽车造型

想一想

（1）汽车造型发展主要经历了哪几种造型？

（2）动感的汽车主要表现在哪些方面？

（3）若请你设计一款车，你会设计什么外型的车呢？

第3节　汽车色彩
（Automobile Colors）

每一种颜色均蕴涵着特定的含义，也寄托了人类的美好向往。同样，汽车车身的色彩也在满足人们爱好需求、寄托人们美好愿望的同时，点缀着城乡大地。那么，色彩和汽车是如何有机地结合呢?

一、汽车色彩的意义

汽车色彩已经成为消费者购车时考虑的重要因素，特别是追求时尚和个性的女性购车者，对汽车的颜色更是百般挑剔。据有关专业人士调查，现在超过40%的消费者在购车时，如果喜欢的车型没有自己喜爱的颜色，他会等待或是另选其他的车型，决不会放弃自己喜爱的色彩。聪明的汽车制造企业和经销商已经看到汽车色彩潜藏的巨大商机和可观的经济价值，汽车色彩的开发研究和创新设计越来越得到重视。

由于传统文化习惯等因素的作用，人们对色彩已经产生了根深蒂固的观念，不会轻易地改变。每一种色彩被人为地赋予了某种含义，如红色，热烈红火，象征吉祥喜庆；黄色，灿烂辉煌，象征庄重威严、高贵华丽；绿色，恬静优雅，象征生生不息、舒适自然；紫色，典雅浪漫，象征神秘、高贵，等等。现在的汽车颜色可谓五花八门（见图3.15），充分反映了汽车颜色的变迁和当今车主日益张扬的个性。

图3.15　甲克虫汽车的颜色

汽车色彩已经成为品牌文化的重要组成部分，在品牌的设计开发、生产制造、推介营销领域起着越来越重要的作用。

二、汽车色彩的设计

汽车色彩的设计绝非随心所欲，在设计汽车色彩时，应注意考虑以下几个方面的问题。

1. 汽车的使用功能

有些特殊功能的汽车，已经形成了惯用色彩。例如，消防车（见图 3.16）采用红色，有醒目、亮度高等优点，使人们容易发现，以便赶紧避让；救护车（见图 3.17）采用白色，赋予洁白、神圣等联想含义；军用车（见图 3.18）采用深绿色，使车辆与草木、黑色的沥青路面颜色相近，可达到隐蔽安全的目的等。还有很多专用汽车色彩应符合人们的传统习惯，贴近人们的思想感情。

图 3.16　消防车

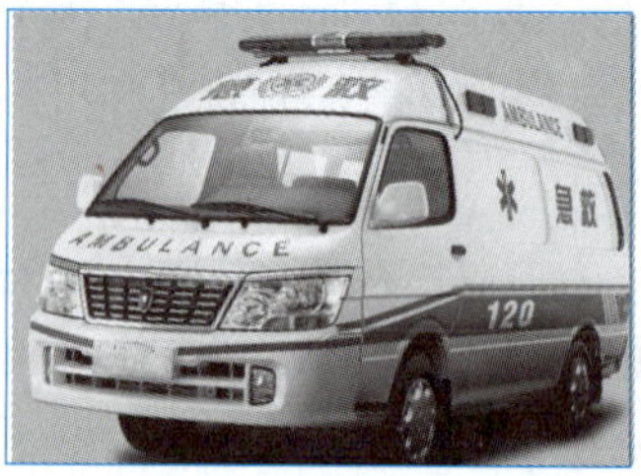

图 3.17　救护车

图 3.18　军用车

2. 汽车的使用环境

汽车行驶在城市中，对城市色彩有装饰的作用，当汽车的色彩与环境色彩发生碰撞现象时，会使原本喧闹的环境更加嘈杂混乱，使视觉感官极易疲劳。因此，汽车的色彩应与环境色彩相协调。在不同地区、不同环境下，日光照射强度有差别，使人们会对不同色彩产生偏爱，如北欧人喜欢青绿色（见图 3.19），意大利喜欢黄色（见图 3.20）和红色。伊朗、科威特等国家禁忌黄色，但推崇绿色。

图 3.19　青绿色的汽车

图 3.20　黄色的汽车

3. 汽车的安全行驶

汽车的行驶安全与汽车的色彩有一定的关系。这是因为在视觉上，颜色具有收缩性和膨胀性，如红色（见图 3.21）、黄色具有膨胀性，而蓝色（见图 3.22）、绿色具有收缩性。另一方面，颜色的深浅在不同光强条件下的反射效果也有很大差异，如黑色汽车在清晨和傍晚时段，最难被识别，浅颜色的白色和银灰色则容易辨识，而蓝色和绿色安全性居中。所以，从安全角度考虑，汽车色彩最好选择浅颜色或膨胀色。

图 3.21　红色的汽车

图 3.22　蓝色的轿车

想一想

（1）书中有什么颜色未提到？它们所包含的意义如何？
（2）你喜欢什么颜色的汽车？为什么？

本章小结

1. 汽车设计
   - 汽车设计的定义
   - 汽车设计的特点
   - 汽车设计的过程

2. 汽车造型
   - 汽车造型的定义
   - 汽车造型发展史
   - 动感汽车造型表现方法

3. 汽车色彩
   - 汽车色彩的意义
   - 汽车色彩的设计

思考与练习

（1）汽车设计有何特点？简述汽车设计过程。
（2）汽车已经有 100 多年的历史，它经历过哪些汽车造型？
（3）简述汽车色彩的意义。

第 4 章

汽车品牌文化

（Makes of Automobile）

奔驰、宝马、丰田等是国际知名的汽车品牌（见图 4.1）。支撑品牌的是品牌背后的文化，不同的品牌附着不同的特定的文化。这是品牌所凝炼的价值观念、生活态度、审美情趣、个性修养、时尚品位、情感诉求等精神象征。优秀的品牌文化是民族文化精神的高度提炼和人类美好价值观念的共同升华，凝结着时代文明发展的精髓，引领时代的消费潮流，改变亿万人的生活方式，甚至塑造几代人的价值观。优秀的品牌文化可以以其独特的个性和风采，超越民族，超越国界，超越意识，使品牌深入人心，吸引全世界人民共同向往、共同消费。

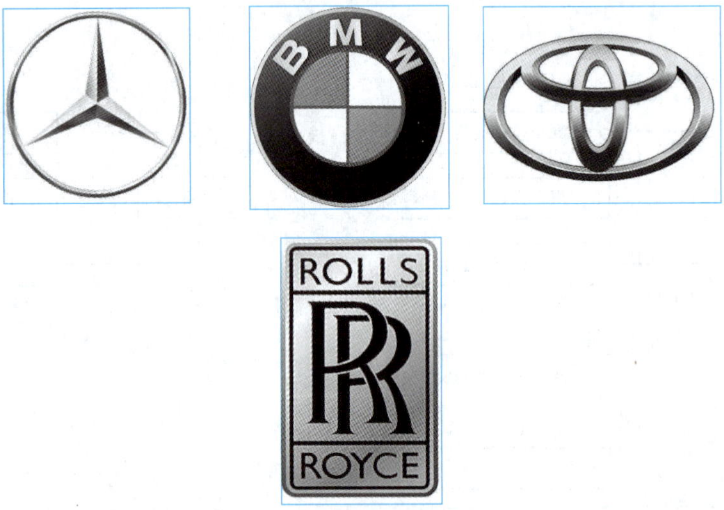

图 4.1　一些熟悉的汽车品牌标志

学习目标

- ◎ 熟悉欧洲车系汽车的典型品牌。
- ◎ 熟悉美洲车系汽车的典型品牌。
- ◎ 熟悉日韩车系汽车的典型品牌。
- ◎ 熟悉中华车系汽车的典型品牌。
- ◎ 能客观地比较各车系的性能和特点。

第1节　欧洲车系
（European Series）

作为现代汽车工业的摇篮，欧洲拥有众多如雷贯耳的世界汽车品牌。在设计风格上，欧系车呈现多元化的特点，既有豪华至尊的英国车（劳斯莱斯、宾利），又有稳重内敛的德国车（大众、奔驰），还有强调舒适环保的北欧车（如 VOLVO、SAAB）、操控与安全并重的法国车（雪铁龙、标致、雷诺）、浪漫前卫的意大利车（菲亚特、阿尔法、法拉利）。

一、梅赛德斯 - 奔驰

1. 梅赛德斯 - 奔驰的历史

斯图加特是一个有着如画般现代化风光的德国城市（见图 4.2），世界著名的汽车城，奔驰汽车制造业是斯图加特的主体工业，在斯图加特几乎家家都有奔驰车。参观奔驰汽车制造厂是各国游客游览斯图加特的一项重要内容。

图 4.2　美丽的斯图加特

现在，让我们先来回顾一下戴姆勒 - 奔驰的历史。

1883 年，奔驰开始创建“奔驰公司和莱茵煤气发动机厂”。与此同时，戴姆勒成功发明了世界第一台高压缩比的内燃发动机，成为现代汽车发动机的鼻祖。

1885 年，戴姆勒把它的单缸发动机装到自行车上，制成了世界上第一辆摩托车。同年 10 月，奔驰设计制造了一辆装汽油机的三轮汽车。

1886 年，本茨发明的以汽油发动机为动力的三轮车被授予专利，与此同时，戴姆勒也发明了他的第一辆四轮汽车，同年他还取得了船用发动机专利。

1890 年，戴姆勒汽车公司成立，迈巴赫设计了第一台直列 4 缸四冲程发动机。

1910 年，奔驰汽车公司开发了第一台 4 气门发动机。

1926 年，奔驰汽车公司和戴姆勒汽车公司，为了避免日益增大的汽车工业中的互相排挤，两大汽车巨人终于走到一起，创办了举世闻名的“梅赛德斯 - 奔驰”汽车公司（Mercedes-Benz）。

1934 年，梅赛得斯 - 奔驰汽公司制造了世界上第一辆防弹汽车 770k，车身用 4mm 厚的钢板制成，挡风玻璃有 50mm 厚，轮胎是钢丝网状防弹车胎，后排坐垫靠背装有防弹钢板，地板也被加厚到 4.5mm，整车重量超过 5t，它配有一台排量为 7 655mL 的 V8 发动机，可产生 100kW 的功率。

1936 年，梅赛得斯 - 奔驰汽车公司首次将柴油发动机安装在轿车上。

1949 年，公司在汉诺威技术出口交易会上推出了战后第一款新车 170s。

1951 年，公司在第一届法兰克福国际汽车展上推出了拥有全新引擎（6 缸，顶置凸轮轴）的

220。当年还推出了当时德国最大、时速最高的量产车 300，这种车很快便成为了政客和富商们的至爱。

1954 年公司在带有传奇色彩的跑车 300SL 上率先使用了汽油喷射装置，从而成为了淘汰传统化油器的新科技。

1961 年，公司推出了第一款带有空气悬架的汽车 300SE。

1972 年，公司开发了一款全新的豪华车 280SE，也就是我们熟悉的最早的 S 系列车。

1978 年，公司在法兰克福国际汽车展上推出了一款搭载 5L 排量轻型铝合金发动机的汽车 450SLC 5.0。

如今，奔驰汽车公司已成为了德国第一大汽车公司，虽然大众汽车公司不断努力，仍然超不过奔驰汽车公司，屈居第二。在欧洲 100 家大企业中，奔驰公司名列第 4。该企业品牌在世界品牌实验室（World Brand Lab）编制的 2012 年度《世界品牌 500 强》排行榜中名列第 8。美国《幸福》杂志公布的全球五百家最大工业公司中，奔驰公司名列第 10，在全球最大汽车工业公司中，奔驰公司仅次于美国的通用、福特和日本的丰田而居第 4 位，这一串的数字说明奔驰公司在全球汽车产业中的实力和地位，尤其是其经过了百年的风雨仍能保持强大的生命力更是令人惊叹不已（见图 4.3）。

图 4.3　德国奔驰汽车公司总部

2. 奔驰车的特点

奔驰汽车是高质量、高档次、高地位的象征。它不仅已成为社会名流必备的道具，甚至许多国家都采用奔驰汽车作为外交用车的标准车辆。

“精美、可靠、耐用”是奔驰汽车的宗旨，为了保持高质量和开发新技术，奔驰公司每年投入的科研开发费用高达 4 亿美元。造型精美，线条流畅，在不断更新中保持传统，让人一眼就能认出：这就是奔驰！奔驰的设计中心有 500 多名来自世界 20 多个国家的设计师，他们不仅在设计中传承了奔驰汽车的风格与优雅，而且还为汽车设计加入了情感、动感和与众不同的新元素。

奔驰在轿车电子化上居于领先地位，也是首先将柴油发动机用于高档轿车上，其生产的赛车在赛车史上获得过四千多次冠军。而赛车则常是汽车新技术创制的“试验田”。每年有一百多辆整车用于安全碰撞等各种可靠性试验，一般汽车行驰十万公里就趋于报废，而奔驰车行驶 30 万公里保持良好性能已是屡见不鲜，制作严谨和选料精良是奔驰车可靠耐用的基础。乘坐奔驰，在安全和可靠上也使人有特殊的享受。奔驰车较同类车虽然价格高出许多，但是由于它可靠耐用，保养维修费用远比其他车低得多，更拥有世界第一名牌的美誉。

3. 奔驰车型介绍

奔驰有不同的车系，即车身系列，如 W124、W140、W201 等代表不同的车系。其中，每一种车系中又有不同的型号，即具体的款式，如 300SE、500SEL 等。

奔驰汽车根据装备的档次和型式不同分为 5 种不同的级别，C 级为经济实用型，3 缸或 4 缸发动机；E 级轿车是奔驰车最全面的一种系列，共有 13 种样式（见图 4.4），包括 4 缸汽油机和 4 缸柴油机；S 级为特级豪华车（见图 4.5）；SL 代表敞篷轿车；G 级代表越野车，如 GD300DIESEL 表示排量为 3L 的柴油越野车。

图 4.4　奔驰 E 级轿车

图 4.5　奔驰 S350

在代表排量的数字之前的字母表示不同的级别，而在数字之后的字母则表示装备或结构方面的特色，如 S 为豪华装备，E 为燃油喷射，L 为加长轴距，C 为双门型，D 为柴油发动机等。例如，W140-500SEC 表示 W140 车身系列（1991 年推出）排量 5L，豪华装备，双门型。

二、法拉利

1. 法拉利的历史

法拉利是世界上最闻名的赛车和运动跑车的生产厂家。它创建于 1929 年，创始人是世界赛车冠军、划时代的汽车设计大师恩佐·法拉利（Enzo Ferrari）。法拉利汽车大部分采用手工制造，因而产量很低。年产量只有 4 000 辆左右。公司总部在意大利的摩德纳（Modena）附近的马拉内罗（Maranello）（见图 4.6）。

图 4.6　法拉利公司总部

法拉利汽车公司的创始人恩佐·法拉利说，他最喜欢的赛车是他还没有造出来的赛车，他最大的成功是他还没有达到的成功。

（1）1898 年至 1947 年——初期岁月。恩佐·法拉利（Enzo Ferrari）1898 年 2 月 18 日出生在意大利摩德纳。第一次世界大战结束之后，法拉利踏上了一条漫长的但最终使他的名字家喻户晓的成功之路。1918 年，法拉利希望在都灵的菲亚特公司谋求一份工作，但结果令他失望，之后，法拉利接受了一家小型汽车维修厂的工作，帮助把军用车改装为民用车。后来，他在米兰的 CMN 公司找到一份工作，作为车队的试车手和赛车手。在这里，他结识了阿尔法·罗密欧公司的技师和车手，并在 1920 年加入了阿尔法·罗密欧公司。

法拉利很快便成为正式的阿尔法车手，并在 1923 年遇到了第一次世界大战王牌飞行员 Francesco Baracca 的母亲，她建议法拉利在赛车上使用她儿子的徽章作为幸运标记。这就是 1932 年首次出现在 Scuderia 法拉利车队的赛车上的腾飞的骏马形象，该车队随后成为正式的阿尔法车队。

（2）1948 年至 1968 年——黄金时代。法拉利在第二次世界大战结束之后开始正式参加国际赛车运动。第一辆参加大奖赛的法拉利车型是单座 125 F1 赛车，它于 1948 年在都灵举办的意大利大奖赛中获得了第三名。

20 世纪 50 年代初，一级方程式世界锦标赛诞生了，法拉利在十年期间赢得了 4 次总冠军：1952 年和 1953 年，车手是 Ascari；1956 年，车手是 Fangio；1958 年，车手是 Hawthorn。图 4.7 所示为 1958 年产的 250 TESTA ROSSA 赛车。

20 世纪 60 年代，由于经济的空前繁荣，赛车制造商之间的竞争十分激烈，使制造技术和工程研究得以迅速发展。就产量而言，法拉利是赛车精英中最小的一家公司，但除了这一因素以外，法拉利保持着赛车领域的顶尖位置。事实上，在这段时期内，法拉利车队曾两次同时获得车手总冠军和车队总冠军：一次是 1961 年，Phil Hill 驾驶 156 F1 赛车；另一次是 1964 年，John Surtees 驾驶 158 F1 赛车。

（3）1969 年至今——发展时代。1969 年，菲亚特成为法拉利的股东和技术合作伙伴，使法拉利能够在各个方面进行拓展和开发。法拉利公司的私有赛道——Fiorano 赛道于 1972 年 4 月 8 日正式落成，法拉利开始在自己的工厂附近测试和开发自己的全部车型。在很长时间没有获得 F1 冠军以后，法拉利车队终于在 1975 年再次获得 F1 总冠军称号，参赛车手是 Lauda。随后，法拉利车队又在 1977 年获得 F1 总冠军。图 4.8 所示为 1971 年产的 365 GT4 BB 赛车。

图 4.7　1958 年产的 250 TESTA ROSSA

图 4.8　1971 年产的 365 GT4 BB

恩佐于 1985 年向菲亚特提出打造超级跑车 F40 的计划，当时 88 岁的法拉利开门见山地说："我们生活在一个充塞着电脑、科技的世界。我尝试着把时钟倒拨，制造一辆简单的好车——一辆具有人性的摩登跑车。"菲亚特董事会对这计划一致通过。1987 年正式面世的法拉利 F40，由于拥有 480hp（358kW），极速高达 324km/h，立即成为世界上最强劲的跑车之一（当时只有保时捷 959 才够资格和 F40 相提并论）。

1999 年，法拉利再次获得 F1 车队总冠军。从这一年开始，法拉利车队令人难以置信地连续 6 次获得车队总冠军，迈克尔 • 舒马赫也 6 次获得车手总冠军，标志着法拉利重新回到一级方程式比赛的顶峰。

2. 法拉利的车型

法拉利早期（1962—1964 年）设计制造的 GTO 车系，几乎主宰了地球上所有的赛道，只要那硕士优雅的车头一对准起跑线，参赛的对手只有头痛和泄气的份。而 250 GTO（1957 年产）则是一辆在马路与赛道上，同样出色的好车，一直到 1985 年停止生产，GTO 车系始终洋溢着法拉利的英雄本色。

法拉利车系有4缸、6缸、8缸等各种车款，而以V型12缸引擎车型，最足以代表“法拉利”，这款采用全铝质每一气缸4气门的强劲发动机，散发着动人的银白色光芒，令人肃然起敬，自然陶醉在那如骠骑狂嘶的排气音波中。而法拉利车系以每一气缸的容积量，作为车款的代号，也是独步车坛的绝招。例如，早期的215、250、275等车款，只要以其代号乘以气缸数，就可以知道引擎的排气量是多少。在所有的法拉利车款中，只有400iA是配用自动变速箱的，其余都是相当典型的手排挡超级跑车。

由于1958年接连失去了车队的3位赛车手（比赛中意外死亡），法拉利黯然神伤，沮丧良久，痛定思痛，改弦易辙，大量生产可以在公路上行驶的跑车，并将以后生产的6缸发动机车款，皆冠以DINO（迪诺）的名称，来纪念原本承继父业而潜心开发新式6缸发动机的爱子。这份永恒的哀痛，直到法拉利离世，每一刻都盘踞在他的心头，却也凝铸成260 GT DINO、246 GT DINO、250 GTO、275 GTS/GTB等一系列知名的公路用跑车，更由于产量稀少，如今都已成车坛瑰宝。

多年来，汽车界的人们已经形成了这样的共识：只要提到法拉利，大家就会想到那超级的法拉利赛车和跑车；只要提到汽车科技的先进水平，大家就会想到红色的法拉利（见图4.9）。

图4.9 红色的F430

三、标致

1. 标致的历史

（1）1889年以前——标致的初期。19世纪初期，当时法国的主流产业还是农业，一个具有开拓精神的家族放弃了这种农业，把目光投向了工业，这就是起源于15世纪的标致家族。在名扬汽车产业之前，这个家族已经在许多产业取得了成功。1819年标致家族成立了“Peugeot-Frereset Compagie”公司，建立了新的工厂开始生产钟表、缝纫机等产品，并取得了成功。

1832年，“标致兄弟公司”成立，并开始生产五金制品，不久后，第一台标致咖啡磨问世。这种品种繁多、样式各异的咖啡磨一直生产到1965年。

1850年，标致家族的经营活动蓬勃发展，并相继兴建了3个新工厂。所生产的产品种类不断增加，包括锯条、弹簧、伞架和前面提到的咖啡磨等。同年，标致举世闻名的狮子标识也正式亮相。

1883年，“标致兄弟公司”生产出了第一辆自行车，最初的自行车由于没有使用链条传动，所以前后轮大小不等，看起来就像马戏团里的独轮车。

1888年，阿尔芒·标致（Armand Peugeot）（见图4.10）预见了汽车这项全新发明的巨大潜力，他拜访了著名的汽车设计师戈特利普·戴姆勒先生，希望联合更多的人共同探索汽车技术。

（2）1889年至1928年——标致的转型期。1889年，对于标致来说，是具有历史意义的一年。阿尔芒·标致和著名的蒸汽动力学家莱昂·塞伯莱合作，制造了一辆三轮蒸汽动力汽车，并在庆祝法国大革命 100 周年的巴黎万国博览会上展出。这是第一辆以标致命名的汽车。

1896 年，阿尔芒在里尔成立“标致汽车公司”，专司旅行车和卡车生产。这一年的夏天，标致 14 型轿车面世（见图 4.11），首次采用了标致专利的卧式双缸发动机。

图 4.10　阿尔芒 • 标致

图 4.11　标致 14 型轿车

1903 年，阿尔芒缩减了生产线，集中生产 42、43、44、50、54 和 56 型 6 款汽车。

1904 年开始到 1914 年之前，阿尔芒开始每年推出一款新车型。

（3）1929 年至 1973 年——标致的成长期。1929 年 10 月，标致 201 在巴黎车展亮相，从此，标致开始用中间为“0”的 3 位数字命名车型。第一个数字代表系列，最后一个数字是此系列的款型排序。

1933 年，3 系列的第一款车型也在巴黎车展上亮相，它的流线型设计，弹壳型前灯，略微后倾的减阻式前栅板以及包围式翼子板使标致 301 独树一帜。次年，标致 6 系高档车问世。

1945 年，是标致最艰难的时刻。标致的生产车间在战火中付之一炬，工厂也被洗劫一空，索绍工厂只剩下 9 400 名工人，恢复生产困难重重。

1946 年，标致系列推出基本车型 202，该车型是战后重建的号角，以此为起点标致开始重振旗鼓。

1955 年，出现了战后新的辉煌。标致汽车成功地推出了标致史上的传奇车型标致 403，标致首次与意大利都灵的设计师宾尼法利纳合作设计车身，双方的合作结出累累硕果，一直持续到今天。标致在 403 上首次安装弧形挡风玻璃，403 也是标致首款产量突破百万的车型。

1960 年，标致汽车迎来了风格上的改变，宾尼法利纳设计出的标致 404 结合简约的现代主义和高雅品位，不仅在当时给 404 的外形带来耳目一新的感觉，而且这种具有意大利风格的设计方式也给标致的品牌形象和未来产生深刻的影响。

1966 年 4 月，标致与雷诺签定技术合作协议，成立“法国机械公司”，联合研制发动机，随后瑞典的沃尔沃也参与合作。此后，一系列技术上的革新出现在了标致汽车上，如 204 搭载的世界上最小的柴油发动机，504 车身上的全自动变速器等。到 1973 年，标致已经累计生产了 800 万辆汽车。

2. 标致的车型

在标致长达100多年的造车历史中，标致汽车形成了100系列、200系列、300系列、400系列、500系列、600系列等几大系列产品，而紧凑型家庭轿车则是其主流产品。

提到标致，不能不提到广州标致505（见图4.12）。1985年，当日本汽车生产商对在中国生产汽车还不屑一顾时，非常有魄力的PSA标致雪铁龙汽车集团决定和广州汽车厂合资生产标致505。1986年10月，在北京举行的广东省工业产品展览会上有两个产品最引人注目，一个是采用玻璃钢车身的中华牌汽车（和现在的中华轿车没有任何血缘关系），另一个就是首次在北京露面的广州标致505旅行轿车，这款车装备了70kW的2L排气量4缸汽油发动机（XNI），和当时上海生产的桑塔纳相比，虽然车型要早两年，但是在技术含量、性能和造型上优势明显。

2002年底，东风汽车公司与PSA集团扩大合资合同在北京签署，标致品牌以307为主打车型（见图4.13），在中国的汽车市场上掀起一阵狮风。

图4.12 广州标致505

图4.13 标致307

2006年，继标致307后，东风标致又引进了标致品牌的经典车型——标致206，并希望以此来进一步拓展中国市场。目前，东风标致正努力在中国铺设符合标致“蓝盒子”国际标准的销售网络。

四、劳斯莱斯

1. 劳斯莱斯的历史

劳斯莱斯（ROLLS-ROYCE）的创始人之一是亨利·罗伊斯，他1863年出生在英国的彼得伯勒，自幼生活困苦，从事过从机械到电子等各种各样的工作，还自学了代数、外语、机械、电子等知识。经过多年的努力，罗伊斯终于拥有了自己的公司。1902年，他买了一辆法国车—德科维尔。由于他的好奇心和天赋，很快，罗伊斯将这辆法国车进行了拆卸、换件并组成了第一辆罗伊斯汽车（见图4.14）。

劳斯莱斯的另一创始人是查尔斯·斯图瓦尔特·罗尔斯，他1877年出生在一个贵族家庭，是英国最早的汽车爱好者和赛车运动的推行者之一。1904年的一天，罗尔斯和罗伊斯在曼彻斯特的Midland旅馆相会了。罗尔斯试驾了罗伊斯设计的汽车，然后对人说：“这就是我寻找多年的人。”于是，两个人达成了一个协议，罗尔斯负责销售罗伊斯制造的所有汽车。

1906年，由亨利·罗伊斯和查尔斯·罗尔斯在英国的曼切斯特成立了劳斯莱斯公司，公司名称以两个人名字的组合出现，以生产高端豪华轿车为主。劳斯莱斯的汽车标志采用两个“R”重叠在一起，象征着你中有我，我中有你，体现了享利·罗伊斯和查尔斯·罗尔斯这两个人之间融洽和谐的关系。

劳斯莱斯新时代的到来，应该从“银色魔鬼”（Silver Ghost）算起（见图 4.15），这是劳斯莱斯的第一代名车。这些车辆全部由手工制造，从公司创建到 1924 年间，一共生产了 6 173 辆“银色魔鬼”。由于其卓越的设计和严格的品质管理，劳斯莱斯的品牌很快传到海外。

图 4.14 第一辆罗伊斯汽车

图 4.15 银色魔鬼

1925 年 5 月，幻影 I 诞生了。它与前辈车型的骨架基本相同，动力系统采用直列 6 缸 7.7L 发动机。在日益增长的汽车市场中，它与宾利、Sunbeam、戴姆勒和美国市场的 Packard、凯迪拉克、林肯进行了激烈竞争。据说它的功率可以达到 100hp，比增压过的发动机功率还高。幻影 I 在英国和美国同时生产，直到 1931 年停产。

在幻影 I 诞生后几年，幻影 Ⅱ 和幻影 Ⅱ “大陆”也出现了。1935 年 10 月，幻影 Ⅲ 开始生产。这是劳斯莱斯第 1 次配置 12 缸 7.3L 发动机。幻影 Ⅲ 的平顺性非常好，高速时听不到很大的风噪，振动也比一般的 12 缸车小，发动机和变速箱都安装在橡胶垫上。幻影 Ⅲ 采用了独立前悬挂，节省了很多机械空间，这样有助于更合理地安置发动机。

第二次世界大战后，劳斯莱斯专为英国皇室生产了幻影 Ⅳ，它的最高车速可以达到 160km/h。幻影 Ⅳ 一共只生产了 18 辆，极其珍贵。

1955—1965 年的 10 年间，劳斯莱斯只是做了一些小改动，如改变发动机的压缩比、调整座椅等。劳斯莱斯感觉到，他们的汽车在造型方面已经不能满足消费者的口味了，需要一个新的车型来振兴品牌，这就是著名的劳斯莱斯银影（Silver Shadow）。1965 年 10 月，劳斯莱斯展出了这款新车。劳斯莱斯带着不可磨灭的经典风格，跨入到现代设计的世界中。

2. 劳斯莱斯的特点

（1）具有悠久的历史。劳斯莱斯自成立和生产车辆至今已超过百年。

（2）是身份和地位的象征。劳斯莱斯对购买轿车者要进行身份和家庭背景的审查。另外，劳斯莱斯从 1955 年被授权使用皇室专用徽章直至今天。

（3）销量非常苛刻。劳斯莱斯汽车公司的年产量平均只有 1 000 ~ 2 000 辆，历史最高产量的 1990 年，也只有 3 000 辆，因此，形成了奇货可居的状态。

（4）做工精益求精。劳斯莱斯的出众之处就在于它的制造主要依靠手工进行。时至今天，劳斯莱斯的发动机还完全是手工制造，因此，其做工可达到精益求精的境界。

（5）可个性化选择。劳斯莱斯汽车可以在最大范围内满足客户个性化的需要。顾客可以根据自己的爱好，精心挑选车身颜色、质地、层板和配套装置。所以除了特别委托，劳斯莱斯几乎没有生产两辆一模一样的轿车。

3. 劳斯莱斯名车谱

1907—1924 年：第一代名车 Silver Ghost（银色魔鬼）面世。在第一次世界大战时，被指派为装甲车，在炙热的沙漠中，发挥了惊人的性能。

1925 年：Phantom（幻影）系列问世，包括幻影 I 至幻影 V。该车型声名持久，而且从幻影Ⅳ开始就结下了与皇室的缘分（见图 4.16 至图 4.20）。

图 4.16　幻影 I

图 4.17　幻影Ⅱ

图 4.18　幻影Ⅲ

图 4.19　幻影Ⅳ

图 4.20　幻影 V

1955 年：Silver Cloud（银云）系列面世，这是应用现代设计前的最后一款车型。

1965 年：Silver Shadow（银影）系列面世，这一系列显示了传统劳斯莱斯的创新精神（见图 4.21）。

1971 年：Corniche（滨海道）面世，它是第一部劳斯莱斯敞篷跑车。

1980 年：Silver Spirit（银色精灵）、Silver Spur（银色马刺）面世，这是劳斯莱斯汽车公司被 Vickers 公司收购后进行的换代品牌。

1998 年：Silver Seraph（银色天使）面世，它颇具现代气息。

2000 年：Park Ward 面世，这是劳斯莱斯首度推出的豪华旅行房车（见图 4.22）。

图 4.21 银影

图 4.22 Park Ward

第 2 节 美洲车系
（American Series）

在众多人眼中，洛克菲勒是美国石油文化的代表，比尔·盖茨是当今美国新技术的代表，而福特家族则是美国汽车文化的代表。

作为“车轮上的国家”，美国不仅是全球拥有汽车数量最多的国家，也是汽车体形最大的国家。汽车是美国文明的一个缩影，它成为了美国文明的承载者。一个美国社会学家说：“没有汽车的出现，就不会有现代的美国。”

一、福特

1. 福特汽车的历史

当被问到“是谁发明了汽车？”这个问题时，许多人都会回答：亨利·福特。这个普遍的误解正是对亨利·福特的赞美，是他使千千万万人拥有汽车的梦想成为现实。亨利·福特有一个抱负：“我要制造一辆适合大众的汽车，价格低廉，谁都买得起。”正是他的这种抱负和激情促成了福特汽车公司的诞生（见图 4.23）。

图 4.23 亨利·福特和福特 T 型车

（1）起步阶段（1903—1908 年）。1903 年 6 月 16 日，福特汽车公司在底特律的一间由货车车间改造而成的窄小工厂中宣告成立。其全部财产包括一些工具、器材、机器、计划书、技术说明、蓝图、专利、几个模型和 12 位投资者筹措的 28 000 美元。

公司销售的第一辆汽车被称为“市场上最完美的汽车”，“简单得连一个 15 岁男孩都会开”。第一辆车卖给了芝加哥的 E. 冯尼格（E.Pfennig）博士。他在公司成立后的一个月就买了这辆车，使那些忧心忡忡、眼看着银行存款只剩下 223 美元的股东们喜出望外。

1903—1908 年间，亨利·福特和他的工程师们狂热地制造了 19 种车型，从字母表中的 A 直到 S 车型。其中有些只是实验车型，从来没有上市。有的车拥有两个气缸，有的车有 4 个气缸，有一辆车甚至有 6 个气缸；有的车是链传动，有的车是轴传动；有两辆车的发动机置于司机座椅之下。最成功的生产车型要数 N 型车了，这是一辆小巧、轻便的 4 缸汽车，市场售价 500 美元。

（2）成长阶段（1908—1927 年）。福特 T 型车于 1908 年 10 月 1 日步入历史舞台。亨利·福特将其称为“万能车”。它成为低价、可靠运输工具的象征，当别的汽车陷于泥泞的道路上时它却能继续前行。T 型车赢得了千千万万美国人的心，人们亲切地称为“莉齐”。T 型车第一年的产量达到 10 660 辆，打破了汽车业有史以来的所有记录。

1914 年 1 月 5 日，亨利·福特宣布福特汽车公司的最低日薪为 5 美元——几乎两倍于当时的最低日薪，震惊了全世界。福特先生认为，既然已经能够大批量生产价格低廉的汽车，如果员工们能够买得起的话，就可以卖出更多的车。他相信一个 8 小时工作日 5 美元的报酬是他所做的削减成本的最佳举措。他说：“我可以找到创造高工资的生产方法。如果降低薪水，就是降低顾客的数量。”

在 T 型车投产的 19 年里，仅美国一地就销售了 15 007 033 辆。福特汽车公司在全球牢牢建立了自己作为综合工业巨头的地位。

（3）转型阶段（1927—1942 年）。1927 年，A 型车在各个方面都有了巨大的改进。1927 年末到 1931 年间，共计 450 多万辆不同车身造型和不同颜色的 A 型车（见图 4.24）行驶在美国的大街小巷。

图 4.24 福特 A 型车

1932 年 3 月 31 日推出的第一台动力更为强劲的 V8 发动机汽车，正好满足了时代对新型车辆的需要。福特汽车公司首次成功地将 V8 缸体铸为一体，这比竞争对手造出可靠的 V8 发动机早了许多年。福特汽车及其强大的发动机成为注重汽车性能的美国人的最爱。

（4）“二战”阶段（1942—1949 年）。1942 年，当公司必须将所有资源投入支持战争的工作时，民用车的生产突然停止。

第二次世界大战结束后，亨利·福特二度辞去总裁职务。由亨利·福特的长孙——亨利·福特二世继任总裁。他在 1960 年 7 月 13 日至 1980 年 3 月 13 日期间担任董事长一职，并一直担任财务委员会主席直至 1987 年去世。

亨利·福特二世的战后重组计划使公司迅速恢复了元气，并使之进一步推出了扩展计划，最终在美国成立了44个制造厂、18个装配厂、32个零件仓库、2个大型试车场和13个工艺开发和研究机构。除大规模增加福特车辆制造设施之外，这项计划还引入了公司多样化经营，涉及金融、保险、配件与服务、电子、玻璃、航空、汽车租赁等领域。

随着1945年第二次世界大战的结束，美国的汽车生产线恢复了民用车的生产。1948年1月16日，福特汽车公司建造了第一辆后来成为汽车史上最成功的车型系列的F系列皮卡。

（5）当今阶段（21世纪）。2001年10月1日，小威廉·克莱·福特成为公司董事长兼首席执行官。上任之后，他带领公司实施回归基本原则的改良计划，重点致力于改进使公司获得成功的基本要素。

2003年为福特百年诞辰，经过多年的兴衰与荣辱，战争与和平，福特汽车公司从一个人、一间小修理厂和一辆4轮车，发展成为一个促进全球经济繁荣的美国汽车巨头。

2. 福特的八大品牌

目前，福特汽车公司拥有世界著名的八大汽车品牌：福特（Ford）、林肯（Lincoln）、水星（Mercury）、阿斯顿·马丁（Aston Martin）、捷豹（Jaguar）、马自达（Mazda）、沃尔沃（Volvo）和路虎（Land Rover）。

（1）福特（Ford）。福特从第一辆大众汽车T型车到20世纪90年代的畅销Taurus，始终处于全球最受欢迎的轿车和卡车品牌的行列。

福特品牌的代表性产品有T型车（Model T）、A型车（Model A）、Thunderbird、Mustang、F系列、Taurus（见图4.25）、Windstar、Crown Victoria、Maverick、Explorer、Transit、Fiesta和Focus。

（2）林肯（Lincoln）。林肯是福特汽车公司拥有的第2个品牌，1907年由亨利·利兰（Henry Leland）先生创立。1922年福特汽车公司以800万美金收购了林肯品牌，并由此进入豪华车市场。由于林肯车杰出的性能，高雅的造型和无与伦比的舒适，它一直是美国车舒适和豪华的象征。

林肯品牌的著名产品有Town Car、Navigator、Aviator和LS（见图4.26）。目前在中国销售较多的是林肯城市（Town Car）。

图4.25 福特Taurus

图4.26 林肯·LS

（3）水星（Mercury）。水星品牌的独特之处在于，它是福特汽车公司唯一自创的品牌。20世纪30年代中期，福特汽车的管理层意识到在经济型的福特车和豪华的林肯车之间仍存在市场机会，于是在1935年开发出了水星品牌，进军中档车市场，1938年10月正式推出水星产品。当时的水星配备了强劲的95hp、V8发动机，大受欢迎，一年之内就占领了美国2.19%的轿车市场份额。

1941—1945 年，由于第二次世界大战的影响，水星的生产被迫中断。1945 年，福特汽车成立了林肯—水星分部，由本森福特掌管。1998 年，林肯水星的总部迁往加州的阿尔文（Irvine）。水星一直是创新和富于个性的美国车的代表。

水星品牌的著名产品有 Cougar、Sable、Villager、Mountainer、Mystique、Grand Marquis、Puma 等（见图 4.27）。

（4）马自达（Mazda）。马自达成立于 1920 年，创立之初称为东洋软木工业株式会社。1931 年，开始生产轻便小型三轮货车。1963 年从生产 Familia 轿车开始转型。20 世纪 60 年代曾经是日本产量最大的汽车公司，生产的所有车辆都配以马自达的名称，1984 年公司正式更名为马自达公司。1979 年福特购买了该公司 25% 的股份，1996 年继续将拥有的股份扩大到 33.4%，是马自达最大的股东。70 多年来，马自达生产的轿车、跑车和商用车畅销日本和欧美地区，并以设计新颖、质量优异著称。

马自达品牌的代表性车型有 Miata、323、626、Millenia、RX-8、Econovan、Premio、MX 系列等（见图 4.28）。

图 4.27　水星概念车

图 4.28　马自达 6

（5）捷豹（Jaguar）。捷豹是由威廉·里昂斯（William Lyons）在 1922 年由制造摩托车的边斗车起家，1931 年转型生产汽车。到 1945 年，已经生产了一系列高性能、造型优雅的汽车，这些便是最初的捷豹车。第二次世界大战前最著名的捷豹是 SS100 两座跑车。1948 年推出 XK120，不仅具有革命性的造型设计，而且采用了 XK 型双凸轮发动机。以后这种发动机成了捷豹的标准装备，一直沿用到 1987 年。

经过半个多世纪的努力，捷豹在全球车迷心目中树立了典雅高贵、英国绅士般的形象。1990 年福特汽车收购了捷豹公司。捷豹的 3 种最具影响的车型是高级轿车，即 XJ 系列、跑车系列和轿跑车系列。其中，XK8 跑车被媒体认为是 E 型车及其他经典捷豹跑车的真正传世之作，在各主要市场连连创下跑车的销售新记录。

捷豹的经典车型有 SS100、XK 型、XJ 型（见图 4.29）、E 型、S 型、X 型。

（6）阿斯顿·马丁（Aston Martin）。阿斯顿·马丁由莱昂内尔·马丁（Lionel Martin）和罗伯特·巴姆福特（Robert Bamford）于 1914 年共同组建。其品牌一直是造型别致、精工细作、性能卓越的运动跑车的代名词，它在汽车市场上和车主的心中始终占有特殊的位置。在近 90 年的品牌经营过程中，公司几经易手，总产量只有区区 16 000 辆车，然而时至今日，仍有将近其总量四分之三的阿斯顿·马丁在使用中。

1994 年，阿斯顿·马丁成为福特汽车公司的全资子公司。福特除了为其提供财务保障外，还向它提供福特在世界各地的技术、制造和供应系统，以及支持新产品的设计和开发，令这颗豪华跑车中的明珠重新焕发出迷人的魅力。

阿斯顿·马丁的多款汽车都曾是007系列影片中邦德的坐骑，为邦德的出奇制胜立下了赫赫战功。

阿斯顿·马丁品牌的最著名车型有DB5、DB6、DB7、Vantage、Vanquish（见图4.30）等。

图4.29　捷豹XJ

图4.30　阿斯顿·马丁V12 Vanquish

（7）沃尔沃（Volvo）。沃尔沃轿车创立于1927年，总部设在瑞典哥德堡。自创立以来，沃尔沃始终非常注重质量、安全和对环境的影响，这3个因素也一直贯穿于公司设计、开发和制造的整个环节。尤其在安全方面，沃尔沃发明的安全底盘、三点式紧缩安全带和侧撞防护系列等，现在已经成为当今一流汽车产品的标准配置，沃尔沃也因此成为世人心目中最安全的汽车。

1999年，福特汽车正式收购了沃尔沃的轿车业务，在2000年更创纪录地实现了422 100辆的销量，2002年令人期待已久的XC90——沃尔沃第一辆真正意义上的SUV在底特律车展亮相，并被评为“2003年度卡车”。

沃尔沃品牌的代表车型有S系列：S40、S70、S80、S90，V系列：V40、V70、V90、XC90等（见图4.31）。

（8）路虎（Land Rover）。路虎是世界上最好的四轮驱动车制造商，为世界各地提供全方位不同用途的Land Rover。其品牌的第一款车是在1947年由Spencer和Maurice Wilks兄弟于英国的Rover车厂制造成功，并于1948年在荷兰的阿姆斯特丹首次发布。1970年，经典的Range Rover车型首次亮相，很快便受到车迷的肯定，并进一步登上四轮驱动车之王的宝座，开辟了豪华越野车全新的市场空间。在此后的30多年时间里，它卓越的越野能力和不乏舒适性的道路表现仍然值得称道。2000年，福特从宝马公司购得路虎品牌。

路虎的经典车型有Range Rover、Discovery、Defender和Freelander（见图4.32）。

图4.31　沃尔沃

图4.32　路虎Freelander

二、通用

1. 通用汽车的历史

通用汽车公司成立于1908年9月16日，自从威廉•杜兰特创建了美国通用汽车公司以来，先后联合或兼并了别克、凯迪拉克、雪佛兰、奥兹莫比尔、庞帝亚克、克尔维特等公司，拥有铃木（Suzuki）、五十铃（Isuzu）和斯巴鲁（Subaru）的股份，使原来的小公司成为它的分部。从1927年以来，通用汽车公司一直是全世界最大的汽车公司，其标志GM取自其英文名称（General Motors Corporation）的前两个单词的第1个字母。

公司下属的分部达20多个，拥有员工266 000名。通用汽车公司的全球总部位于美国密歇根州的汽车之城底特律，迄今在全球35个国家和地区建立了汽车制造业务。2007年，通用汽车在全球售出近937万辆轿车和卡车。截至2007年，在财富全球500公司营业额排名中，通用汽车公司排第5名，前4名分别是沃尔玛（Wal-Mart）、埃克森美孚（Exxon Mobil）、皇家荷兰壳牌（Royal Dutch Shell）和英国石油公司（BP）。

（1）1897—1909年——公司的创建期。1862年，德国锁匠和企业家亚当•欧宝以生产缝纫机起步，原来只是想设计并生产简单可靠的缝纫机，而最后的结果是这个最初的缝纫机品牌成为通用汽车最重要的全球汽车品牌之一。

随着自行车市场的日益饱和，欧宝兄弟们开始将注意力转向并不成熟且充满许多未知因素的汽车行业。他们将第一款汽车命名为Opel-Patent-Motorwagen System Lutzmann，这款车共计生产了65辆（见图4.33）。

图4.33 第一款汽车Opel-Patent-Motorwagen System Lutzmann

1902年，当福特公司的财务支持者对福特产品开发步伐失去耐心的时候，精密制造大师Henry Leland被授予了本来由亨利•福特掌握的公司的管理控制权。为表示对底特律城的创立人法国探险家Antoine de la Mothe Cadillac的敬意，Leland将亨利•福特公司更名为凯迪拉克汽车公司（Cadillac Automobile Company）。

1903年，David Dunbar Buick组建了别克汽车公司，并在密歇根州的福林特创办了工厂并生产出了第一辆汽车。但不久财务支持者和他自己的管理团队都对他失去了信心。他们将视线转向本地人杜兰特，以期望别克汽车走出困境。1908年9月16日，在杜兰特的坚持下，通用汽车公司正式成立（见图4.34）。其最初的资产仅包括杜兰特的别克汽车公司，并且在当时并未能引起公众及新闻界的关注，直到白星航运公司宣告将由通用汽车公司开始建造全球最大的远洋客轮泰坦尼克号，通用汽车公司才真正开始影响这个行业。

1909年，杜兰特领导的通用汽车公司以475万美元的价格从Henry Leland及其儿子Wilfred手中收购了凯迪拉克汽车公司，并约定仍然由Leland父子继续管理凯迪拉克汽车公司的所有运营。

（2）1910—1930 年——公司加速发展期。随着著名设计师 Harley Earl（汽车设计之父）的第一个设计作品 1927 款 LaSalle 的问世，使通用汽车公司步入了发展新纪元，从此汽车不再只是一种交通工具。通用汽车的品牌形象和汽车产品已成为消费者自我价值和尊贵身份的代表和体现。

1914 年，新款雪佛兰风靡一时。与业界领先的福特 T 型车相比，雪佛兰第 2 款车“490”（见图 4.35）无论在功率上还是性能上，都更胜一筹，而价格却相差无几。于是，“490”很快便席卷市场。杜兰特从雪佛兰上获得了巨大的利润并开始利用他手上的雪佛兰股票购买通用汽车公司的股份。

图 4.34 通用汽车公司

图 4.35 雪佛兰 490

1916 年，杜兰特向通用汽车董事会宣布，他的雪佛兰汽车公司已拥有通用汽车 54.5% 的股份。他从其前任下属 Charles Nash 手中接过通用汽车总裁一职，再次执掌这个未来的汽车帝国。在杜兰特通过雪佛兰公司重新控制通用汽车两年后，通用汽车公司正式收购了雪佛兰的所有资产。

1919 年，随着所有业务的迅速扩展，通用汽车公司开始在底特律建造新的总部大楼。大厦竣工后即成为全球最大的办公楼，也很快成为底特律的标志性建筑，并于 1978 年入选美国国家公园管理局的国家历史地标名录。

1926 年，通用汽车公司开展其全球扩张的步伐，以通用汽车澳大利亚有限公司的成立拉开了其在亚洲和南美洲创办新的子公司和工厂的序幕。随着在亚洲其他地区的业务不断扩张，1929 年，通用汽车在上海成立了新的中国公司总部。

（3）1931 至今——迈向新世纪时期。

1931 年通用汽车公司确立了第一大汽车生产公司地位。

1952 年通用汽车公司推出“别克”牌小轿车，该车成为鱼型车身的代表。转向助力器装车使用。美国人开始采用座椅安全带。

1967 年 4 月 21 日，通用汽车公司累计生产了 1 亿辆汽车。

1969 年，引导阿波罗 11 号宇宙飞船上宇航员登月并返回地球的导航系统由通用汽车公司负责生产。

2000 通用公司宣布与菲亚特结成战略联盟。至此，通用汽车公司以合作为主旋律走入新世纪。

2. 通用汽车的品牌

（1）悍马。美国 AMG 公司以生产悍马（Hummer）而扬名世界。1992 年，第一辆民用悍马面世，立刻赢得了众多青睐。悍马 H2 SUV 就是在通用旗下诞生的第一辆悍马，它继承了军用悍马的传统风格，又赋予了它一些现代韵律。悍马的标志就是其英文名称“HUMMER”（见图 4.36）。

（2）别克。1903 年 5 月 19 日，大卫 • 别克（David Buick）在布里斯科史弟的帮助下创建了别克汽车公司，1908 年它的产量达到 8 820 辆，居美国第一位，并以别克公司为中心成立了通用汽车公司，别克部是通用汽车公司的第 2 大部门。别克的商标图案是 3 把刀，它的排列给人们一种起点高并不断攀登的感觉，象征着一种积极进取、不断登攀的精神，文字“BUICK”是公司创建人大卫 • 别克的名字（见图 4.37）。

（3）旁蒂克。旁蒂克汽车分部原为奥克兰汽车，是由年轻的爱德华 • 墨菲创建的，它于 1908 年生产了一种 4 缸发动机轿车，功率大，很有竞争力，因而得到了迅速的发展，同时引起了杜兰特的注意，通过会谈，该公司 1909 年加入通用汽车公司，1932 年正式使用旁蒂克汽车分部的名称和商标。文字旁蒂克取自美国密执安州的一个地名，1909 年加入美国通用汽车公司，1932 年正式使用旁蒂克的汽车商标（见图 4.38）。

图 4.36　悍马标志

图 4.37　别克标志

图 4.38　旁蒂克标志

（4）雪佛兰。雪佛兰的国际品牌血统已经传承了近百年，是通用汽车公司全球销量最大的品牌，自 1912 年推出第一部产品以来至今销量总量已超过 1 亿辆。其市场覆盖到 70 个国家，曾经创下每 40s 销售一部新车的纪录。雪佛兰的品牌定位是一个大众化的值得信赖的国际汽车品牌，其个性是：值得信赖、聪明务实、亲和友善、充满活力。雪佛兰商标表示了图案化了的蝴蝶结，文字（CHEVROLET）是瑞士的赛车手、工程师路易斯 • 雪佛兰的名字（见图 4.39）。

（5）凯迪拉克。凯迪拉克汽车分部的前身是凯迪拉克公司，建于 1902 年，创建人是亨利 • 利兰得，1909 年该公司加入通用汽车公司。选用“凯迪拉克”之名是为了向法国的皇家贵族、探险家、美国底特律城的创始人安东尼 • 门斯 • 凯迪拉克表示敬意，商标图形主要由冠和盾组成（见图 4.40）。

（6）铃木。铃木公司成立于 1920 年，1952 年开始生产摩托车，1955 年开始生产汽车。铃木株式会社包括 7 个工厂，汽车生产集团在湖西工厂和磐田工厂，主要生产微型及小型轿车、面包车、吉普车和货车；相良工厂为汽车发动机厂；丰川工厂负责摩托车的生产；总社工厂负责摩托车发动机的制造。铃木轿车标志图案中的“S”是铃木 Suzuki 的第 1 个字母，这种设计给人以有力量的感觉，象征着发展中的“铃木”（见图 4.41）。

图 4.39　雪佛兰标志

图 4.40　凯迪拉克标志

图 4.41　铃木标志

（7）欧宝。欧宝汽车公司建于 1862 年，是以创建人阿德姆·奥贝尔（Adam Opel）命名的。该公司最初生产缝纫机和自行车。1897 年开始生产汽车，1923—1924 年建成长达 45m 的德国第 1 条流水生产线，产量猛增。由于生产速度太快而遭遇到严重的经济困难，1929 年美国通用汽车公司乘机收买了奥贝尔（欧宝）公司 80% 的股份，现仍属美国通用的子公司。欧宝汽车的标志为“闪电”图案，喻示汽车如风驰电掣，同时也炫耀它在空气动力学方面的研究成就（见图 4.42）。

（8）萨博。瑞典萨博（SAAB）汽车公司脱胎于飞机制造企业，于 20 世纪 40 年代中期建厂，并于 1947 年推出了首部具有领先科技水平的 SAAB92 型轿车，距今已有半个多世纪。1990 年，美国通用汽车公司购入了萨博汽车公司 50% 的股份，成为最大的控股公司，在此强大的经济与技术支持下，萨博公司更加如虎添翼，设计出的 SAAB 汽车多次荣获世界大奖。由于萨博公司是由斯堪尼亚公司和瑞典飞机有限公司合并，原飞机公司瑞典文缩写为 SAAB，后即作为公司轿车的标志（见图 4.43）。

（9）斯巴鲁。富士重工业株式会社是世界上技术领先的汽车制造厂家和有预见性的企业。该企业成立于 1953 年，最初主要生产汽车，同时也制造飞机和各种发动机。富士重工一直开发具有独特性的四轮驱动系统和高性能的水平对置式发动机。其四轮驱动系统，经过 20 多年的不断完善以及通过世界各地各种路况的行驶，其性能、质量不断得以提高。富士重工汽车的标志采用六连星的形式，象征着富士重工及其合并的 5 家公司（见图 4.44）。

图 4.42　欧宝标志

图 4.43　萨博标志

图 4.44　斯巴鲁标志

（10）土星。1985 年通用汽车公司决定新建土星分部，试图开发先进的土星牌轿车以抵御外国轿车大规模进入美国市场。该分部设在田纳西州春山市，是通用汽车公司唯一从内部建立起来的公司，主要产品分为豪华轿车 SL、旅行轿车 SW 和跑车 SC。土星（Saturn）是通用汽车公司最年轻的品牌，不存在背历史包袱，不存在有损害传统的顾忌，以市场需求为准绳，创新立异轻装上阵，这就是土星车的特点。其标志为土星轨迹线，给人一种高科技、新观念、超时空的感觉，寓意土星汽车技术先进、设计超前且最具时代魅力（见图 4.45）。

（11）奥兹莫比尔。奥兹莫比尔由美国汽车业开创者之一兰索姆·奥兹建立于 1897 年，1908 年并入通用汽车公司，它的前身是 1897 年由兰塞姆·奥兹和弗兰克·克拉克创建的奥兹汽车公司，它是美国最老的小客车生产厂。奥兹莫比尔部的名称由“Olds”与“mobile”组成。“Olds”是创始人奥兹的姓，“mobile”在英文中是机动车的意思。奥兹莫比尔标志中的箭形图案代表公司积极向上和勇往直前的创新精神（见图 4.46）。

（12）霍顿。霍顿（Holden）是澳洲人引以为自豪的一个品牌，该品牌自 1856 年就开始在澳洲使用，当时 Holden 公司主要从事运输及冶金用品的制造。1918 年，Holden 公司首次为顾客设计制造车身，此后渐渐涉足汽车制造行业。1931 年，通用汽车澳大利亚公司与 Holden 公司合并，成立“通用—霍顿公司”。霍顿的标志是一只狮子滚球的红色圆形浮雕，其设计灵感来自一则古老传说：埃及狮子滚石头的情景启迪人类发明了车轮。今天的霍顿不但称霸澳洲车坛，还以锻造强劲发动机而闻名于世，那只红色雄狮也就更具象征意义（见图 4.47）。

图 4.45　土星标志

图 4.46　奥兹莫比尔标志

图 4.47　霍顿标志

第 3 节　日韩车系
（Japanese & Korean Series）

雅阁、奥德赛、飞度、佳美、花冠、威驰、索纳塔、伊兰特、千里马，这些日韩车辆在中国城乡的道路上穿梭往来，占据了国外品牌在我国的大半江山。日系车大气美观、经济省油、内饰精致；韩系车外观时尚、性价比高。凭借同根同源的文化优势，日韩车系牢牢把握住了中国汽车消费的潮流。

“有路必有丰田车”这是一则 20 世纪 80 年代流行相当广的广告词。这从一个侧面反映日系车企业对中国市场的高度重视，也反映了日系车在中国的普及程度。

一、丰田

1. 丰田汽车的历史

（1）进军汽车领域。丰田的历史可以追溯到 1896 年。那一年，29 岁的丰田佐吉发明了“丰田式汽动织机”。他发明的这台织机不仅是日本有史以来第一台不依靠人力的自动织机，而且与以往织机不同，可以由一名挡车工同时照看 3 ～ 4 台机器，极大地提高了生产力。

1930 年，63 岁的丰田佐吉去世。他留给子女的是一家拥有近万名员工的欣欣向荣的棉纺厂。丰田佐吉的长子丰田喜一郎对日本以外的世界兴趣十足，而汽车更使他热血沸腾。他认定汽车必然是未来举足轻重的交通工具。

当丰田喜一郎开始研制汽车时，美国的通用汽车公司和福特汽车公司早已成为举世闻名的大企业了。然而，丰田喜一郎并没有把美国两大汽车巨头的举动过多地放在心上，他全身心地投入到以大量生产为基础的国产汽车工业的创立。1937 年 8 月 28 日，汽车部宣告从丰田自动织机制作所独立出来，作为一家拥有 1 200 万日元资本金的新公司，“丰田自动车工业株式会社”从此踏上了崭新的历程。

日本是个自然资源贫乏的国家，因此丰田喜一郎认为，开发燃耗功率高、可靠耐用的汽车对日本汽车工业来说乃是至关重要的课题。丰田公司坚守一个信条：模仿比创造更简单，如果能在模仿的同时给予改进，那就更好。喜一郎与其父亲的理念一脉相承，他知道首先必须生产安全、牢固、经济、传统的汽车，而不是创新性的产品。所以在很长一段时间内，所有的丰田车都具有这样的特点。

（2）战争后的发展。1941 年 12 月，太平洋战争爆发，到 1945 年 8 月第二次世界大战结束时，日本的工业生产设施几乎毁坏殆尽，丰田的工厂也在战争中受到了惨重的破坏。为了将汽车工业作为和平时期发展经济的支柱产业完成它的重建，丰田于 1945 年 9 月决定在原有的卡车批量生产体制的基础上组建新的小型轿车工厂。1947 年 1 月，第一辆小型轿车的样车终于试制成功。

1955 年，丰田推出一款设计精巧、排量为 1.5L 的小轿车，命名为皇冠 RS。两年后又以 toyopet 的名称将其出口到美国。然而，没过多久就被淘汰出了美国市场。从进军美国受挫到研制出适合美国道路条件的新一代丰田日冕轿车，重新打入美国市场，竟整整耗费了丰田 6 年的时间。1958 年，丰田正式成立了自己的研究所，并开始着手建设日本第一家专门生产轿车的工厂。

1965 年名神高速公路（名古屋至神户）的开通揭开了日本公路交通高速时代的序幕。经历了战争、战后空白年代的日本汽车产业，可以说是当时日本所有的工业产业中最不具备国际竞争力的领域。但是丰田却预见到了大规模的国际贸易和资本的自由化不久必将席卷日本，为迎接新时期的到来，丰田一方面加紧开发性能更高的新车，同时为增强生产能力、提高质量水平而倾注了极大的努力。所有这些努力终于结出了丰硕的果实，丰田汽车在 1965 年荣获了 deMing 大奖。

（3）进入汽车大国行列。1966 年上市的 COROLLA（花冠）轿车作为家用轿车深受广大消费者青睐，从而掀起了一场大众汽车热。后来于 1968 年出口北美又获得了成功，带动了销售量直线上升。

1970 年底，丰田推出了小型跑车 Celica（赛利卡），在 2004 年年底停产之前，它已经生产了约 400 万辆（见图 4.48）。

1971 年，丰田的年产量达到了 200 万辆，一跃成为世界第三大汽车制造商。

1973 年和 1979 年的两度石油危机在极大程度上改变了美国人的汽车需求结构，人们的选择热点开始由大型车转向了节省燃油的小型车，缺少小型车生产技术的美国汽车厂家逐渐地失去了往日的竞争优势。为了摆脱困境，美国的汽车厂家再三敦促政府和议会尽快对进口日本汽车实施限制。同时他们也一再要求日本汽车厂家到美国投资建厂，以便和美国汽车厂家在同一起点上开展竞争。在这种情况下，丰田决定与美国通用汽车公司进行合作生产。

1983 年，为了与本田的雅阁系列轿车在北美市场上争夺，丰田推出了佳美车系（见图 4.49），从此便一发不可收拾，成为丰田除了花冠以外最受欢迎的车型，发展到今天，已经是第 7 代了。

图 4.48　丰田赛利卡

图 4.49　第一代佳美

1989 年，丰田在美国的豪华车分部凌志诞生，并于当年在底特律车展展出凌志的第一辆车凌志 V8，其设计灵感来自奔驰，它稳重、豪华、精细、高档，创高档品牌的形象，售价却比同级的奔驰便宜 30%。美国人很快就喜欢上了凌志车，尤其欣赏其无与伦比的性价比和令人惊讶的低噪声。

2000 年，丰田公司作为一只独立的车队进入了 F1 赛事，这是世界上除了法拉利车队之外，仅有的一家发动机和底盘全部自己生产的车队，并且作为一支 F1 的新军，也取得了不错的成绩（见图 4.50）。

如今，丰田已经发展成为拥有数个车系、数十个车型和车款的庞大家族。它所涵盖的车型从最低端的民用经济小汽车，一直到最高级的豪华轿车和 SUV。不管在世界上哪个地方制造的丰田车，都会尽力做到全球统一的丰田高质量品质，这也是为什么丰田能在全球获得成功的一个重要原因。

2. 丰田车型介绍

（1）CROWN 皇冠。CROWN 皇冠执着追求造车的初始理想—驰骋的快乐与操控的快感，实现了高水准的行驶性能。加长轴距和加宽轮距的舒展外形，将跃动感与高贵气质表现得淋漓尽致。在这儒雅的外型之下，蕴涵着将行驶性能达到卓越的决定性因素。作为一辆名副其实的高级车，CROWN 皇冠采用 FR 平台，使流畅的操纵性与充沛的驱动力兼收并蓄，真正实现了卓越的操纵性能。此外，CROWN 皇冠还通过发动机和悬架系统极大限度的轻量化及其科学布局，达成前后车身重量 53:47 的理想分配，保持整体车身重量的平衡，使驾驶者在任何操作情况下皆可享受到平稳、惬意的驾驶快乐。在车体组装方面，采用激光焊接技术，既达到了优质精确的科学配置，精简了车身构造，又实现了车身轻量化，并提高了扭曲刚性。顺畅如流的行驶感受，从车身孕育而生（见图 4.51）。

图 4.50　丰田 F1 赛车

图 4.51　2003 年第 12 代皇冠

（2）COROLLA 花冠。展开汽车史，COROLLA 花冠是深入人心的一页。它从问世至 2006 年年底，全球累计销售超过 3 200 万辆，达成单一品牌累计销量总冠军。2005 年更成就全球销量 139 万辆，再获全年销售额总冠军。自 2004 年上市起，在中国就有超过 20 万的花冠车主。COROLLA 花冠的研制开发史，是不断努力超越顾客期待的精彩记录，始终根据每个时代、每个地区客户群体的不同需求，提供更高品质的汽车（见图 4.52）。

（3）LANDCRUISER 陆地巡洋舰。LANDCRUISER 陆地巡洋舰聚集了汽车先进技术，成就了十分优异的越野能力。科技创新是 LANDCRUISER 陆地巡洋舰持之以恒的追求目标。其拥有三大利器：独创的 A-TRC 主动牵引力控制系统；独有的 Sky-HookTEMS 电子控制悬架系统和 AHC 有效高度控制悬挂系统，确保车辆在各种恶劣复杂的路况下，保持优异的通过性、稳定性和灵敏性，使 LANDCRUISER 陆地巡洋舰的美誉实至名归，每个驾驶者均有一种成就感（见图 4.53）。

图 4.52　2006 年第 10 代花冠

图 4.53　2000 年的陆地巡洋舰

二、日产

1. 日产汽车的历史

日产汽车公司创立于 1933 年，是日本的第二大汽车公司，是日本三大汽车制造商之一，也是世界十大汽车公司之一。该公司除生产各种汽车外，还涉足机床、工程机械、造船、航天技术等领域，是一个庞大的跨国集团公司（见图 4.54）。

图 4.54　日产汽车公司总部

日产汽车公司的前身是户姻铸造公司和日本产业公司合并的汽车制造公司。1934 年开始使用现名“日产汽车公司”。日产汽车公司的总部现设在日本东京市，雇员总数近 13 万人。日产汽车公司的汽车产品分实用型（即货车、小型客货车和四轮驱动车）汽车、豪华型轿车和普通型轿车。实用型的品牌有巴宁、途乐、皮卡、佳碧等；豪华型的品牌有公爵、蓝鸟、千里马、无限、光荣、桂冠、总统等；普通型的品牌有阳光、自由别墅、地平线、兰利等。几十年来，日产汽车公司的技术与产品受到全世界消费者的喜爱。

（1）20 世纪 80 年代前的日产。1952 年日产从英国奥斯汀引进 A40 小客车制造技术，开始了技术引进和吸收的艰难创业。20 世纪 60 年代，日产汽车公司已经消化吸收了英国技术，设计出了自己的达特桑小汽车并进入美国市场。整个60年代，日产全身心投入产品质量和新技术开发之中，不仅获得权威的“戴明质量奖”，而且在海外建立了第一家分厂——墨西哥分厂，此时日产汽车产品已经达到相当高的技术质量水平。20世纪70年代，日产汽车大量涌入美国市场，公司进入了飞速发展期，并在70年代和80年代初成为世界十大汽车公司之一。

从1980年到1981年间公司不断地提出走国际化的路线。

1980年1月，日产汽车公司取得了西班牙最大农机卡车厂家——摩托卢·伊比利卡公司股份的36%，1980年11月，技术援助合同得到认可。“巴特鲁”、“巴拿特”这两种商业汽车获得认可，公司决定生产“巴特鲁”牌汽车，计划从1983年开始每月生产10 000辆至15 000辆。西班牙预计在1983年加入欧洲共同体组织，对日产汽车公司来说，为将来占领欧洲共同体市场做好准备，并把生产这两种商业汽车作为基础。

从1977年4月开始，原计划意大利国营汽车厂与阿鲁法·罗米欧有限公司合作生产小轿车，因受到费阿特（意大利最大的汽车制造厂）的反对，推迟了政府的批准时间。到1980年10月才正式签字，1980年12月，建立了阿鲁法·罗米欧——日产汽车（ARNA）公司。

1980年12月，日产汽车公司与德国的伏卢库斯瓦根公司（VW）达成协议，进入全面合作的阶段。第一步的合作关系是制订计划，将“VW”汽车在日本进行生产（包括将来两公司采取“统一生产方式”），1981年4月设想作为中间阶段的合作事项，从1983年春开始，月产量达到4 000 ~ 5 000辆汽车，汽车种类是注重客货两用的“桑塔纳”牌汽车。这是1987年9月，在法兰克福的汽车展览会上预定展出的产品。

施展世界战略的最重要的课题是进入美国市场的问题。1980年4月，决定建设小型卡车工厂；7月，建立了日产摩托制造公司；8月，发掘并起用人才，原来福特公司负责生产的副经理马滨·特·拉里奥就任经理；10月，在田纳西州的省府纳西比卢迈郊的斯马拉市购买了340万平方米的工厂地基，决定在1983年底完成建厂任务。该厂的总投资额为3亿美元，职工有2 200人，年产日产卡车12万辆。从锻压电焊、组装、涂料直到最后装配，进行流水作业。日产摩托制造公司，为了提高生产效率和提高质量，要采用日本式经营，这是很显然的。

（2）20世纪80年代后的日产。日产汽车公司在社长的亲自指挥下，为了达到与美国通用汽车公司并驾齐驱的标准，同时进行了5项国际化战略计划。可以说，日产汽车公司已经为此而投下了资本，还决定从1981年度到1983年度的3年期间内，计划总投资1万亿日元，海外生产有关的投资估计达到2千亿日元，随着计划的具体落实，投资额将不断增加。为了适应巨额的设备资金需要，把自己的资本保持在一定的水平上，以推进财务战略方面的国际化和多样化。

1980年11月和1981年5月，公司以欧洲寄托证券（EDR）形式，发行了合计1.1亿个股份的时价，还在英国发行了可以转换50 000万英镑的公司债券，预定发行2亿瑞士法郎的可转换公司债券，预料今后以多国通货计算方式进行的资金调配工作也会更加活跃起来。发行时价、转换公司债券等与增加资金有关联的调配资金，是以维持高水平的利益、分红为前提的。日产汽车公司的世界战略，是不失时机地生产大量成品，同时也是为了在20世纪80年代维持生存而推行的决策。

1984年，根据中国政府七五期间导入小型商用车制造技术的政策，日产与中国政府签署了技术和贸易方面的协议。根据该协议，日产汽车公司为我国第一汽车制造厂提供了 Atlas 和 Caravan 的本地制造技术。第一汽车制造厂在 1993 年年初开始了小型货车和面包车的本地化生产。

1999 年 3 月，日产汽车公司与法国雷诺汽车公司签订了一个全面的联盟协定，旨在加强日产汽车公司的财政地位，同时获得双赢的发展。

（3）日产与中国。日产汽车在中国市场早已家喻户晓，自 1972 年首辆公爵车出口到中国后，日产汽车一直致力于扩大在中国的生产和销售业务。目前，日产汽车公司的一些车型已经由不同的中国合作伙伴来生产，而且日产在中国的客户群也在不断壮大。

1993 年 3 月，日产汽车公司与郑州轻型汽车公司组建了合资企业，并达成了技术支持协议。双方建立的合资企业郑州日产汽车有限公司于 1995 年 10 月开始生产皮卡。1999 年，该公司开始生产和销售全新的皮卡。

1994 年 6 月，日产汽车（中国）有限公司在香港成立，目的是加强销售和市场营销活动。该公司现在正在中国建立一个销售网络基础，为未来市场的进一步开放做好准备。2002 年 4 月，日产汽车公司总部设立中国事业室，该部门直接对日产首席执行官负责。

2000 年 8 月，日产汽车公司与东风集团公司的风神汽车有限公司签订了在中国生产蓝鸟汽车的技术使用协议。2001 年，蓝鸟的本地产量已经达到了 18 505 辆。此外，日产汽车公司还在北京和广州建立了销售和服务培训中心，旨在提高售后服务的质量。截至 2002 年 5 月底，日产汽车公司在中国已经拥有了 42 家授权服务中心和 27 家零部件授权代理商。

2. 日产车型介绍

日产旗下拥有众多高级轿车品牌，诸如 PRESIDENT（总统）、INFINITY（无限）、FUGA（风雅）、TEANA（天籁）、CEFIRO（风度）、CEDRIC（公爵）、BLUEBIRE（蓝鸟）、SUNNY（阳光）等。车坛有“科技的日产、销售的丰田”的说法。这一说法将这家全世界第四大汽车厂予以了明确的定位。

（1）BLUEBIRE（蓝鸟）。1959 年面世，以“带来幸福的蓝鸟”命名，是日本国内最初的 5 座小型乘用车。采用直列 4 缸 1.2L OHV 发动机，达到了当时 115km/h 的最高速度。

1963 年经意大利名师设计，采用欧洲风格的 4 灯方式的造型，在当时引起轰动。首次采用无骨架车身，使车重大幅度降低。1965 年追加 1.6L 发动机，形成了历史上有名的 SSS（Super Sport Sedan）级别。1970 年将发动机从 OHV 方式变为 OHC 方式，使驾驶的加速感和安全性有了进一步的提高。1972 年生产第 4 代蓝鸟，较第 3 代车体更大、更舒适。作为家庭用车，于 1972 年创日本国内历史销量最高纪录。1991 年始，以北美市场为主要目标，以 SSS 命名的三厢轿车，同时造型上增加了圆弧过程，以满足行驶和家庭的要求。21 世纪以来，以智尊与科技同在为核心，从内到外，处处彰显尊贵典雅、豪华舒适，e 化配备的时代脉搏，闪耀着“影响新时代的魅力”、“推动新时代的实力”精神，为“新时代”的到来揭开了序幕（见图 4.55）。

（2）TEANA（天籁）。TEANA 是 21 世纪初引入国内的，是日本市场 CEFIRO（风度）轿车的替代车款。这款 Cefiro 系列的换代车型，与上一代旧款车系比较，可谓是脱胎换骨，更多地散发出一种时代的感觉。其简约的设计，流畅的线条，让人感觉此款车型的确独具品味，彰显尊贵。同时，爽朗的造型，也令 TEANA 真正跟上了时代的步伐。

日产 TEANA 最明显的特点是它典雅的内饰给人一种家里的感觉。前后排的高级皮椅非常有质感，感觉就像坐在一套高级的沙发座椅里。TEANA 营造出的车室的宁静环境，更令驾驶者能充分享受豪华房车的氛围，是一部真正进化的高级座驾。TEANA 还配备了四门电窗，以及一体式的恒温冷气，同时配备了 6 碟 CD 高级音响，以及四安全气囊的安全配置。此款车型还使用了先进的卡片式电子钥匙，方便驾驶者随身携带。

日产 TEANA 搭载的引擎是 VQ23DT 的电控喷射引擎，最大马力为 173hp，6 000r/min，最大扭力为 22.9kgm、4 400r/min。而在其 4 前速自动波变速器的配合下，令此款车型的动力性、操控性大大增加。四轮碟刹、ABS、EBD 等装备，令 TEANA 拥有足够的安全性能（见图 4.56）。

图 4.55　2003 款蓝鸟

图 4.56　2008 款天籁

三、现代

1. 现代汽车的历史

现代汽车的创始人是韩国已故著名企业家，有韩国“国王董事长”之称的郑周永。

1915 年 11 月，郑周永出生在朝鲜北部江原道一个贫苦的农民家庭。1931 年小学毕业后，他离家出走了 4 次。在经历过码头工人、米店掌柜、汽车修理工等谋生之路后，于 1940 年 2 月 1 日，集资办起专修汽车的“阿道汽车修配厂”，在经营中他学会了汽车原理和发动机的构造知识。郑周永的母亲和妻子每天要给工人们做饭，忙得连头都抬不起来，就是在这样的努力和勤奋下，工厂一天一天壮大了。

作为韩国最大汽车企业的现代汽车公司，现在已进入全球汽车公司的 20 强。它的发展历程可分为以下几个阶段。

（1）20 世纪 70 年代——初期岁月。1967 年 12 月，现代汽车公司正式成立。这个年轻的汽车制造商最早选择福特的英国分公司作为其合作伙伴，即由福特负责向现代提供生产轿车及轻型卡车所必需的技术。这个令双方收获颇丰的合作使得韩国和英国的汽车工业之间保持了长久的密切关系。然而，到了 20 世纪 70 年代早期，现代集团的管理层做出了一个至关重要的决定，即不再仅仅依赖于外国车型的授权许可，而是要同步地开发现代自主拥有所有权的轿车车型。通过引进 Giorgio Giugiaro’s ItalDesign 设计室的车型以及使用从日本和英国学习到的生产技术，现代汽车的第 1 个自主车型 Pony 终于投产（见图 4.57）。

图 4.57　Pony

（2）20 世纪 80 年代——蓬勃发展岁月。20 世纪 80 年代韩国的“经济奇迹”以其工业基础的扩大和人均收入年均两位数的增长速度为主要标志。韩国进入了工业化阶段，并且因为汽车工业的发展而进步神速。在韩国社会中，轿车曾经一度被视为地位的象征，而现在已经成为人们日常生活的必需品。在 20 世纪 80 年代初期，现代汽车公司做出了另一个决定——以快速的经济增长为动力，以其具有奉献精神、受过高等教育的员工的努力工作为保证，现代汽车公司投资对其蔚山工厂进行大规模的扩建，这令工厂实现了从小批量生产到大批量生产的重要转变。现代汽车公司考虑未来发展的眼光已超越了国界，至 20 世纪 80 年代中期，已经在加拿大确立了坚固的先遣阵地并开始准备向最具挑战性的市场——美国进军。

至 1990 年，现代汽车公司对美国的累计出口量已逾 100 万辆之多，这个里程碑标志着现代汽车终于在美国的竞争版图上有了一席之地。

（3）20 世纪 90 年代——技术创新的岁月。1991 年，现代汽车公司发布了其首个内部独立设计的动力总成——Alpha 型发动机。两年之后，公司又发布了 Beta 型发动机。1992 年 1 月，现代汽车以其概念车型 HCD-I 向汽车世界首次描述了对未来的展望。这款试验车型开创了一个激动人心的概念车传统，其后的产品包括一系列的 HCD 概念车型。公司记录了其在电动车领域、混合驱动车领域以及包括安全性、降低排放、材料循环利用等方面在内的汽车关键技术领域的主要发展过程。

1998 年，现代汽车公司度过了艰难的一年，国内市场的销售严重下降。然而，随着 EF Sonata 和 XG 车型的推出，现代汽车公司的新车型获得了成功。1999 年，现代汽车公司又推出了 4 款最新车型：Centennial、新 Accent、Coupe 改进型和 Trajet。Trajet 是现代首次推出的 MPV 车型，它的成功推出令现代汽车进入了世界轿车市场的一个新领域，并且进一步拓宽了现代汽车公司庞大的车型系列。

（4）21 世纪——与世界竞争。现代汽车公司在 21 世纪将有更为出色的表现。2001 年 7 月，现代汽车公司最大的海外工厂之一印度 Chennai 的工厂开始生产 New Sonata。并且，现代汽车公司开始在土耳其分公司大批量生产 H-1 商用车。还把已经在中国建立的江苏悦达起亚汽车公司交给起亚汽车管理。2002 年，现代汽车公司与北京汽车工业控股有限责任公司合资建立了在中国的第 2 家分厂，计划投资 2.5 亿美元建立一个 50:50 的合资工厂生产轿车。该合资公司被命名为北京现代汽车有限公司，它的年生产能力预计为 10 万辆，并计划在 2005 年将产量提高到 20 万辆。2004 年，北京现代成为中国销量第一的厂家。随着现代汽车公司的不断发展，以及现代汽车在中国市场的不断开拓，21 世纪现代汽车将在同一个舞台上与其他汽车制造强者共同竞争。

2. 现代汽车车型介绍

（1）ELENTRA（伊兰特）。ELENTRA 作为现代汽车公司在海外销售业绩最好的车型，它已经经历了 6 代。北京现代伊兰特是在其第 6 代车型的基础上，根据中国路况和气候环境略微改进，以丰富的配置和相对较高的性价比受到好评。

伊兰特的“韩国血统”首先从外形便明显的暴露了出来。整个车身看起来温和秀气，但前脸重新设计后却很有攻击性，发动机罩上两条粗棱线向前延伸至小而突出的水箱格栅，带有强烈的前冲感。

伊兰特的内饰线条比较简洁，米色系的色彩搭配显得很清新，在中控台和车门内扶手上还搭配了亚光金属质感的饰板，显得很时尚。

伊兰特的轴距达到2 610mm，这在同级车中相当突出，其车内空间也是同级车里的一流水准。车内宽度很突出，前、后座的腿部空间和头部空间也很宽裕。目前，北京现代伊兰特系列有分别搭载 1.6L 和 1.8L 两种发动机的车型。其中 1.6L 车型配备了直列 4 缸双顶置凸轮轴，16 气门发动机。搭载的 1.8DOCH 发动机的排气量为 1.795L，最大功率可达 96kW，6 000r/min，并在 4 500r/min 输出 162N • m 的扭矩的同时，达到最高的燃烧油效率（见图 4.58）。

（2）ROHENS-COUPE（劳恩斯 - 酷派）。2009 年 3 月 3 日，全新劳恩斯 - 酷派跑车正式登陆中国市场，现代汽车公司投放其国内市场的劳恩斯 - 酷派共有 5 款车型，劳恩斯 - 酷派是现代汽车投入 1 825 亿韩元，用 25 个月潜心研发的顶级跑车，旨在树立现代汽车高端品牌形象，因此，无论外形、内饰，还是车型平台、动力系统，都以高端豪华跑车的标准打造（见图 4.59）。

图 4.58　2006 款伊兰特

图 4.59　劳恩斯 - 酷派

劳恩斯 - 酷派打破了延续 20 多年的前置发动机、前轮驱动汽车结构，用了全世界大部分高级轿车都使用的后轮驱动方式。现代汽车打造了旗下这款全新豪华运动型轿车，其目的就是为了和德系、日系豪门以及其他日系高端品牌车型竞争，并且希望依此提升自身的品牌价值。

对于一款跑车而言，其动力部分的表现将是人们最为关注的，新车搭载了 V6 3.8 λ RS 发动机，最大功率为 223kW，最大扭矩为 361N • m，官方数据显示百公里加速时间仅为 6.3s。而搭载了 2.0T 涡轮增压发动机的车型最大功率为 155kW，最大扭矩为 299N • m，官方数据显示 8.3s 内加速至时速百公里。

第 4 节　中华车系
（Chinese Series）

素有世界汽车工业“奥运会”美誉的法兰克福国际汽车展，创办于 1897 年，是欧洲规模最大的双年车展，截至 2007 年，已成功举办了 62 届。它是全世界规模最大、历史最长的车展。

法兰克福车展对参展商设置了很高的门槛，要求参展商必须完全拥有自主产权。那么我国有哪些车商能进入该车展呢？对于我国的汽车品牌，你又知道多少呢？哪些品牌具有自主知识产权？

一、红旗

1. 红旗汽车的历史

1958 年 8 月，中央向第一汽车制造厂（以下简称一汽）下达了制造国产高级轿车的任务。一汽的工人们以从吉林工业大学借来的一辆 1955 型的克莱斯勒高级轿车为蓝本，根据中国的民族特色进行改进后以手工制成了一辆高级轿车。这辆轿车的动力系统和装备几乎和克莱斯勒一样，其实就是把克莱斯勒车完全拆开，对每个零件进行手工测绘，然后自己制造。轿车命名为“红旗”。

1958 年 8 月至 1959 年 5 月，一汽的设计师又认真对红旗轿车整车做了 5 次系统的试验后，将红旗轿车定型样车正式编号为 CA72，这是我国有编号的第一辆真正的红旗牌高级轿车（见图 4.60）。

CA72 车身造型庄重典雅，尾部采用了独具一格的宫灯型尾灯，方向盘中间的向日葵造型及后尾标是纯金打造，车内采用了景泰蓝、福建漆、杭州织锦等。发动机是具有当时国际先进水平的 V 型 8 缸液冷发动机。

1958 年，上海援助一汽的陈福贵老师傅和两名徒弟手工制造全部钣金件，用一个月时间制成了两辆红旗检阅车。1959 年 9 月，第一批两辆红旗检阅车送往北京，供国庆 10 周年阅兵式使用。红旗检阅车庄重典雅，造型光顺谐调，具有巡洋舰的雄姿，显示了检阅的威武气势（见图 4.61）。

图 4.60　CA72 红旗轿车

图 4.61　第一辆红旗检阅车

1960 年，红旗轿车编入《世界汽车年鉴》。

从 20 世纪 60 年代开始，红旗车的各项技术日臻完善，红旗 CA770 型三排坐高级轿车、CA771 型双排坐高级轿车、CA772 型三排坐高级轿车、CA773 紧凑型三排座高级轿车（见图 4.62）等车型相继问世。

1966 年 4 月，20 辆红旗三排座高级轿车送到北京，供国家领导人正式乘用。

1968 年，红旗 CA773 紧凑型三排座高级轿车研制成功并投入批量生产，该车累计生产了 291 辆，至今仍有部分在正常使用。1969 年，在 CA771 型基础上改进的红旗 CA772 型特种保险车问世。

1979 年 3 月至 1980 年 8 月，CA770W 救护车和采用日本进口 6 灯的 CA774C 轿车，以及

CA630 红旗高级旅游车等多种“红旗”品牌的变型车相继出现。

20 世纪 90 年代，一汽通过与国外公司合作，逐步开发了拥有全部知识产权的新型“小红旗”和豪华风格的“大红旗”等多个品种的系列产品。

1998 年 10 月 18 日红旗 98 新星轿车（红旗名仕）投放市场，该车配置了改进的 4GE 发动机。如今的红旗名仕采用 CA4GE/74 型发动机，最大功率为 70kW，最大扭矩为 157N • m，拥有 ABS、EBD、安全气囊等安全装备，仍沿用和奥迪 100 几乎一样的外观（见图 4.63）。

图 4.62 CA773 紧凑型三排座高级轿车

图 4.63 2004 款红旗名仕

1998 年 11 月 10 日，一汽与美国福特公司联合开发的大红旗 CA7460 高级轿车下线，之后发展为红旗的旗舰系列。旗舰系列使用了排量 4.6L 的 V 型 8 缸 462 型发动机，最大功率为 198kW。作为红旗品牌的最高级别车型，旗舰车内的装备也很奢华，在加长型的旗舰车内，配置有电视、VCD、冰箱、酒柜、中隔墙等装备。

2000 年，红旗世纪星上市。但新的红旗还是借鉴了外国车型的技术，使用奥迪 200 的底盘，装备 NISSAN 的 92kW 2.0L V6 发动机。具有安全气囊、真皮座椅、电子防盗锁、铝合金轮圈、电动可加热后视镜、ABS（带 ASR、EDS）、巡航定速、6 碟 CD、前排座椅 8 方向可调、可溃式转向柱，在动力和豪华程度上比名仕系列上了一个台阶。

2004 年，2.4L 排量的世纪星投放市场，主要是动力系统上的改进。该车换装了奥迪的 110kW 2.4L 双顶置凸轮轴 V6 发动机，每缸 5 气门，最大功率为 110kW，最大扭矩为 230N • m。

2. 红旗车型

（1）1958 年 4 月制造的 CA71 轿车（见图 4.64）。车标为一条腾越的龙，尾灯为宫灯式。

（2）第一辆红旗车的试制只用了 33 个昼夜，1958 年 8 月 1 日，第一辆红旗牌高级轿车诞生（见图 4.65）。

图 4.64 CA71 轿车

图 4.65 第一辆红旗牌高级轿车

（3）1967 年生产的红旗 CA771 轿车（见图 4.66）。

（4）1973 年生产的红旗 CA770JG 检阅车，中隔墙上有可升降的大尺寸防风玻璃，继承翻转式活动座结构（见图 4.67）。

图 4.66　红旗 CA771 轿车

图 4.67　红旗 CA72 轿车

（5）1972—1973 年生产的红旗 CA770 特种救护车（见图 4.68）。

（6）1973 年生产的红旗 CA774 轿车，以当时世界先进轿车的各项指标和现代的外形为追求目标（见图 4.69）。

图 4.68　红旗 CA770 特种救护车

图 4.69　红旗 CA774 轿车

（7）1980 年生产的红旗 CA770W 旅行车式救护车，该车型以 CA770 为基础，车身的改制无图纸，设计师在现场和工人一起配合改制车身结构。车身内部设置医务抢救设备，如吊瓶、氧气瓶、心电图机以及一名医务人员使用的临时边座，担架为可折叠式并附出入用的滑轨。1980 年秋，样车完成送往北京，被协和医院使用，该车只生产了一辆（见图 4.70）。

（8）1983 年生产的红旗 CA750，该车以日产 280C 为基础重新设计车身，同时开发出配套的 CA485 发动机，3 挡液力自动变速箱（见图 4.71）。

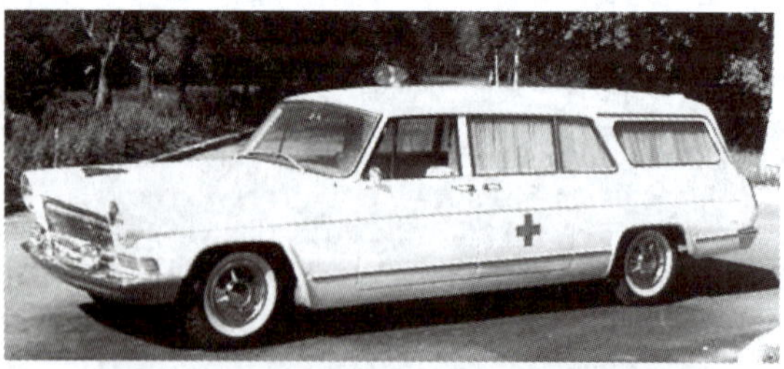

图 4.70　红旗 CA770W 旅行车式救护车

图 4.71　红旗 CA750 轿车

（9）1986 年生产的 CA750F 是基于克莱斯勒道奇 600 制造的，属于红旗第二代前轮驱动轿车，后由于奥迪 100 项目而下马（见图 4.72）。

（10）1994 年生产的 CA7560LH，其司机座位部分加长了 200mm，全长为 6 180mm。前风挡倾斜度加大，全新车尾部、仪表板和内饰造型。前座设两个座位，增加靠枕、安全带。采用软化仪表板，并增加副仪表板（来自奥迪 100 的中控台和方向盘）（见图 4.73）。

图 4.72　红旗 CA750F 轿车

图 4.73　红旗 CA7560LH 轿车

二、吉利

1. 吉利的历史

作为中国最早进入汽车工业并获得迅速发展的民营企业，吉利控股集团已成为国内轿车制造业“3+6”格局的重要成员，并正以“中国自主品牌”的资格和自主创新的姿态，引人注目地登上国际汽车工业舞台，成为中国轿车走向世界当之无愧的代言人（见图 4.74）。

图 4.74　吉利公司外景

2005 年 10 月，国家科技部召开的“吉利现象研讨会”上，对吉利有这样的评价：一个拥有 13 亿人口的发展中大国，要想真正自立于世界民族之林，就不能没有像吉利一样的灵魂，不能没有像吉利一样的脊梁。

吉利董事长李书福谈到吉利创业历史时，给出了 16 个字：“悲情万种、困难重重、希望在人、成功在天。”

1997 年，李书福走进临海城东一片荒草没膝的田野，开始了他的造车之梦。1998 年 8 月，当第一辆吉利轿车在欢庆的鞭炮声中从流水线上开出时，人们在高悬的大红横幅上读出了这样的字句：“造老百姓买得起的好车！”从此，吉利在创造民族自主品牌的道路上不断向前。

2001 年 11 月和 12 月，JL6360、HQ6360、MR6370、MR7130 四款车登上国家经贸委发布的中国汽车生产企业产品公告，使吉利成为中国首家获得轿车生产资格的民营企业。

2002 年 12 月，分别与韩国大宇国际株式会社、意大利著名汽车项目集团签约联合开发 CK-1 与 CI-1 轿车项目。

2003 年 3 月，主营吉利集团汽车产业发展的浙江吉利控股集团有限公司成立。

2003 年 4 月，吉利第十万辆轿车在宁波基地下线。

2003 年 9 月，吉利轿车勇夺“全国汽车拉力赛”长春站、北京站两连冠和龙游站季军的佳绩。

2003 年 8 月，首批吉利轿车出口海外，实现吉利轿车出口“零的突破”。

2003 年 10 月，上海华普轿车推出中级轿车—华普 M203，同日，华普汽车二期工业园奠基。

2004 年 1 月，国润控股有限公司宣布：国润控股董事局建议将公司名称由“国润控股有限公司”更改为“吉利汽车控股有限公司”（简称“吉利汽车”），标志着国润与吉利的合作进入一个新的阶段。

2004 年 12 月，上海华普发动机有限公司举行隆重的项目竣工暨产品下线庆典。

2005 年 5 月，吉利汽车在中国香港成功上市。

2005 年 9 月，第 61 届德国法兰克福车展上，浙江吉利控股集团的吉利轿车向世界各国参观者第一次正式亮相。

2006 年 1 月 8 日，2006 北美国际车展在底特律隆重举行，吉利汽车再次代表中国自主品牌被邀请参加，实现了北美车展 98 年来首次有中国汽车参展的历史性突破。

2006 年 9 月 23 日，吉利自主开发的 Z 系列的自动变速器及产业化项目被评为 2006 年度中国汽车行业技术进步成果一等奖，填补了中国汽车行业自动变速器产业化空白。

2007 年 1 月 23 日，乌克兰 SKD 项目开始正式启动，首批 300 套 KD 件已出运，实现吉利汽车海外生产零的突破。

2007 年 11 月 6 日，吉利全球征集新车标正式发布。

2008 年 1 月 13 日，吉利全球独创的 BMCS 技术亮相 2008 北美国际车展，获得“发明创造实践特别贡献大奖”。

2008 年 7 月 28 日，吉利控股集团被认定为国家首批“创新型企业”。

2009 年 3 月吉利成功收购全球第二大自动变速器公司——澳大利亚 DSI。

2010 年 3 月 28 日，吉利收购沃尔沃轿车公司最终股权收购协议在哥德堡签署，获得沃尔沃轿车公司 100% 的股权以及相关资产（包括知识产权）。

2011 年 1 月 25 日，“沃尔沃汽车集团中国区总部挂牌仪式”在上海嘉定区举行，沃尔沃汽车集团中国区技术中心也在上海嘉定宣布成立。

2012 年 7 月 9 日，2012 年《财富》世界 500 强企业排行榜发布，吉利控股集团以营业收入 233.557 亿美元（约 1 500 亿元人民币）首次进入世界 500 强，唯一入围的中国民营汽车企业。

2013 年 2 月 20 日，吉利控股集团在瑞典设立欧洲研发中心。

2. 吉利车型介绍

（1）吉利美日（见图 4.75）。吉利美日引进意大利设计理念，完全由吉利集团自主研发设计。在动力性、操控性、舒适性和可靠性方面都得到了提升。这是一款带有靓丽外观和优秀动力性能的时尚生活用车。它外观造型紧凑，动感十足，线条流畅明快。其搭载的 JL378QE 和 MR479Q 系列发动机，是吉利在吸收国内外同类型发动机产品先进技术的基础上，尤其采用了德国 BOSCH 电子燃油系统技术而成功研制开发的。

（2）自由舰（见图 4.76）。由吉利集团与韩国大宇国际株式会社联合开发的自由舰，是由 1 000 余名中外汽车技术人员历时 3 年的智慧结晶，是吉利自主品牌的高科技精品。在外型上，自由舰的线条优美，漂亮时尚。在尾部的中脊线设计提升了整车的动感，同时也起到了降低风阻的作用。传动系装备了最新研制的 JL148 变速器，大大提高了换挡的顺畅性和轻便性。

图 4.75　吉利美日

图 4.76　08 款吉利自由舰

（3）吉利金刚（见图 4.77）。2006 年 8 月推出的吉利金刚是吉利潜心打造的基于国际先进的底盘技术而开发的一款全新轿车，是继成功推出自由舰后的又一里程碑式的产品，并创造了精品家庭轿车选择的新视角。吉利金刚依据“6S”造车理念，融合更多的市场元素和国际流行的造型元素，历时 3 年多，投资数十亿元，由上千名专家和工程技术人员参与精心研制而成。

（4）吉利金鹰（见图 4.78）。吉利金鹰 2008 年 7 月在吉林上市。它车身线条硬朗，给人一种扎实牢固的安全感，同时，还增强了外型的立体感。在动力方面，金鹰延用经过金刚考验的 MR479Q 发动机。这款发动机实际上源自丰田技术，它比天津一汽的丰田 8A 发动机的动力更为强劲，最高功率达到了 69kW，扭矩达到了 128N·m，领先同级对手。

图 4.77　吉利金刚

图 4.78　吉利金鹰

（5）吉利远景（见图 4.79）。吉利远景是吉利首款中级商务轿车，并且再次刷新了中国中级轿车的性价比底线。它的外型糅合了欧系豪华轿车的设计理念，动静相宜，兼顾了商务和家庭用车。该车采用了自主开发的吉利 G-POWER 1.8L CVVT 全铝发动机。

吉利远景采用最新安全车身，是国内首款全面通过 NCPA 碰撞试验的自主品牌轿车。制动系统采用大型盘式制动器，确保优良的制动功能。其综合品质达到了目前自主品牌造车的新高点。

（6）美人豹（见图 4.80）。2003 年 12 月 28 日，吉利美人豹跑车北京上市仪式在北京嘉里中心酒店举行。美人豹的精彩不仅在于外表与所承载的理念，也在于其超前合理的性能配搭。美人豹搭载了 1.3L 或 1.5L 排量、直列四缸、水冷、16 气门电子燃油控制多点喷射机，五挡前进挡手动变速器。车内电子产品及舒适系统的配置可谓一应俱全。

美人豹还装备 ABS+EBD 防抱死制动装置，为驾驶者在充分享受驾驭乐趣的同时提供有力的安全保障。无论在外观设计还是性能配置上，美人豹都市跑车已将驾驶本身升华为一种获得乐趣与彰显个性的方式。

图 4.79　吉利远景

图 4.80　吉利美人豹

第 5 节　汽车标志
（Car Logo）

在第 1 章提到的新生小茗，在学校学习已有一个学期了。一天，她和父母驾着那辆新买的白色轿车去海南岛自驾游。一路上，见到了各种不同标志的汽车。毕竟在交通学校学习了一个学期，其中汽车文化课的老师向同学们介绍了不少汽车标志。于是一路上，小茗当起了父母的临时老师，向他们介绍了如下的一些汽车标志。

一、汽车标志的意义

汽车标志是艺术性和象征性的统一，是一个汽车厂质量、信誉、原则和精神昭示于世的图腾，因而也是一个汽车企业生存与尊严的缩影，凝聚着人们的追求和向往；它还是一面旗帜，在世界汽车商战中，召唤着政治家和企业家们的勃勃雄心和大智大勇。世界著名的汽车品牌与标志，都是由汽车企业家、科技专家和制造者世代拼搏，付出生命和心血，付出泪水和汗水换来的。每种汽车品牌与标志，都有一段不寻常的来历，耐人寻味，为我们进一步了解汽车文化增添了不少情趣。

二、国外著名汽车品牌标志

1. 奥迪

奥迪（AUDI）汽车的标志（见图 4.81）为 4 个圆环，代表着合并前的 4 家公司。这些公司曾经是自行车、摩托车及小客车的生产厂家。由于该公司原是由 4 家公司合并而成，因此每一环都是其中一个公司的象征。

2. 奔驰

奔驰（BENZ）汽车以三叉星作为轿车的标志（见图 4.82），象征着陆上、水上和空中的机械化。

3. 大众

大众（VOLKSWAGEN）汽车公司的德文 Volks Wagenwerk，意为大众使用的汽车，标志（见图 4.83）中的 VW 为全称中的头一个字母。标志像是由 3 个用中指和食指作出的“V”形组成，表示大众公司及其产品必胜—必胜—必胜。

图 4.81　奥迪标志

图 4.82　奔驰标志

图 4.83　大众标志

4. 丰田

丰田（TOYOTA）汽车的 3 个椭圆的标志（见图 4.84）是从 1990 年初开始使用的。标志中的大椭圆代表地球，中间由两个椭圆垂直组合成一个 T 字，代表丰田公司。它象征丰田公司立足于未来，对未来的信心和雄心。标志还象征着丰田公司立足于顾客，对顾客的保证，象征着用户的心和汽车厂家的心是连在一起的，具有相互信赖感，同时喻示着丰田的高超技术和革新潜力。

5. 福特

福特（FORD）汽车的标志（见图 4.85）是采用福特英文 Ford 字样，蓝底白字。由于创建人亨利 • 福特喜欢小动物，所以标志设计者把福特的英文画成一只小白兔样子的图案。

6. 宝马

宝马（BMW）汽车标志（见图 4.86）中间的蓝白相间图案，代表蓝天、白云和旋转不停的螺旋桨，喻示宝马公司渊源悠久的历史，象征该公司过去在航空发动机技术方面的领先地位，还象征着公司一贯的宗旨和目标：在广阔的时空中，以先进的精湛技术、最新的观念，满足顾客的最大愿望。反映了公司蓬勃向上的气势和日新月异的新面貌。

图 4.84　丰田标志

图 4.85　福特标志

图 4.86　宝马标志

7. 劳斯莱斯

罗尔斯•罗伊斯（ROLLS-ROYCE）汽车的标志图案（见图 4.87）采用两个“R”重叠在一起，象征着你中有我，我中有你，体现了两个人融洽及和谐的关系。罗尔斯 • 罗伊斯的标志除了双 R 之外，还有著名的飞人标志（见图 4.88）。这个标志的创意取自巴黎卢浮宫艺术品走廊的一尊有两千年历史的胜利女神雕像，她庄重高贵的身姿是艺术家们产生激情的源泉。当汽车艺术品大师查尔斯 • 塞克斯应邀为罗尔斯 • 罗伊斯汽车公司设计标志时，深深印在他脑海中的女神像立刻使他产生了创作灵感，于是一个两臂后伸，身带披纱的女神像飘然而至。

8. 法拉利

法拉利（FERRARI）汽车的标志（见图 4.89）是一匹跃起的马。在第一次世界大战中意大利有一位表现非常出色的飞行员，他的飞机上就有这样一匹会给他带来好运气的跃马。在法拉利最初的赛车比赛获胜后，该飞行员的父母亲——一对伯爵夫妇建议：法拉利也应在车上印上这匹带来好运气的跃马。后来这位飞行员战死了，马就变成了黑色，而标志底色为公司所在地摩德纳的金丝雀的颜色。

图 4.87 劳斯莱斯标志 1

图 4.88 劳斯莱斯标志 2

图 4.89 法拉利标志

9. 标致

标致（PEUGEOT）汽车公司的前身，是 19 世纪初标致家族皮埃尔兄弟开办的一家生产拉锯、弹簧等铁制工具的小作坊。这些铁制品的商标是一个威武的雄狮，有不可征服的喻意。体现了标致拉锯的 3 大优点：锯齿像雄狮的牙齿久经耐磨、锯身像狮子的脊梁骨富有弹性、拉锯的性能像狮子一样所向无阻。当 1890 年，第一辆标致汽车问世时，为表明它的高品质，公司决定仍沿用“雄狮”商标（见图 4.90）。

10. 宾利

宾利（BENTLEY）汽车标志是以公司名的第一个字母“B”为主体，生出一对翅膀，似凌空翱翔的雄鹰（见图 4.91），此标志一直沿用至今。

11. 林肯

镶嵌在林肯（LINCOLN）汽车车头正中长形围绕的十字星，象征着尊严和庄重（见图 4.92）。林肯汽车是第一个以总统的名字命名的品牌，是专为总统和国家元首生产的高档轿车。由于林肯车杰出的性能、高雅的造型和无与伦比的舒适，自 1939 年美国的富兰克林·罗斯福总统以来，一直被白宫选为总统专车。

图 4.90 标致标志

图 4.91 宾利标志

图 4.92 林肯标志

12. 美洲虎

美洲虎（JAGUAR）是根据第一次世界大战的一种飞行机器而命名的。美洲虎又称捷豹，它的汽车标志（见图 4.93）被设计成一只纵身跳跃的美洲虎，造型生动、形象简练、动感强烈，蕴涵着力量、节奏与勇猛。

13. 沃尔沃

沃尔沃（VOLVO）也译为富豪，它的标志（见图 4.94）由图标和文字商标两部分组成，其图标是由双圆环组成车轮的形状，并有指向右上方的箭头，中间的拉丁语文字“VOLVO”，是滚滚向前的意思，寓意着沃尔沃汽车的车轮滚滚向前和公司兴旺发达、前途无量。

14. 凯迪拉克

凯迪拉克（CADILLAC）的标志（见图 4.95）主要由冠和盾组成。冠象征着凯迪拉克家族的纹章，冠上的 7 颗珍珠喻示皇家的贵族血统。盾象征着凯迪拉克军队的英勇善战。凯迪拉克商标代表了底特律城创始人祖先的英勇和荣誉。此标志亦比喻着凯迪拉克汽车的高贵、豪华、气派和潇洒。凯迪拉克骑士们的英勇善战，攻无不克，比喻着凯迪拉克牌汽车具有巨大的市场竞争能力。

图 4.93　捷豹标志

图 4.94　沃尔沃标志

图 4.95　凯迪拉克标志

15. 马自达

马自达（MAZDA）汽车公司的原名为东洋工业公司，生产的汽车用公司创始人“松田”来命名，又因“松田”的拼音为 MAZDA（马自达），所以人们便习惯称为马自达。

马自达公司与福特公司合作之后，采用了新的车标（见图 4.96），椭圆中展翅飞翔的海鸥，同时又组成“M”字样。“M”是“MAZDA”第一个大写字母，预示该公司将展翅高飞，以无穷的创意和真诚的服务，迈向新世纪。

16. 旁蒂克

旁蒂克（PONTIAC）车标（见图 4.97）由字母和图形两部分组成。字母 PONTIAC 取自美国密歇根州的一个地名，图形是带十字标记的箭头。其中十字形标记，则表示旁蒂克是通用汽车公司的重要成员，也象征着旁蒂克汽车安全可靠；箭头则代表旁蒂克的技术超前和攻关精神，预示着旁蒂克汽车跑遍全球。

17. 雷诺

1898 年，路易斯 • 雷诺三兄弟在法国比仰古创建雷诺（RENAULT）汽车公司。它是世界上最悠久的汽车公司之一，主要产品有雷诺牌轿车、公务用车、运动车等。雷诺车标（见图 4.98）是 4 个菱形拼成的图案，象征雷诺三兄弟与汽车工业融为一体，表示“雷诺”能在无限的（四维）空间中竞争、生存、发展。

图 4.96　马自达标志

图 4.97　旁蒂克标志

图 4.98　雷诺标志

18. 别克

别克（BUICK）标志（见图 4.99）中形似“三利剑”的图案为共图形商标，被安装在汽车散热器格栅上。3 把颜色不同的利剑（从左到右分别为红、白、蓝 3 种颜色），依次排列在不同的高度位置上，给人一种积极进取、不断攀登的感觉，它表示别克采用的是顶级技术，别克人是勇于登峰的勇士。整个商标是一只展翅的雄鹰即将落在别克的英文字母上，它象征着别克是雄鹰最理想的栖息之地。

19. 保时捷

保时捷（PORSCHE）的英文车标采用德国保时捷公司创始人费迪南德・保时捷的姓氏。图形标志（见图 4.100）采用公司所在地斯图加特市的盾形市徽。“PORSCHE”字样在商标的最上方，表明该商标为保时捷设计公司所拥有。商标中的“STUTTCART”字样在马的上方，说明公司总部在斯图加特市。商标中间是一匹骏马，表示斯图加特这个地方盛产一种名贵种马。商标的左上方和右下方是鹿角的图案，表示斯图加特曾是狩猎的好地方。商标右上方和左下方的黄色条纹代表成熟了的麦子颜色，喻指五谷丰登；商标中的黑色代表肥沃土地；商标中的红色象征人们的智慧和对大自然的钟爱。由此组成一幅精湛意深、秀气美丽的田园风景画，展现了保时捷公司辉煌的过去，并预示了保时捷公司美好的未来，保时捷跑车的出类拔萃。

20. 欧宝

德国欧宝（OPEL）汽车的标识（见图 4.101）为“圆圈闪电”，即意味着欧宝汽车的力量和速度是无与伦比的；欧宝公司永远充满着生机与活力。德国欧宝公司是美国通用汽车公司的子公司，是通用公司在欧洲的一个窗口。它由亚当・欧宝所创立，至今已有一百多年历史。由于欧宝公司对足球世界杯、欧锦赛，戴维斯杯、联盟杯网球赛等世界重大球类比赛的赞助，使得欧宝公司在体育领域有很高的声望，无疑也给其带来了丰厚的回报。

图 4.99　别克标志

图 4.100　保时捷标志

图 4.101　欧宝标志

三、我国著名汽车品牌标志

1. 红旗

一汽轿车股份有限公司成立于1997年6月10日，是由中国第一汽车集团公司对主要从事红旗轿车整车及其配件生产的优质资产进行重组而建立的股份制上市公司，主导产品是轿车及轻型车用发动机、变速箱。公司产品标识（见图4.102），一直采用毛泽东手书“红旗”二字，“1”字标是近年增加采用的图形标识，它以椭圆形为基本形，代表全球和天穹，以“1”字为视觉中心，代表“第一”的特征。红旗标志是中国革命胜利的象征，也是老百姓心中权力和地位的象征。

2. 吉利

吉利汽车标志（见图4.103）“椭圆”，象征地球，表示面向世界、走向国际化；

椭圆在动态中是最稳定的，喻示及祝愿吉利的事业稳如磐石，在风雨中屹立不倒；

“六个六”：

◆象征太阳的光芒，只有走进太阳，才能吸取无穷的热量，只有经过竞争的洗礼，才能百炼成钢；

◆“六六大顺”祝愿如意、吉祥；

◆吉利一步一个台阶，不断超越，发展无止境；

◆中华优秀传统文化的底蕴才是吉利不断发展超越的精神源泉；

◆发展民族工业，走向世界，是吉利不舍不弃的追求；

“内圈蔚蓝”：象征广阔的天空，超越无止境，发展无止境；“外圈深蓝”：象征无垠的宇宙，超越无限，空间无限。

由地球走向太阳，由广阔的天空走向无垠的宇宙，只有拥有如此开阔的胸怀，具备如此坚毅的超越精神，才能不断成功，发展无止境；由浙江而中国，由中国而世界；由地域而民族，由民族而国际，吉利不舍不弃，只为“造老百姓买得起的好车”。所有的创新拼搏，所有的奋斗汗水，只为了一个真情的愿望：快乐人生，吉利相伴。

3. 奇瑞

奇瑞标志（见图4.104）中间A为一变体的“人”字，预示着公司以人为本的经营理念；徽标两边的C字向上环绕，如同人的两个臂膀，象征着一种团结和力量，环绕成地球型的椭圆状；中间的A在椭圆上方的断开处向上延伸，寓意奇瑞公司发展无穷，潜力无限，追求无限；整个标志又是W和H两个字母的交叉变形设计，为“芜湖”一词的汉语拼音的声母，表示公司的生产制造地在芜湖市。

图4.102　红旗标志

图4.103　吉利标志

图4.104　奇瑞标志

中文品牌释义，奇，有“特别地”的意思；瑞，有“吉祥如意”的意思，合起来就是特别地吉祥如意。英文品牌释义，CHERY 是英文单词 CHEERY（中文意思为“欢呼地、兴高采烈地”）减去一个“e”而来，表达了企业努力追求、永不满足现状的理念。标志的整体是英文字母 CAC 一种艺术化变形；CAC 即英文 CHERY AUTOMOBILE CORPORATION LIMITED 的缩写，中文意思是奇瑞汽车股份有限公司。

4. 比亚迪

比亚迪标志（见图 4.105）在 2007 年已由蓝天白云的老标换成了只用三个字母和一个椭圆组成的标志，BYD 的意思是 Build Your Dreams，即为成就梦想。

5. 长城

长城标志（见图 4.106）的椭圆是地球的形状，象征着长城汽车不仅要立足于中国，铸造牢不可破的汽车长城的企业目标，更蕴含着长城汽车走向世界，屹立于全球的产业梦想。新标中间凸起的造型是古老烽火台的仰视象形，烽火台的造型元素更好地保有了“长城”的基因，而挺立的姿态酷似“强有力的剑锋和箭头”，象征着长城汽车蒸蒸日上的活力，寓意着长城汽车敢于亮剑、无坚不摧、抢占制高点、永远争第一的企业精神。熠熠生辉的新标识给长城的款款新车带来了勃勃生机。

6. 东风

中国二汽东风牌汽车标志（见图 4.107），以艺术变形手法，取燕子凌空飞翔时的剪形尾羽作为图案基础，采用了含蓄的表现手法。主要含义是双燕舞东风。它格调新颖，寓意深远，使人自然联想到东风送暖、春光明媚、神州大地生机盎然的景象。

图 4.105　比亚迪标志

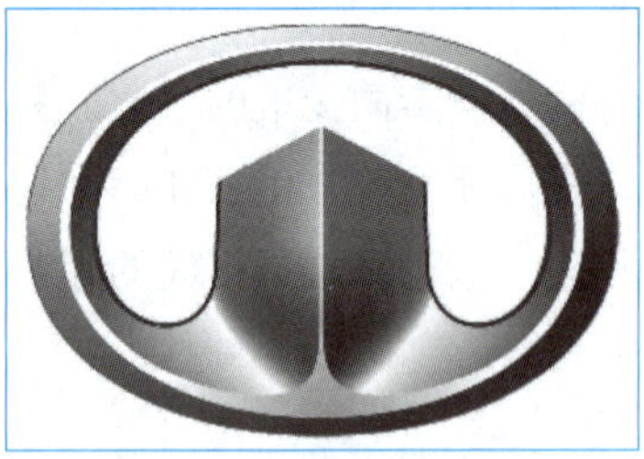

图 4.106　长城标志

图 4.107　东风标志

本章小结

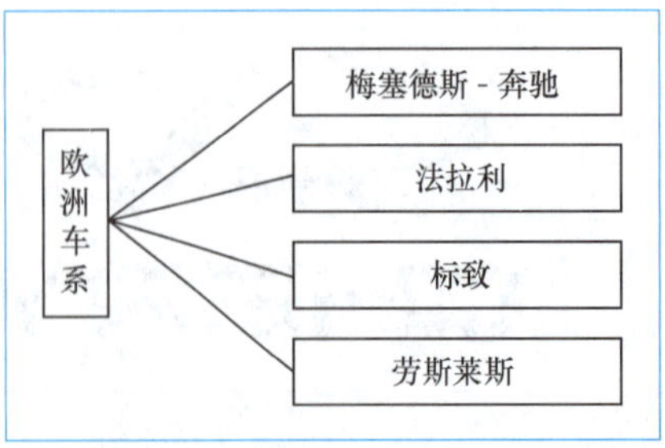

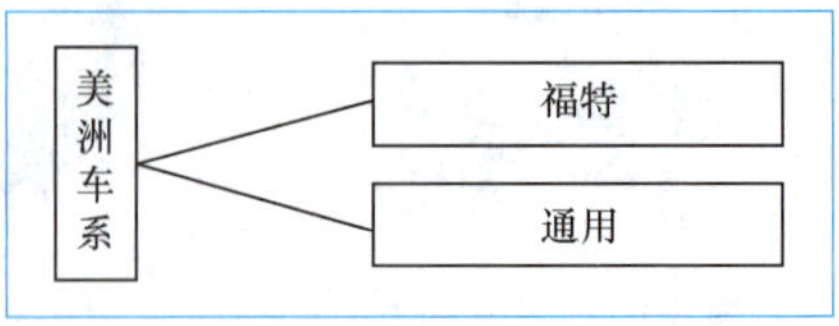

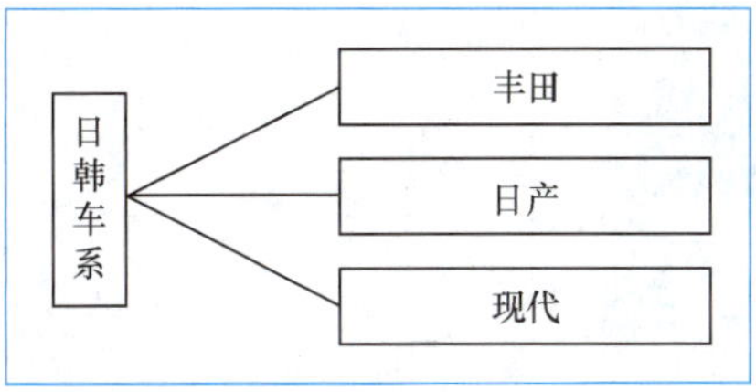

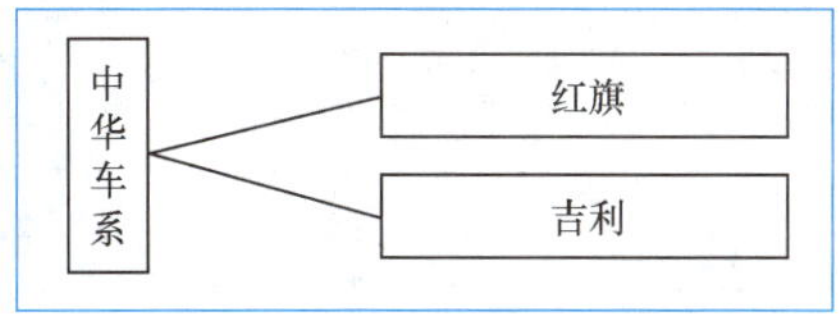

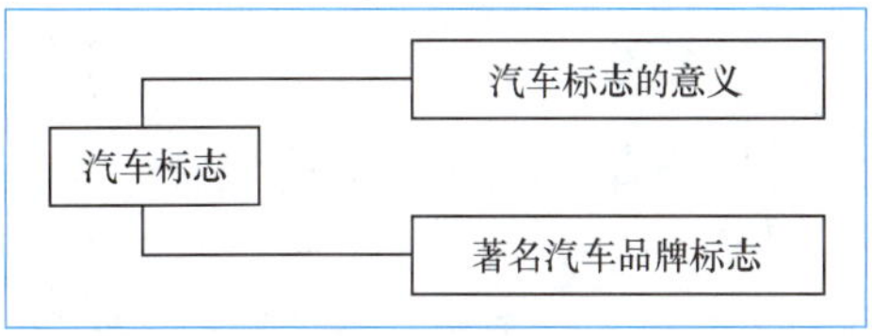

思考与练习

（1）简述各车系的发展历史。

（2）查找资料了解各车系的车型还有哪些？

（3）试比较各车系的特点。

（4）在各车系中，各找一个自己熟悉的车型写一个该车的介绍。

（5）车系还有哪些分类方法？

（6）自行查阅资料，说出图 4.108 中所示的标志是哪些汽车标志，其标志有何含义。

图 4.108　汽车标志

第 5 章

汽车名人

（Celebrities of Automobile）

在汽车和汽车工业不断发展壮大的 100 多年中，出现了许许多多有学识、有抱负、有才华的能工巧匠，正是他们的奋斗，才有世界汽车工业的今天。他们的名字流芳百世，为后人所传诵、景仰。图 5.1 所示为世界汽车工业具有影响力的几位汽车名人，知道他们的名字吗？

图 5.1　世界汽车工业具有影响力的汽车名人

学习目标

- ◎ 了解与汽车工业相关的典型人物基本生平情况。
- ◎ 熟悉各人物对汽车工业的主要贡献。

第 1 节　卡尔 · 本茨
（Karl Benz）

世界上第一辆真正意义上的汽车，是德国人卡尔 • 本茨发明的，所以他也被人们称为“汽车之父”，他是奔驰汽车的鼻祖。

卡尔 • 本茨（见图 5.2）于 1844 年 11 月 25 日出生于德国西南部卡尔斯鲁厄一个火车司机家庭里。从小他就跟技术结下了不解之缘，少年时代的本茨还在钢铁工厂当过学徒。后来，本茨进入当地的卡尔斯鲁厄中学就读，这是一所自然科学教育质量很高的中学。本茨极强的求知欲赢得了老师们的喜爱，他经常协助老师做物理和化学实验，从中学到了许多知识和本领。

1860 年，他的父母把他送进了卡尔斯鲁厄综合科技学校，攻读学制 4 年的机械制造专业。从综合科技学校毕业后，本茨进入了卡尔斯鲁厄（见图 5.3）一家机械厂，当了一名钳工。为了加深对技术理论的理解，他开始了每天 12 小时的工作。在做了几年钳工、车工后，他终于如愿以偿，成了一名机械工程师。这为他以后的汽车生涯奠定了实践基础。在工厂，他还学到了火车制造技术。

图 5.2　卡尔 • 本茨

图 5.3　1900 年的卡尔斯鲁厄

1871 年，27 岁的本茨前往曼海姆，进入了曼海姆机器制造厂从事车辆设计。19 世纪 70 年代，本茨在曼海姆与友人合伙成立了一家拥有铸铁和机械加工车间的小工厂，开始涉足于机动车动力装置的研制。

从 1877 年起，他着手设计一种二冲程燃气发动机。本茨对不需要轨道而能随意自动行驶的私人用车非常着迷，他的研制基础就是一辆人力三轮车。1878 年，他在这辆脚踏的三轮车上安装了由他设计的发动机，经过无数次的试验和不懈的努力，终于在 1879 年研制成功一台二冲程发动机，使濒临破产的机械厂重现生机。

1880 年，他的第一台汽油发动机投入使用。然而，本茨并没有因此而止步，不久，他又设计出了功率更大的发动机。

1883 年，他创建了奔驰公司，当时称“奔驰莱茵燃气发动机厂”，主要生产发动机。

1885 年本茨将一台单缸水冷发动机安装到第一辆“奔驰”的三轮汽车上，并获得试驾成功。1886 年，该车获得德国汽车生产专利，而后又相继获得英国、美国和法国的专利。1887 年，本茨成立汽车制造公司。

虽然专利和演示使本茨的汽车出了名，但本茨认为，没有合适的方向操纵器是不行的。从

1892 年到 1893 年，本茨研究出“转向节转舵”，解决了车辆导向装置问题，又申请了专利。此外，他还改进了汽车的电打火装置、汽化器及冷却系统，并对销售网做了调整。

后来，本茨与儿子一道办起了自家的企业。本茨一生从未中断过对技术的追求，尽管后来年事已高，但他仍没有放弃对汽车的技术改进与新品开发。1926 年，在他 82 岁高龄的时候，公司与昔日的强劲对手戴姆勒公司合并成为戴姆勒 - 奔驰汽车公司，从此这两个汽车发动机制造的先驱携起手来。

卡尔 • 本茨于 1929 年 4 月 4 日逝世，但他所开创的汽车事业，仍在继续不断地向前发展。

小故事

卡尔 · 本茨的太太——贝尔塔 · 本茨不仅全力支持自己的丈夫成为世界汽车第一人，自己也因其过人的勇气而成为世界上第一位驾驶汽车的司机。

本茨创业初期，贝尔塔就变卖了自己的嫁妆和首饰，毫无怨言地支持本茨的研究。第一辆三轮汽车的问世，虽然为本茨带来了荣誉，但是这个不断散发臭气的怪物总是抛锚，因而遭到不少人的冷嘲热讽。为了不在大庭广众之下出洋相，本茨几乎没有勇气在公开场合驾驶它上街。但贝尔塔对本茨的发明深信不疑，他不怕旁人的白眼，带着两个孩子，勇敢地开始了汽车的第一次长途旅行。

1888 年 8 月的一天，早上 5 点多钟，本茨还在梦乡，贝尔塔就唤醒两个孩子，把汽车推出来，然后发动引擎，向 100 多千米之外的普福尔茨海姆进发，探望孩子的祖母。当时全世界还没有任何一辆汽车跑过这么远的路程。汽车离开曼海姆市不久东方就渐渐亮了，马路两旁早起的人们一听到其怪异的响声都从窗口伸出头看这个“飞奔”的怪物，有的人还壮着胆子走近它，但一闻到汽油机那难闻的气味又走开了。

行驶了 14km，燃料没有了，她到一家药房购买汽油；行驶 70km 后，被一个陡坡拦住了去路，只得由小儿子驾车，她和大儿子在后面推，把汽车推过陡坡；发动机的油路堵塞了，她就用发针把它修理好；电器设备发生短路，她用袜子作绝缘垫。直到日落西山，母子 3 人才又饿又累地到达目的地。孩子的祖母惊叹不已，小城的人都跑出来围观这个“怪物”。

兴奋的贝尔塔立即给丈夫拍了一个电报：“汽车经受了考验，请速申请参加慕尼黑博览会。”本茨接到电报两手发抖，几乎不相信这是事实，但妻子确实驾着自己发明的三轮车到了普福尔茨海姆。他很快办妥了参展手续，在慕尼黑工业博览会上，他成功地展示了自己的汽车。从此他的事业蓬勃发展，拥有了德国最大的汽车制造厂，生产了名扬四海的奔驰汽车。而本茨太太也因为这次历史性的试验而被称为世界上第一位汽车驾驶员。

第 2 节　戈特利布 · 戴姆勒
(Gottlieb Daimler)

图 5.4　戈特利布 • 戴姆勒

说起汽车发展史，德国是名副其实的汽车发祥地。两位汽车发明家——卡尔 • 本茨和戈特利布 • 威廉 • 戴姆勒（见图 5.4）都居住在德国的西南部。当年他们俩虽然互不相识，但兴趣相同，各自以个人手工作坊的方式潜心钻研内燃机技术。

1886 年，几乎就在本茨发明第一辆三轮汽车的同时，还有两个人也正在他的附近为发明汽车而忙碌着，他们就是戴姆勒和他的朋友迈巴赫。

戴姆勒是一个德国马车商的儿子。当年他的父亲因为蒸汽汽车抢了他的生意而大为恼火，在一次马车与蒸汽汽车比赛的打赌中，他的父亲大丢脸面，这给小戴姆勒留下了深刻的印象，他发誓要发明一种新的机器超过蒸汽汽车。

1881 年，戴姆勒与一位天才工程设计师——他过去的同事，威廉 • 迈巴赫合作办了当时第一家所谓的汽车工厂。戴姆勒是一位发动机设计师，主要对发动机感兴趣，他看到了发动机在机动车发展上的远大前景，便与迈巴赫一起，在由花园改建的工场里没日没夜地加紧研制。

1883 年 8 月，戴姆勒和迈巴赫终于发明了汽油内燃机，并在 1885 年获得了内燃机的专利权。1885 年末，戴姆勒首次将他的内燃机装配在一辆 4 轮车上，并增加了转向、传动等装置。1886 年，世界上第一辆 4 轮的内燃机汽车就这样诞生了。戴姆勒在自己位于施瓦本的实验场地，以 16km 的时速进行试车，吸引了远近乡民前来观看，人们惊奇地高喊："Automobile"，意思是自己会动的玩意。

后来，戴姆勒叫他的儿子阿道夫驾驶着这辆汽车从斯图加特驶向康斯塔特，戴姆勒则悠闲地坐在车后享受自己的发明成果，并把它作为生日礼物，送给自己 43 岁的妻子埃玛，当时他的兴奋与喜悦之情溢于言表。

1890 年，著名的"三极星"标志（见图 5.5）开始使用在戴姆勒自己创办的汽车公司产品上。早年的戴姆勒汽车，就已成为英国皇室选中的皇家专用车。在戴姆勒和迈巴赫的合作下，公司从 19 世纪末到 20 世纪初，开创了"梅赛德斯时代"。

图 5.5　"三极星"标志

戴姆勒于1900年去世。在他逝世20多年后的1926年，两位“汽车之父”所创办的汽车公司终于走到了一起。从此，戴姆勒-奔驰公司成为了德国汽车工业的代表和象征，“梅赛德斯-奔驰”汽车也成为了德国汽车发展史上永恒的经典。

小故事

“三极星”的制造有专门的工厂，它位于Rheinland州和Bergiscles州边界处的Velbert。Velbert有一个被巨石包围的工厂名叫“Friedr Fingscheidt Gmbh”。第一次世界大战前，他们为敞篷车提供窗口和脚踏板。第一次世界大战后，他们为戴姆勒汽车提供车窗摇把、车顶篷和车内挂钩等零件。“二战”结束后，由于最早的“三极星”制造厂Dobln Soxny在俄国管区内，所以不得不中止了与奔驰公司的合作。这个机会就落在了Fingscheidt工厂83岁的董事长Walter Lock的手中，Fingscheidt-Velbert工厂就成了Mercedes-Benz正式指定的“三极星”供应厂。

为了保证“三极星”的品质，三角星的制造是极为严格、复杂的。在“三极星”的生产线前端，是410℃高温的压铸机器。这个机器将钆、锌、铝、铜合金进行压铸，一天内可以造出275个半成品。接下来，将这些滚烫的“三极星”投入水中冷却但不进行打磨，而是取出在干粉中弄干后让工人们用手工方法将它们打磨光滑。随后，这些“三极星”的表面用电镀层保护。最后一道工序由妇女们来完成，她们戴上质地柔软的手套，睁大眼睛，仔细检查“三极星”上的每一个细微划痕，不合格的“三极星”将被“请出”。

第3节　威廉·迈巴赫
（Wilhelm Maybach）

在德国早期的汽车发展史上，唯有“汽车设计师之父”威廉·迈巴赫（1846—1929年）（见图5.6）能与两位“汽车之父”——本茨、戴姆勒齐名天下。但他始终在幕后从事汽车设计和研究工作，从不计较个人的名利，演绎了一段鲜为人知的传奇历史。

19世纪70年代，迈巴赫与戴姆勒相识，并成为合作伙伴和朋友。他耐得住寂寞，埋头钻研汽车发动机技术。1883—1886年，他与戴姆勒一起研制成功世界上第一台四冲程发动机，制造出世界上第一辆摩托车和第一辆4轮汽车。他作为汽车、摩托车发明人之一，却主动成就了戴姆勒名扬天下。此后，迈巴赫积极参与创建了戴姆勒汽车公司，担任汽车和发动机研制工作的总工程师，先后研制出戴姆勒牌发动机和汽车，与戴姆勒共创汽车大业。

1899 年春季，迈巴赫根据戴姆勒的安排，为奥地利汽车代理商埃米尔·耶利内克设计了一辆发动机前置后驱的凤凰牌赛车，这就是后来闻名于世的“梅赛德斯”赛车，从而开创了“梅赛德斯”时代。随后，迈巴赫又先后发明了世界上第一台 4 挡机械式变速器、蜂巢式冷却器、喷嘴化油器等汽车零部件，为汽车工业的发展做出了重要贡献。

1907 年，迈巴赫主动向戴姆勒的继承人辞去总工程师的职务，创立了以自己姓氏命名的“迈巴赫发动机有限公司”，开创了独立门户的创业生涯。其设计生产的高性能发动机，很快打开了市场，增强了公司的经济实力。

图 5.6　威廉·迈巴赫

1909 年，迈巴赫为当时德国著名的“齐柏林飞艇”设计了高性能且经久耐用的发动机。1919 年，迈巴赫与他的儿子卡尔·迈巴赫决定设计生产豪华轿车，为此，当时已 73 岁的迈巴赫又专门设计了独一无二的 V12 发动机。

1929 年 2 月 29 日，迈巴赫走完了他的人生旅程。但是由他创立的迈巴赫品牌，尤其是 1936 年生产的“迈巴赫 W38”型豪华轿车（见图 5.7），被认为是当时德国汽车界的顶尖级豪华轿车，成为当时与劳斯莱斯、宾利并驾齐驱的三大贵族车，代表了德国汽车工业的最高水平。由于是手工打造生产，所以迈巴赫汽车的生产量一直很少，截至 1941 年，该公司总共才制造了 1 800 辆迈巴赫牌轿车。

图 5.7　迈巴赫 W38

第二次世界大战以后，迈巴赫开创的汽车事业再也没有能力发展起来。1961 年，奔驰汽车公司将迈巴赫发动机有限公司兼并。目前，战前生产的迈巴赫牌轿车存世量稀少，已成为汽车收藏家追觅的珍贵名车。由于威廉·迈巴赫对德国汽车工业的卓越贡献，迈巴赫也被后人誉为“汽车设计之父”。

第 4 节　费迪南德·保时捷
（Ferdinand Porsche）

有人评价，在百余年的汽车发展史上，费迪南德·保时捷（1875—1952 年）（见图 5.8）是最为杰出的汽车设计大师之一。这话一点都不过分，保时捷对汽车的杰出贡献主要体现在其高超的产品设计水平和使汽车大众化的设计概念两个方面。

图 5.8 费迪南德·保时捷

1875 年 12 月 3 日，保时捷出生于波西米亚（原为德国境内，今属捷克）的一个铁匠之家，15 岁进入夜大学习。后来，他一边在电厂工作，一边在维也纳工学院进修。

22 岁那年，保时捷设计了一台能安装在汽车轮内的电动机，以替代当时在汽车上普遍使用的链条传动，并因此而获得了第一个专利——"混合传动系统"专利。1900 年，他首创的电动汽车出现在巴黎世界工业产品博览会上，从此，他以"电动汽车之父"为世界所知晓。1905 年，他被聘任为戴姆勒公司奥地利分公司技术部经理，由于成功设计了"玛哈"牌汽车而获得了他有生以来的第一枚勋章。1910 年，他设计成功更为完善的"公爵"牌轿车。"一战"后，面对萧条的德国经济，他曾建议戴姆勒公司老板开发平民轿车，可惜未被采纳。

保时捷于 1930 年创建了自己的公司——保时捷汽车设计所。他打算先在运动车和赛车领域做出一番成绩。1934 年，他以全新角度设计出了具有 16 缸增压式发动机的保时捷赛车（车头约占 1/3，车尾占 2/3，车的前后配重比为 1:1，油箱安置在车的中部——无论油量多少都不影响车的重心位置），并以 7.5 万美元的价格将图纸卖给了德国汽车联盟。这辆外形新颖、性能优良的赛车，在以后举行的多次比赛中都有出色表现，成为唯一能与早已成名的"梅赛德斯"进行较量的车型，先后打破了 8 项世界纪录，夺得过场地赛、越野赛、登山赛等各项赛事的冠军。德国民众虔诚地将这辆赛车取名为"银箭"，表达了他们对它的无限敬意。由于表现出色，"银箭"车的造型确定了自那以后的国际环形赛车场地车的基本外形。

设计和制造赛车的巨大成功，并没有使保时捷忘记自己开发平民车的理想。从 1935 年起，他带领设计小组按照"坚固可靠，经济实用，技术全面成熟"的 3 条原则开发设计大众型轿车。1936 年 10 月 12 日，3 辆大众型"V-1"轿车开发成功，并通过了技术鉴定。1937 年 5 月，大众汽车公司成立。1939 年 8 月生产出第一批"大众"轿车。但是，由于受"二战"影响，他生产平民车的梦想破灭了，战前累计生产的 210 辆"甲壳虫"车全部装备了德军军官。第二次世界大战结束后，大众公司开足马力，加紧生产由保时捷先前设计的"甲壳虫"汽车。由于该车占领了平民车这个最大的市场，故取得了极其辉煌的成就，累计产销 2 100 多万辆。

第二次世界大战期间，保时捷曾参与过德军坦克的研制工作，战后被盟军指控为战犯关进法国监狱。1948 年，获释后的保时捷重操旧业，他所组建的"保时捷设计有限公司"精心设计、制造了 50 辆功率为 30kW、铝制车身的保时捷 356 型（因先后进行过 356 次设计变动而得名）跑车。由于该车在一次重大比赛中出人意料地战胜了许多欧美名车，一夜之间成为妇孺皆知的英雄，保时捷的地位由此得以确定。

1952 年 1 月 30 日，就在保时捷 356 型跑车开始为公司赢得荣誉时，保时捷因病去世，终年 77 岁。

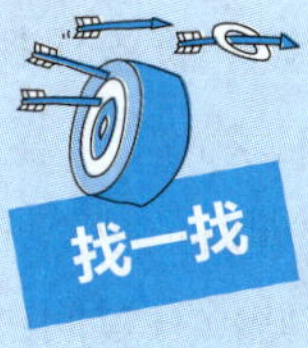

有一则广告称：你想要世界上知名度最高的跑车吗？请选保时捷 911；你想要世界上最经典的跑车吗？请选保时捷 911；你想要世界上最小巧而有能坐下 4 个人的跑车吗？请选保时捷 911；你想要世界上最便宜又跑得最快的跑车吗？请选保时捷 911……

请你找找看，保时捷 911 的外观如何？性能如何？信价如何？

第 5 节　亨利 · 福特
(Henry Ford)

亨利 · 福特（见图 5.9），1863 年 7 月 30 日出生于美国密歇根州韦恩郡的史普林威尔镇，该镇是今日德宝市的一部分，1947 年逝世于故乡德宝的自宅中，享年 83 岁。

图 5.9　亨利 · 福特

福特的父母威廉和玛利 · 福特是来自爱尔兰的移民，福特出生在他父母拥有的一座农庄上，他是 6 个孩子之长。他从小就对机械感兴趣。12 岁时他花了很多时间建立了一个自己的机械坊，15 岁时他亲手造了一台内燃机。

1879 年他离开家乡去底特律做机械师学徒工，学成后他进入了西屋电气公司。1891 年福特成为爱迪生照明公司的一个工程师。当他 1893 年晋升为主工程师后，他便有足够的时间和经济能力来进行他个人对内燃机的研究。1896 年他制造了他的第一辆汽车，并将它命名为“四轮车”（Quadricycle）。

此后，他与一些其他发明家离开爱迪生照明公司，一起成立了底特律汽车公司。但这家公司很快就倒闭了，因为福特一心只想研究新车而忽视了卖车。他让他的车与其他公司的车比赛来证明他的车的优良性。福特第二家自己的公司——亨利 · 福特公司的主要产品是他的赛车，1901 年 10 月 10 日他甚至亲自开车参赛并获胜。但不久他的资助者就迫使他离开了亨利 · 福特公司，此后这家公司被改名为凯迪拉克。

福特与 11 位其他投资者利用 2.8 万美元的资金于 1903 年建立了福特汽车公司。他新设计的车只用 39.4s 就开过了一英里，当时的一个著名的赛车运动员将这辆车命名为福特 999 型，并带着它周游美国。这样一来福特在美国就出名了。

1908 年福特公司推出了福特 T 型车。从 1909 年至 1913 年，福特的 T 型车在多次比赛中获胜。1913 年福特退出了比赛因为他对比赛的规则不满。这时候他也没有必要参加比赛了，因为

T 型已经非常出名。同年，福特将流水线引入他的工厂，从而极大地提高了生产量。1918 年半数在美国运行的汽车是 T 型车。福特非常注意倡扬和保护 T 型的设计。这个设计一直被保持到 1927 年。到 1927 年福特一共生产了 1 500 万 T 型车。此后 45 年一直保持世界记录。

1919 年 1 月 1 日，福特将公司总裁的位置让给他的儿子埃兹尔·福特。尽管如此他依然是公司里的一号人物。在埃兹尔的任期内很少有没有过问过亨利就下的决定，而且这些没有过问过他的决定后来还往往被他取消了。此时，福特开始将其他投资者手中的股份买回，这使他和他的儿子成为公司的唯一拥有人。但这个决定给福特汽车公司带来了一定的打击。此时“一战”后的萧条迫使福特借巨款来买回他的股票。图 5.10 所示为福特公司总部。

图 5.10　福特公司总部

1920 年福特在巴西买了许多地来种橡胶树，目的是为他的汽车生产轮胎。但这个行动的结果是一个大失败。1945 年他将这些地卖出时蒙受了巨大的损失。

1920 年 T 型车的销售量开始减小。原因之一是其他汽车商引入了贷款购车的体系。而且其他车中的新型的机械系统是 T 型车所不具有的。尽管他的儿子埃兹尔·福特一再企图说服他，亨利·福特倔犟地拒绝在 T 型车中加入新的系统（因为新系统使车价上涨，这样一来顾客就买不起车了），也拒绝引入贷款的体系（因为福特认为这个做法对经济不利）。

1926 年 T 型的出售量剧减使亨利·福特认识到他儿子一直在坚持的主意是对的：他们需要一个新的车型。亨利·福特主要从事发动机、车体和其他机械装置的设计，在这些方面他有丰富的技术经验。他的儿子主要进行外形的设计。埃兹尔·福特说服了他父亲一开始的反对，引入了液压刹车系统用于制造福特 A 型车，从 1927 年 12 月到 1931 年就已生产了 400 万辆 A 型车。

1943 年 5 月 26 日埃兹尔·福特逝世，公司总裁的职位无人占领。亨利·福特与埃兹尔·福特的遗孀在谁继承这个职位的意见不一。最后亨利·福特亲自当职。此后两年中福特公司的情况非常困难，每月的损失达 1 000 万美元。美国总统富兰克林·德拉诺·罗斯福甚至考虑联邦出钱资助福特渡过难关，来保证战时的生产。

小故事

亨利·福特在学校里常常心不在焉。有一天，他和一个小朋友把一块手表拆开了。老师很生气，让他们放学后留下来，把表修好才能回家。当时这位老师并不知道小福特的天才，只用了十分钟，这位机械奇才就把手表修好，走在回家的路上了。

福特对各种东西的工作原理总是很感兴趣。曾有一次，他把茶壶嘴用东西堵住，然后把茶壶放在火炉上。他便站在一边等候着会出现什么情况。当然，水开后变成了水蒸气。因为水蒸气无处逸出，茶壶便爆炸了，因而打碎了一面镜子和一扇窗户。这个小发明家也被严重地烫伤了。

多年后，福特的好奇心和他的动手能力使他得到了回报。他曾经梦想着去制造一辆无马行进的车。在他制造了一辆这样的车后，运输界发生了永久性的变化。

第 6 节　威廉·杜兰特
（William Durant）

威廉杜兰特（见图 5.11）于 1861 年出生于美国的马萨诸塞州波士顿市。自小就和其母一起被嗜酒成性的父亲丢弃，10 岁起与母亲一起住在家境颇为富裕的外婆家。在那里，小杜兰特受到了外婆的精心教导。毕业以后，杜兰特先后干过苦力工作，1886 年，他对马车制造产生了极大的兴趣，于是，投资 1 500 美元在弗林特市成立了一家马车制造公司。尽管这笔钱对他来说是一笔巨款，但他还是想尽一切办法如数筹足了款子。

图 5.11　威廉·杜兰特

杜兰特的马车公司成立以后，由于产品质量及经营管理得法，所以发展迅速，很快成为了美国马车时代的著名厂家之一。杜兰特并未因此而自满自足，他以自己商人的敏锐眼光看到了汽车业蓬勃发展的远大前景，密切注意着汽车制造行业的经营动态，寻找进入这一领域的合适时机。1904 年，别克汽车公司的经营陷入了困境，杜兰特预感到这是一个使他涉足汽车制造领域的天赐良机，便果断地拿出了 50 万美元的资金对其进行资助，后来，随着进一步的资金投入，他完全控制了这家公司。别克汽车公司是杜兰特在汽车制造业赖以成名的起点。1905 年，杜兰特在未与任何合股人商量的前提下，擅自决定参加纽约汽车展览会，并在展览会上包揽了 1 500 辆汽车的制造任务。由于公司生产能力有限，结果只造出了 20 辆，公司在经济和信誉两个方面蒙受了损失，杜兰特因此被停职。停职后的杜兰特不甘寂寞，仍在为公司四处活动，这是别克公司在当时得以发展的重要原因之一。

1908 年 9 月 16 日，乔治·E.丹尼尔等 3 人以 2 000 美元的微弱资金，在新泽西州联合组建了早期的通用汽车公司。同年 9 月 28 日，杜兰特列席了“通用”的内部会议，并表示自己愿意将别克公司卖给“通用”，他本人了愿意为“通用”效力。3 天后，“通用”以 375 万美元的价格收购了别克公司，杜兰特如愿以偿地进入了“通用”。

1910 年，当汽车销量在福特公司的激烈竞争下大幅下滑，“通用”出现了严重的资金危机时，为渡过难关，杜兰特在走投无路的情况下，只好向财团求救。财团接受了“通用”的举债请求，但同时也开出了极为苛刻的条件，既要杜兰特辞职，也要通过信托方式控制“通用”。在这一背景下，杜兰特被解除了总经理的职务。

退出“通用”的杜兰特并不甘心于自己的失败，他伙同路易斯•雪佛兰组成了雪佛兰汽车公司。在这家新成立的公司，他与合伙人一起励精图治，取得了辉煌的经营成就。杜兰特于1916年将通用公司从银行家的控制下重新夺了回来，使其变成了雪佛兰的一家子公司。后来，杜兰特成立了股份制的新通用汽车公司，并用新“通用”股票调换老“通用”股票，取得了老“通用”的全部股权。1917年8月1日，新“通用”完全取代了老“通用”，原“通用”宣布解散。

在重新获得了通用公司的领导权以后，杜兰特又自满自足起来，他无意接受董事会的领导，完全凭个人的力量经营公司；他不去研究公司的内部管理，只是热衷于公司规模的扩大（在他担任总经理的4年时间内，“通用”的规模扩大了8倍）；他不去协调各经营部门相互之间的关系，导致分公司各自为政；他不去关心公司的整个产品战略规划，以致分公司之间的产品相互重复，无法形成“一致对外”的市场竞争格局……杜兰特的一系列失误，导致了通用公司1920—1921年间的严重危机。由于产品质量下降，汽车销量急剧减少，而原先订购的原材料又源源不断地运到，致使库存日益加大，周转资金严重不足，公司濒临倒闭。在公司上下的一片反对中，杜兰特被迫于1920年11月辞职，永久地离开了“通用”。

1947年3月18日，杜兰特走完了他的余生。

想一想

通用汽车公司有哪些著名的品牌？若想不全的话，可查找有关资料，将通用公司的品牌列出。

第7节　瓦尔特·克莱斯勒（W.Chrysler）

1875年4月2日，美国一位铁路工人的妻子生下了一个男孩，他为自己的儿子取名为瓦尔特·克莱斯勒（W.Chrysler）（见图5.12）。当年的这位男孩就是今天克莱斯勒汽车公司的创始人。17岁时，克莱斯勒立志当一名机械师。18岁时，他制造了一辆微型蒸汽车，虽然这辆车更像是一件玩具，但却“五脏俱全”，可以在他家后院里专门铺设的轨道上行驶。20岁那年，他被一家工厂聘为机械师，拿到了一份令人羡慕的薪金。但是，克莱斯靳具有一种对任何事情都十分好奇的性格，不愿意始终待在一个岗位上，总想寻找其他发展自己的机会。年轻的克莱斯勒到底换过多少次工作，恐怕连他自己都无法记得，直到33岁那年，才相对稳定地受聘担任了芝加哥西部铁路的动力总负责人。

1908年，他参观了芝加哥汽车展览会，会上展出的形态各异的汽车使他大开眼界，他决心投身于这一富有竞争性的事业当中。1910年，克莱斯勒辞掉了年薪12 000美元的工作，受聘担任了通用汽车公司别克分部中一家工厂的技术经理，年薪只有6 000美元。由于他精通机械、技术超群，在通用公司的作用越来越重要，1912年年薪增加到2.5万美元，1915年增加到5万美元。通用公司一心一意想留下他为公司效力，但克莱斯勒本人却产生了离开通用，独自去干一番事业的想法。正在此时，杜兰特重返通用公司，他为了振兴通用公司，急于招揽一批人才，对克莱斯勒竭力挽留，不仅委任他担任了别克部的主要负责人和公司第一副总经理，而且还将其年薪一下子提高到50万美元。然而，由于克莱斯勒与杜兰特难以合作，克莱斯勒还是于1920年3月25日离开了通用公司。

图5.12　瓦尔特·克莱斯勒

赋闲在家的克莱斯勒受聘担任了经营困难的威利斯—奥弗兰汽车公司和马克斯威尔公司的顾问，同时经营起了两家公司。1921年，当马克斯威尔行将倒闭时，他正式接管了公司的经营大权，名正言顺地对其进行了整改。1924年，由克莱斯勒本人主持开发的第一个车型终于问世了，这种采用了高压缩比发动机的汽车在市场销售中很受欢迎，问世当年就销出了3.2万辆，公司商誉得以提高。利用这一难得的良机，克莱斯勒接收、改组了马克斯威尔公司，并于1925年6月6日正式宣布成立克莱斯勒汽车公司，自己就任总经理。

克莱斯勒汽车公司成立心以后，发展极其迅速。相继推出的“克莱斯勒4号”和“系列58”两种新车为其发展做出了贡献。公司在1925年的国内排名只有27位，1926年末升至第5位，1927年则又上升至第4位。1928年公司通过股票交易的方式买下了道奇公司和普利茅斯汽车公司。道奇公司当时在美国排名第三，有良好的商誉和可靠的销售网，买下它之后，克莱斯勒在1929年即跃升为美国三大汽车公司之一，后来还曾有过超过福特位居第二位的辉煌。1930—1934年间，克莱斯勒相继成立了安普莱部和爱尔坦普部，从事轴承和散热器的生产。

1935年7月22日，克莱斯勒在过完60周岁生日后，辞掉了公司总经理职务改任董事长，直至1940年7月22日去世。

第8节　恩佐·法拉利
（Enzo Ferrari）

恩佐·法拉利（见图5.13）是法拉利汽车公司的创始人，就像本茨、福特、保时捷等人一样，他在汽车制造业也享有盛誉，人称“赛车之父”。恩佐·法拉利毕生致力于提高赛车的性能。

图 5.13 恩佐·法拉利

恩佐·法拉利 1898 年 2 月 18 日出生在意大利北部莫德拉（Modena）的一个小钣金工厂厂主的家中。他的父亲阿勒法多（Alfredo）不仅是一个技艺超群的铸铁好手，而且是一个如醉如痴的“赛车迷”。在法拉利 10 岁那年，父亲带他到波伦亚观看了一场汽车比赛。赛车场上集惊险、刺激于一体的惊心动魄的场面深深地吸引了他，他盼望着自己也能成为一名优秀的赛车手。13 岁那年，他千方百计地说服了父亲，允许他单独驾驶汽车，从此，他与汽车结下了不解之缘。

1916 年，法拉利父亲因病去世，不久，战争又夺去其兄性命，他本人也不得不应征入伍。第一次世界大战结束后，20 岁的法拉利面临人生的第一次重创——父亲曾经苦心经营的家庭作坊式钢铁厂关门停产，家庭生活状况直线下降，他梦寐以求成为汽车制造厂员工的愿望化为泡影。面对这人生遭遇，法拉利并未心灰意冷，他找到试车手的工作，而后转往米兰的 CMN（Costruzioni Meccaniche Nazionali）从事赛车手兼试车手的工作。凭借着对赛车的狂热，他第一次体验了赛车运动独具的疯狂刺激。

法拉利在 22 岁那年的大奖赛中夺得亚军，并得到了爱尔法·罗密欧汽车制造公司老板的垂青，成为一名“拿生命开玩笑”的试车员。恩佐·法拉利无怨无悔地埋头于自己所钟爱的事业。他从“法特汽车制造公司”挖来了意大利车坛一流的汽车制造工程师——伦格·巴兹瑞和维托瑞·加诺，加强了爱尔法·罗密欧汽车制造公司的技术开发实力。法拉利在 32 岁那年担当起了爱尔法·罗密欧汽车制造公司赛车队队长的重任直到他 39 岁那年，他统率的以自己名字命名的“法拉利车队”，先后在方程式赛车、24 小时跑车耐力赛、米勒·米格特大奖赛（Mille Migtia）、塔格·佛罗热大奖赛（Targa Floria）等各种大赛中出尽了风头。

历经长达 7 个年头的苦苦蓄势，面对第二次世界大战结束的百废待兴契机，48 岁的恩佐·法拉利终于等到了自己扬眉吐气的这一天。他独具慧眼，见机行事，在意大利北部城市波伦亚的马拉奈洛镇，创办起了法拉利汽车制造公司。

1947 年法拉利生产出第一辆车后他以自己的名字进行命名——法拉利 Tipol25，并以跳马图为商标。在以后的 3 年时间里，法拉利又相继生产了 Tipo166、Tipo195、Tipo212、Tipo225 等型赛车。由于赛车的性能需要在赛车场上才能得到检验，因此，法拉利积极参加各种汽车大赛，借以检验、宣传自己的赛车。法拉利赛车没有辜负他的期望，先后夺得过多项桂冠：在 1951 年的迈勒·米格拉尔汽车大赛上，排量 4.1L 的 Tipo375 获胜；在布宜诺斯艾利斯 1 000km 汽车赛上，排量 4.9L 的 Tipo410 夺魁；1956 年，经过法拉利改造的蓝旗车一举夺得了世界汽车竞赛的最高荣誉——一级方程式赛车年度总冠军。这一连串的胜利，奠定了法拉利赛车在世界车坛至高无上的地位。

恩佐·法拉利的名牌跑车是经过失败和考验才冲出来的。在 1952 年的世界汽车大赛中，法拉利设计的 F1 型赛车曾发生过惨不忍睹的事故，造成 12 人死亡。当时凡蒂冈的报纸激烈地指责他是“现代恶魔”。然而，每当法拉利赛车取得胜利的时候，车迷们似乎忘掉了过去的一切，狂热地称呼法拉利为魔术师。他设计的 F1 型赛车，在世界性大赛上共获得 100 多次胜利，至今尚没有哪一种赛车能够打破这项纪录（见图 5.14）。

图 5.14 法拉利 P4

1988 年 8 月 14 日，汽车界的巨星恩佐・法拉利去世了，终年 90 岁。他留给后人的是那不朽的事业和艺术品一般的法拉利车。

想一想

什么是世界一级方程式锦标赛？2009 年的世界一级方程式锦标赛是什么时间举行的？中国有哪些国际赛道？

第 9 节 丰田喜一郎
（Kiichiro Toyoda）

丰田喜一郎出生于 1895 年，其父亲丰田佐吉既是日本有名的纺织大王，也是日本大名鼎鼎的“发明狂”。图 5.15 所示为丰田喜一郎的故居。

丰田佐吉为了发展自己的工厂，将长子丰田喜一郎送到东京帝国大学工学系机械专业读书。大学毕业后，丰田喜一郎来到父亲的“丰田纺织株式会社”当了一名机械师。经过 10 年磨炼，丰田喜一郎担任管理技术的常务经理。1929 年底，为了将纺织机专利卖给当时势力强大的普拉特公司，丰田佐吉派丰田喜一郎前往英国全权代表自己签订契约。在国外，丰田喜一郎除了完成父亲嘱托的任务以外，还花费了 4 个月的时间体验了英国的汽车交通，走访了英、美尤其是美国的汽车生产企业，彻底弄清了欧美国家的汽车生产状况。

不久，丰田佐吉去世，临终前，他将儿子叫到眼前，给他留下了作为父亲的最后一句话：

“我搞织布机，你搞汽车，你要和我一样，通过发明创造为国效力。”他还亲手将转让专利所获得的100万日元专利费交给儿子，作为汽车研究启动经费。

丰田佐吉去世以后，公司总裁的职位由丰田喜一郎的妹夫—丰田利三郎担任。尽管利三郎是一位见识广博的企业家，但却自命清高，脾气暴躁，与丰田喜一郎在许多问题上“政见不同”。1933年，在丰田喜一郎的一再要求下，他同意公司免费设立汽车部，并将一间仓库的一角划作汽车研制的地点。丰田喜一郎以此为基地，于当年4月购回一台美国“雪佛莱”汽车发动机进行反复拆装、研究、分析、测绘。在研究这台发动机的过程中，他产生了指导日后公司发展战略的观点：“贫穷的日本需要更为廉价的汽车。生产廉价汽车是我的责任。”1933年9月，他着手试制汽车发动机，拉开了汽车生产的序幕。1934年，他托人从国外购回一辆德国产的DKW前轮驱动汽车，经过连续两年的研究，于1935年8月造出了第一辆“丰田GI”牌汽车（见图5.16）。

图5.15　丰田喜一郎的故居

图5.16　第一辆丰田轿车

丰田喜一郎于1937年8月27日另立门户成立了“丰田汽车工业株式会社”，地址在爱知县举田町，创业资金为1 200万日元，拥有职员300多人。丰田汽车公司刚刚成立，马上就遇上了一场几乎使其倒闭的危机。当时，席卷资本主义世界经济危机强烈地冲击着日本经济，尽管总厂的兴建、设备的引进、原材料的采购等急需大量的资金，但市面上银根奇缺，借贷无门，而此时初期的投资已经消耗殆尽，公司已经到了山穷水尽的地步。此时侵华战争爆发了，丰田公司与其他许多生产厂家一道被纳入了战时军需工业品的生产轨道，陆军将其所有库存货车一次购光，这才使其摆脱了危机。

丰田喜一郎对汽车工业的另一项重大贡献在于对生产体现、生产过程的科学管理方面。为了确保产品质量，实现大批量生产，他在自己的企业中进行了一系列试点。首先，他将全公司的工厂结构进行了调整，使公司的专业化程度、管理水平、技术水平、生产能力都有了大幅度提高。其次，他将工厂内部的生产结构进行了调整，使其适合于专业化生产。他以汽车总装厂为中心，把社会上零散的零部件厂组织起来，有计划地把自己的生产需要同他们的技术结合起来，利用外部订货的方法，实行零部件生产的扩散。他将组装汽车所用到的所有零部件分为内制品和外购品两大类，其中，内制品又分为内部制造件（技术难度大，进货价格高者）和准内部制造件，外购品分为一般外部订货（一般商务就可生产）、特殊订货（需要给予技术指导或需要使用特殊设备的零部件）、专门订货（只有使用专门设备才能加工的零部件）3种。再次，他创出了后来风靡全球的“丰田生产方式”。按照传统做法，汽车生产从铸件、半成品都要先入库，需要时再取货、加工，加工好的零部件每天也要依工厂生产需要办理入库、出库。按照这一程序动作，无形之中加大了库存。丰田喜一郎的创新之处在于将传统的整批生产方式改为弹性生产方式。按照他的模式组织生产，工人和工厂都可得到好处：工人“每天只做必要的工作量”即可，早做完者早下班，做不完者可加班；工厂无须设置存货仓库，无须占用大量周转资金，许多外购零部件在付款之前就已被装车卖出了。他为推广这一生产方式而喊出的“恰好赶上”（Just In Time）口号，经后来的公司副总裁大野耐一进一步发展之后，成为完善的“丰田生产方式”。今天，“丰田生产方式”已超越国别、行业而成为世界许多国家争相学习的先进经验。

1952 年 3 月 27 日，丰田喜一郎患脑溢血去世，终年 57 岁。

想一想

你知道丰田公司的标志是什么样子的吗？丰田公司的标志有何含义？

第 10 节　饶斌
（Rao Bin）

新中国汽车工业的创始人是一位“白面书生”——饶斌（见图 5.17），1953 年 7 月，是他把第一锨黑土抛向毛泽东亲自题词的一汽建设奠基石；又是他接受了生产红旗轿车的任务；1964 年，他又奉命到武当山下，创建“二汽”。

图 5.17　饶斌

第一汽车制造厂的兴建，是毛泽东和当时的苏联领导人斯大林亲自商定的。1953 年 6 月 9 日，毛泽东签发《中共中央关于三年建成长春第一汽车制造厂的指示》，这天成为新中国汽车工业的发祥日。

有全国人民的支援，壮志满腔的饶斌全身心投入到轰轰烈烈的建设热潮之中，他不仅是汽车厂长，也是建筑公司经理，工作强度很大，以至于回到家常常饭菜没有端上桌，人已酣然入梦。为掌握汽车工业制造技术和建筑技术，他虚心向技术人员和有经验的老工人求教，成为能够推车送浆和操作机床、摘掉不懂汽车工业“白帽子”的领导干部。

1956 年 7 月 14 日，“一汽”总装线上开下由中国人自己制造的第一批解放牌载货汽车，结束了中国不能自己制造汽车的历史。

1964 年，筹建“二汽”的工作又落到饶斌头上，这一干就是 16 年。

“二汽”建成投产后，饶斌调回北京，担任机械部部长。改革开放之初，邓小平同意引进汽车合资项目，饶斌建议由上海承担。在一些国家拒绝合作的同时，美国通用、福特和德国大众都表示了浓厚兴趣，经过 60 多轮谈判，基本上确定与德国合作 15 万辆的项目，因为只有他们愿意提供 1982 年投产的桑塔纳新车。

随着年岁渐长和经济改革加速，饶斌渐感力不从心。1987 年 7 月 15 日，饶斌回到“一汽”参加解放牌卡车出车 30 年纪念大会。会上，他突然激动地讲起了轿车：“我老了，不能和大家一起投身第三次创业。但是，我愿意躺在地上，化作一座桥，让大家踩着我的身躯走过，齐心协力把轿车造出来，去实现我们中国几代汽车人的轿车梦！”说完，他的泪水潸然而下。

十几天后，他病倒在上海，时任上海市市长的江泽民对医生说：“这是我的老首长，是汽车工业的创始人，要不惜一切代价医治他。”1987 年 8 月 29 日，汽车工业的创始人饶斌在上海逝世，享年 74 岁。

第 11 节　李书福
（Li Shu fu）

多少岁月飞流，
多少星光不在，
我们的梦依然不改；
田园的幽静，
心头的浪漫，
一个永远不变的情感，
缠绵在你我之间。
汽车啊，吉利，
吉利啊，汽车，
都是因为你，
我们并肩战斗，
环球远征；
带着我们的光荣与梦想，
在雪山上攀登，
在风雨中前行！

——摘自李书福博客

李书福（见图 5.18）1963 年出生于浙江省台州市路桥区一户农家。20 世纪末，当他决定进入汽车行业时，一句“汽车不过就是4个轮子加沙发”震惊四座，因此获得了“汽车狂人”的美名。十年后，吉利汽车已经成为中国最大的民营汽车企业、中国第七大汽车厂商。

他的梦想还在持续。他的目标是，到2015年，年销售汽车200万辆，其中2/3出口海外。除此之外，他还成立了民营性质的吉利大学，他营造的商业帝国已经雏形初显。

在李书福的博客上，他曾这样写道：企业家的核心职能不是从事繁杂的经营管理，而是看其是否能够发现与实现有关“新组合”；企业家只有当其实现了某种“新组合”，或者说实现了某种“创新”时，才能称为名副其实的企业家。

图 5.18　李书福

追溯至20年前，李书福自做冰箱配件生意起，“创新”的思路就一直贯穿始终，他有时也称为“闯红灯”。他曾经4次“闯红灯”，有成功也有失败，而造汽车，不过是他第4次“闯红灯”的结果。

李书福第1次“闯红灯”是开办冰箱厂，由于国家产业政策不允许，被迫下马了；第2次造摩托车，结果他成功了；第3次创办了“经济管理学院”；造汽车是第4次“闯红灯”。

从造摩托车转向制造汽车，李书福面临重重困难：作为汽车制造最核心的发动机和变速箱关键部件，其技术对吉利汽车而言难度太大，因此只能从小型车入手。于是，吉利公司开始从夏利等汽车公司买来几批样车进行改进，沿用关键部件，工程师们则将更多精力投入到前脸、内饰等设计，并逐渐建立起自己的零部件供应体系。整车制造起步并形成一定基础后，李书福就开始四处挖掘人才，通过各路技术专家加盟吉利，陆续启动了发动机和变速箱的自制项目。

面对当时上海大众、一汽丰田、长安福特、东风丰田、华晨宝马这类颇有背景的国内汽车巨头，吉利汽车是唯一一家民营企业。2006年，在李书福这位草根出身的商人领导下，吉利汽车这家几乎没有任何技术及市场资源的民营后进者，在中国乘用车市场销量排行榜中名列第七，位居东风日产和神龙汽车之上。

商业领袖是需要一点“狂劲”的，不过，李书福的创业之路证明，他其实是一个“形狂神不狂”的人。不可否认，在崛起与冲锋之时，李书福这个“汽车狂人”借靠一股“狂劲”，的确为他争获了一片天空；然而，随着产业规模的扩大和竞争的加剧，吉利汽车稳步发展离不开李书福的冷峻思考。“我们要打造一家百年汽车公司。”李书福不止一次地对《第一财经日报》表示，“要让吉利的车走遍全世界，而不是让外国车走遍全中国”。

目前，吉利旗下已经建成台州临海、台州路桥、宁波北仑、慈溪、上海等多处生产基地，总计年产能超过40万辆整车。海外市场方面，截至2006年年底，吉利汽车在海外已建有26家代理商和128个销售服务网点，累计出口近3万辆，出口国家达到40多个。根据吉利汽车2007年至2015年海外出口规划，吉利汽车计划实施出口“三步走”战略，即到2010年，全球销售80万辆，出口占1/3，即27万辆；到2013年，全球销量150万辆，出口占1/2，即75万辆；到2015年，全球销售200万辆，出口占2/3，即130多万辆。

值得一提的是，这批出口车型将有相当部分是中高端车型，从而一改过去廉价车的形象。按计划，吉利汽车与英国锰铜集团合资的上海英伦帝华汽车，将由吉利控股，并在华投产向海外销售伦敦出租车、一款豪华轿车及两款小型轿车。不仅如此，吉利汽车也通过资本运作，反客为主，拥有英国锰铜集团 23% 的股份，并成为其第一大股东。

本章小结

- 汽车名人
  - 国外
    - 卡尔·本茨（Karl Benz）
    - 戈特利布·戴姆勒（Gottlieb Daimler）
    - 威廉·迈巴赫（Wilhelm Maybach）
    - 费迪南德·保时捷（Ferdinand Porsche）
    - 亨利·福特（Henry Ford）
    - 威廉·杜兰特（William Durant）
    - 瓦尔特·克莱斯勒（W.Chrysler）
    - 恩佐·法拉利（Enzo Ferrari）
    - 丰田喜一郎（Kiichiro Toyoda）
  - 国内
    - 饶斌（Rao Bin）
    - 李书福（Li Shu Fu）

思考与练习

（1）本章中每个企业家的出身背景有何异同？

（2）以上名人的成功依靠的是什么？

（3）从名人身上，我们能学习些什么东西？

（4）名人的成功史对我们现今的学习或工作有何指导意义？

（5）请查找另找几位世界汽车界知名人士的资料，记录下来，分小组进行交流讨论。

第 6 章

汽车运动
（Automobile Sports）

“赛车”一词来自法文 Grand Prix，意思是大奖赛。在国外，汽车比赛几乎与汽车具有同样长的历史。今天，各式各样的汽车比赛被统称为现代汽车运动，它是世界范围内一项影响较大的体育运动。汽车运动的激烈、惊险、浪漫、刺激，不仅使成千上万的观众为之着迷，而且还促进了世界汽车技术的发展（见图 6.1）。

图 6.1　赛车运动照片

学习目标

- ◎ 熟悉汽车运动的起源。
- ◎ 了解汽车运动的种类。
- ◎ 熟悉有代表性的汽车运动冠军车手、赛车和车队。
- ◎ 了解汽车运动的魅力。

第 1 节　汽车运动起源
（Origin of Automobile Sports）

汽车运动是指汽车在封闭场地内、道路上或野外，比速度、性能的一种运动项目。19 世纪 80

年代，欧洲大陆出现了最早的汽车。汽车运动也随着汽车工业的发展而兴起。从第一辆汽车被生产出来到第一次汽车比赛的举行只不过 10 年的时间。起初，汽车比赛的目的只是汽车生产厂家为了检查车辆的性能，宣传使用汽车的安全性和可靠性。

一、第一次汽车赛

真正意义上的第一次汽车比赛是 1894 年 6 月 11 日法国《小人物杂志》（Le Petit Journal）在巴黎举办的赛车会。车赛要求参赛汽车从巴黎开到鲁昂（Rouen），赛程 126km，102 辆车参赛，其中汽油车 30 辆、酒精车 7 辆、蒸汽车 28 辆、电动车 4 辆，其余各式车 33 辆。比赛的目的主要是考核汽车的行驶可靠性。赢得比赛的车必须“安全、易操控、经济”。最后有 9 辆车到达终点。法国德 - 迪昂（De Dion）蒸汽车第一个到达终点，车速 24km/h，但这辆蒸汽车并不是一辆实用的道路车，因此组委会将奖品发给后面的标致（Peugeot）和潘哈德 - 勒瓦索（Panhard-Levassor）两辆汽油车（见图 6.2 和图 6.3）。

图6.2　1894 年标致（Peugeot）

图6.3　1894 年潘哈德 - 勒瓦索（Panhard-Levassor）

1895 年 6 月 1 至 13 日，由法国汽车俱乐部和《鲁・普奇・杰鲁纳尔》报社联合举办了一场世界上最长距离的汽车公路赛，线路从巴黎到波尔多往返，全程长达 1 178km，参赛车总共有 22 辆，其中 16 辆为汽油车、5 辆为汽车、1 辆为电动车。有趣的是，获得比赛第一名的竟被取消了冠军头衔。这个人叫埃米尔・勒瓦索（Emile Levassor），共用了 48h45min，平均车速约 24.55km/h。由于比赛规定赛车必须是 4 个座位的车，而他的车却是两个座位，因此失去获奖资格，结果落后很远（用时 59h）驾驶标致车的凯弗林（Koechin）获得冠军，赢得了 31 000 法郎奖金。

二、赛车在法国

虽然德国人发明了汽车，英国是当时的工业强国，但这两个国家对汽车却不感兴趣，甚至在国内禁止汽车比赛。而法国人不但重视汽车工业，还重视汽车运动，因此赛车在法国得以兴起并出现了 Peugeot、Panhard 等有名的赛车，法国还被称为汽车运动的摇篮。

赛车运动开展的初期出现过两次危机。一次是 1901 年的巴黎—柏林公路赛，一名男孩跨入赛道去看一辆开过去的车，被后面来的一辆车撞倒死亡。法国政府随后禁止了比赛，但最终在汽车工业强大的压力下，又恢复了比赛。另一次是在 1903 年的法国汽车俱乐部举办的巴黎—波尔多—马德里的比赛中，有近 300 万观众在赛道两旁观看比赛。赛车在丛林中行驶，扬起的尘土阻挡了车手的视线，赛车撞向观众，很多人被撞死、撞伤。比赛随后被法国、西班牙政府终止。后来法国政府再一次妥协，恢复了比赛。但为赛车运动的安全，制定了一些规则：为避免汽车在野外比赛扬起漫天的尘土影响后面车手的视线，造成事故，车赛逐渐改在封闭的赛场和跑道上进行，赛道两旁围上护栏，比赛选在人口稀少的地方举行。这就是汽车场地赛的雏形，它被认为是封闭赛道开始的标志。

为了吸引更多的人参加汽车比赛，使比赛更加富有刺激性和挑战性，法国的勒芒市在 1905 年举行了第一次真正意义上的场地汽车大奖赛。这个时期，赛车已经职业化，德国、意大利、英国、美国都有自己的赛车参赛，涌现出 Felice Nazzaro、Georges Boillot、Jules Goux 等一批新的车手。比赛沿勒芒 104km 一圈的三角形路线分两天进行，每天跑 6 圈，全程 1 248km。共有德、意、法等国 13 类 32 辆车参赛，但只有 11 辆车完成比赛。匈牙利车手弗仁茨·斯兹司（Ferenc Szisz）驾驶 66.15km 的雷诺车获得冠军。从此，勒芒汽车大奖赛成为世界体育舞台上一项非常重要的赛事（见图 6.4）。

图 6.4　法国赛车电影海报

三、赛车在中国

1907 年的北京—巴黎汽车赛，可以说是最早的汽车拉力赛。法国《晨报》主编在征集参赛车手的文章中写道："这次比赛没有一定要遵守的礼仪，也没有起约束作用的规则，所有要做的事情就是将一辆汽车从北京开到巴黎，自然，有可能的话，要争取第一。"文章中还提出，汽车最好列队行驶，以便在有危险时相互帮助。参赛的 5 辆汽车（其中一辆是三轮车）由船运到天津，又由火车运到北京。参赛者于 6 月 10 日从法国第 18 殖民部队驻北京的兵营出发，开始了这项壮举。汽车穿过山区时，用畜力、人力帮助拉车，甚至用人来抬车。7 天时间仅行驶了 321km。法国人庞斯（Pons）在蒙古戈壁大沙漠中迷失了方向，后来被蒙古骑兵救出，退出了比赛。意大利人鲍格才（Borghese）一路领先，经乌兰巴托于 7 月 1 日到达伊尔库兹克，后来翻过乌拉尔山口，7 月 27 日到达莫斯科，受到热烈欢迎。后经华沙、柏林，于 8 月 10 日率先到达巴黎，比第 2 名选手提前两个星期到达。

图 6.5　中国吉利方程式赛

如今，中国已成功举办了各项汽车赛事，还有以国内自主品牌企业命名的赛事（见图 6.5）。

试一试

说出你在电视上看过的车赛名称，了解一下你的同座同学在电视上看过哪些赛车运动。

第 2 节　汽车运动类型
（Types of Automobile Sports）

一、汽车运动组织

1. 国际汽车运动联合会

国际汽车运动联合会简称“国际汽联”或 FIA（Fédération Internationale de l’Automobile）。该组织于 1904 年 6 月 20 日成立，以推动汽车工业发展为宗旨，总部设在法国巴黎，2004 年移至瑞士苏黎世，其标志如图 6.6 所示。国际汽联的最高权力机构是世界汽车旅游理事会和世界汽车运动理事会。两个理事会的主席均由国际汽联主席担任，分别另设一名执行主席。两个理事会的成员各由会员代表大会选举产生的来自不同国家的 21 名委员组成。国际汽联现有协会会员 117 个，属于国际奥委会临时承认的国际单项体育联合会。中国汽车运动联合会于 1983 年加入国际汽联。

理事会下设专门委员会：方程式 -1 委员会、技术委员会、公路赛委员会、越野赛委员会、巡回与安全委员会、弯道车委员会、电动与太阳能委员会、非公路赛委员会、丘陵赛委员会、老式车赛委员会，以及赛场赛委员会、纪录委员会、拉力赛委员会、制造商委员会、医务委员会、媒介委员会、GT 委员会、跑车委员会等。

国际汽联负责与汽车比赛有关的一切事宜，如道路安全、环境、弯道、机动性及车辆使用人员的保护等。国际汽联也是负责全世界赛车运动的组织，管理所有用 4 轮或 4 轮以上的陆地车辆进行体育运动，如方程式 -1、方程式 -3000、弯道车、汽车拉力赛、卡丁车、赛车场比赛、丘陵赛、冰上赛车、太阳能电动车赛、老式汽车赛等。国际汽联每年根据各国的申请在世界上约 80 个国家和地区安排包括世界锦标赛、世界杯赛、世界大奖赛和地区赛在内的近 800 场各类国际汽车比赛。

2. 中国汽车运动联合会

中国汽车运动联合会，简称中国汽联，英文名称为 FEDERATION OF AUTOMOBILE SPORTS OF THE PEOPLE’S REPUBLIC OF CHINA，英文缩写为 FASC。中国汽联是经国家体育总局和国家民政部批准成立，接受国家体育总局的业务指导和民政部的监督，是中华全国体育总会和国际汽联的团体会员，是管理中国汽车运动，监督国际汽联规章在中国实施情况的唯一合法组织。中国汽联的标志如图 6.7 所示。

FASC 的前身是中国摩托车运动协会，1975 年成立于北京，1983 年加入国际汽车运动联合会。中国汽车运动联合会理事会是中国汽联的最高权力机构，实行会员选举制，设主席、副主席、秘书长、副秘书长若干人，下设办公室、外事联络部、运动竞赛部和教练员委员会、裁判员委员会等业务机构。

图 6.6　国际汽联标志

图 6.7　中国汽联标志

二、主要赛车运动项目

国际汽联的主要赛事如下。

（1）国际汽联一级方程式锦标赛（FIA FORMULA ONE CHAMPIONSHIP）。

（2）国际汽联方程式 3000 国际锦标赛（FIA FORMULA 3000 INTERNATIONAL CHAMP IONSHIP）。

（3）国际汽联 GT 锦标赛（FIA GRAND TOURING CAR CHAMPIONSHIP）。

（4）国际汽联三级方程式州际杯赛（FIA FORMULA 3 INTERCONTINNENTAL CUP）。

（5）国际汽联杯老爷车 GT 赛（FIA CUP FOR HISTORIC GRAND TOURING CARS）。

（6）国际汽联杯萨罗布莱德大奖赛（FIA CUP FOR THOROUGHBRED GRAND PRIX CARS）。

（7）国际汽联青少年方程式卢拉尼奖杯赛（FIA LURANI TROPHY FOR FORMULA JUNIOR CARS）。

（8）国际汽联老爷房车欧洲挑战赛（FIA EUROPEAN CHALLENGE FOR HISTORIC TOURING CARS）。

（9）国际汽联世界拉力锦标赛（FIA WORLD RALLY CHAMPIONSHIP）。

（10）国际汽联 2L 厂商世界杯赛（FIA 2-LITER WORLD CUP FOR MANUFACTURERS）。

（11）国际汽联欧洲拉力锦标赛（FIA EUROPEAN RALLY CHAMPIONSHIP）。

（12）国际汽联非洲大陆拉力锦标赛（FIA AFRICAN CONTINENT RALLY CHAMPIONSHIP）。

（13）国际汽联中东拉力锦标赛（FIA MIDDLE DEAST RALLY CHAMPIONSHIP）。

（14）国际汽联亚太拉力锦标赛（FIA ASIA-PACIFIC RALLY CHAMPIONSHIP）。

（15）国际汽联欧洲老爷车拉力大奖赛（FIA EUROPEAN HISTORIC SPORTING RALLY TRPPHY）。

（16）国际汽联拉力越野世界杯赛（FIA WORLD CUP FOR CROSS COUNTRY RALLIES）。

（17）国际汽联爬坡欧洲锦标赛（FIA EUROPEAN HILL CLIMB CHAMPIONSHIP）。

（18）国际汽联爬坡国际挑战赛（FIA INTERNATIONAL HILL CLIMB CHALLENGE）。

（19）国际汽联老爷车爬坡挑战赛（FIA HISTORIC HILL CLIMB CHALLENGE）。

（20）国际汽联直线竞速锦标赛（FIA EUROPEAN DRAG RACING CHAMPIONSHIP）。

（21）国际汽联拉力越野赛及 1.4L 欧洲杯锦标赛（FIA EUROPEAN CHAMPIONSHIP FOR RALLYCROSS DRIVERS & FIA EUROPEAN 1400 CUP）。

（22）国际汽联场地越野赛及 1.6L 欧洲杯锦标赛（FIA EUROPEAN CHAMPIONSHIP FOR AUTOCROSS DRIVERS & FIA EUROPEAN 1600 CUP）。

（23）国际汽联太阳能动力杯赛（FIA ELECTRO-SOLAR CUP）。

找一找

请查阅各种资料，说出中国举办的赛车项目有哪些。

第3节　方程式汽车赛
（Formula Car Racing）

20世纪30年代，为使比赛公平化，赛车必须依照国际汽车联合会制定颁发的车辆技术规则规定的程式制造，包括车体结构、长度和宽度、最低重量、发动机工作容积、气缸数量、油箱容量、电子设备、轮胎的距离和大小等，均有严格规定。于是有了“方程式”（FORMULA）的概念。

方程式汽车大赛是各国汽车展示其魅力的绝好机会，所以各大汽车制造商都倾力加入各种车队。目前，世界上大约有20余支实力雄厚的F1车队，大多属英、法、意三国所有。著名车队有意大利法拉利车队、英国本田万宝路车队等。方程式赛车通常由著名汽车厂研制，一辆F1赛车的造价高达百万美元。车手必须持有国际汽车联合会即FIA签发的“超级驾驶员驾驶执照”，全世界拥有这种执照者每年不足100人。

一、方程式汽车赛项目

属于方程式汽车比赛的项目有F1、F2、F3、F3000、亚洲方程式、无限方程式、福特方程式、雷诺方程式、卡丁车方程式等。方程式汽车赛按赛车发动机排量和功率分为3个级别。

（1）一级方程式：简称F1，发动机排量为3L，功率为478kW，1992年提高到573kW。

（2）二级方程式：简称F2，发动机排量为3L，功率为350kW。

（3）三级方程式：简称F3，发动机排量为2L，功率为125W。

其中，一级方程式汽车大赛是方程式车赛中的最高级别。首场世界一级方程式车赛于1950年5月13日在英国的银石赛车场举行，举国轰动。此后，在20世纪50年代，每年举行7～9场比赛；70年代每年举行15～16场比赛。以后的F1大赛次数更多，地点遍布全球。

二、F1赛车

优良的赛车是在一级方程式赛车中获胜的最基本条件（见图6.8）。目前FIA规定F1赛车所用的发动机排量不得超过3L（3 000mL），气缸数不得超过10缸，每缸气门最多为5气门。之前FIA对于气缸数的限制为12缸，但11支参赛车队清一色使用V10引擎，为了顺应这股潮流，赛会才特别重做了此项新规定。V10引擎的好处在于重量轻及动力输出稳定，当然油耗比V12

低也是一个重要关键。一具赛车引擎由大约 6 000 个的零件组成，造价超过 13 万美元，而且每一场比赛用过之后就必须更换。目前 F1 赛车发动机功率输出可超过 288kW，安全转速更高达 16 000r。所用的燃料同样是以无铅汽油为基础，在全油门的情况下，一部 F1 的发动机每小时要耗掉 60 ～ 70L 的汽油。赛车的变速系统不得使用全自动系统，挡位数为 4 挡至 7 挡，而且一定要有倒挡。目前，半自动的 7 挡变速系统是各大车队的首选，车手的换挡是利用方向盘上的控制杆来操作的。

图 6.8 F1 赛车

F1 赛车还规定；连人带车及燃料总重不得低于 600kg，可以输出功率约 588kW，马力重量比约为 1:0.75，588kW（800hp）只需承载 600kg 的重量，1hp 只需负担 0.75kg。通常来说，F1 从 0km 加速到时速 100km 只需 2.3s，由 0km 加速到时速 200km 再减速到 0km，所需的时间也只要 12s。时速 300km 以上对 F1 来说是轻而易举的，F1 赛车在一些像 Hockenheim 和 Monza 的高速跑道上，最高时速可达 350km。这么轻的车子要在这么高的速度下奔驰，对于车身空气动力学的要求很高，大型的尾翼及前鼻翼，提供了必需的下压力，以增加过弯速度及高速行驶的稳定性。制动盘由碳纤维制成，超高性能的制动系统能让 F1 赛车在 2.5s 内由时速 240km 到停止，所需距离只要 80m。

在空气动力学及轮胎的配合之下，F1 赛车的过弯能力高达 4 个 G，因此 F1 的驾驶员必须是世界上最强壮的运动员，通常一场比赛车手必须换挡 2 500 次，平均 2s 要换挡一次，车手的注意力必须高度集中，过弯时的 4 个 G，让车手的重量变成 4 倍，身体或许还有安全带可固定，但头部就需要极强壮的颈部肌肉才能支撑。一场比赛下来，车手会脱水 3.5 ～ 4kg，如果换成一般人早已出现休克，这些对车手的体能都是极大的挑战。参加一场 F1 比赛所消耗的体力和踢一场世界杯足球赛或打一场 NBA 篮球赛相当。

三、F1 比赛赛程

F1 比赛赛程分为 3 天，其中包括了星期五上午 11：00 ~ 12：00 及下午 1：00 ~ 2：00 的自由练习（不计成绩）；星期六上午 9：00 ～ 9：45 及 10：15 ～ 11：00 的自由练习（不计成绩）；星期六下午 1：00 ～ 2：00 的测时排位赛（Qualifying）；星期日上午 9：30 ～ 10：00 的暖身（Warm Up）；星期日下午 2：00 的决赛（The Grand Prix）。

想要在决赛当天的起跑线上占有一席之地，必须经过测时排位赛的考验，在为时一小时的测时赛内，每位车手最多可跑 12 圈，并且最多只能用 7 套轮胎，以其中最快的一圈成绩来比较作为决定决赛的出发排位顺序。单圈成绩最快的车手可排头位，称为 P.P.（Pole Position），又称为“竿位”。在一些路面较狭窄、超车困难的跑道，排位顺序对于比赛的结果将有直接的影响。如果有车手在测时赛的单圈最快成绩，比起同场最快车手所作出单圈成绩的 107% 还慢，将无法参加决赛，以免速度过慢影响了其他车手比赛的安全。

决赛前有一圈的暖胎，然后在起跑前有 30s 的倒数，由 5 个一组的灯号所控制，5 个红灯同时熄灭时比赛就开始。赛程以 300km 或 2h 为限，看谁先完成，比赛就算结束。最长与最短的赛程分别为日本站的 310.352km 与摩纳哥站的 262.626km。一些赛道如图 6.9 和图 6.10 所示。

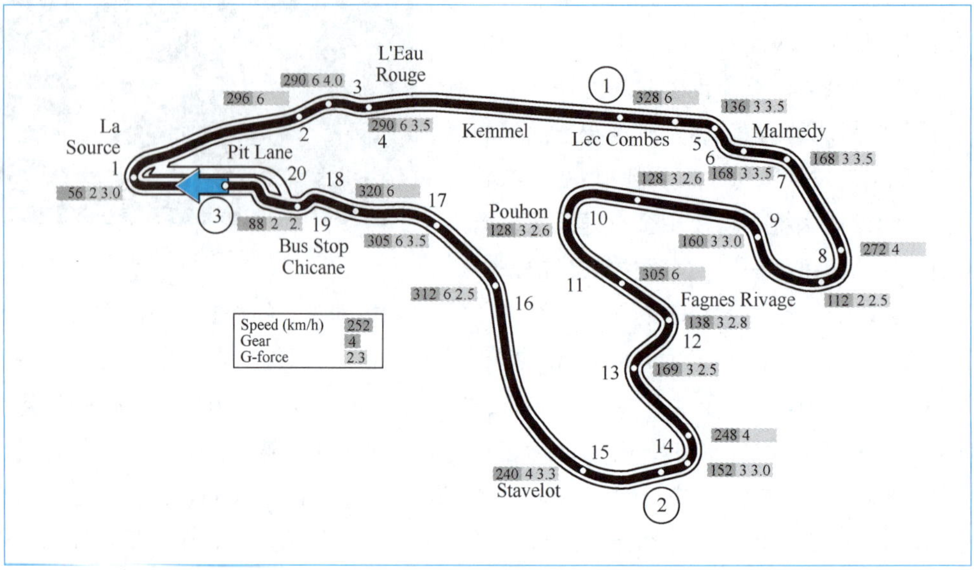

图 6.9　比利时斯帕赛车场赛道

找一找

试找一找其他一些著名赛道的形状。

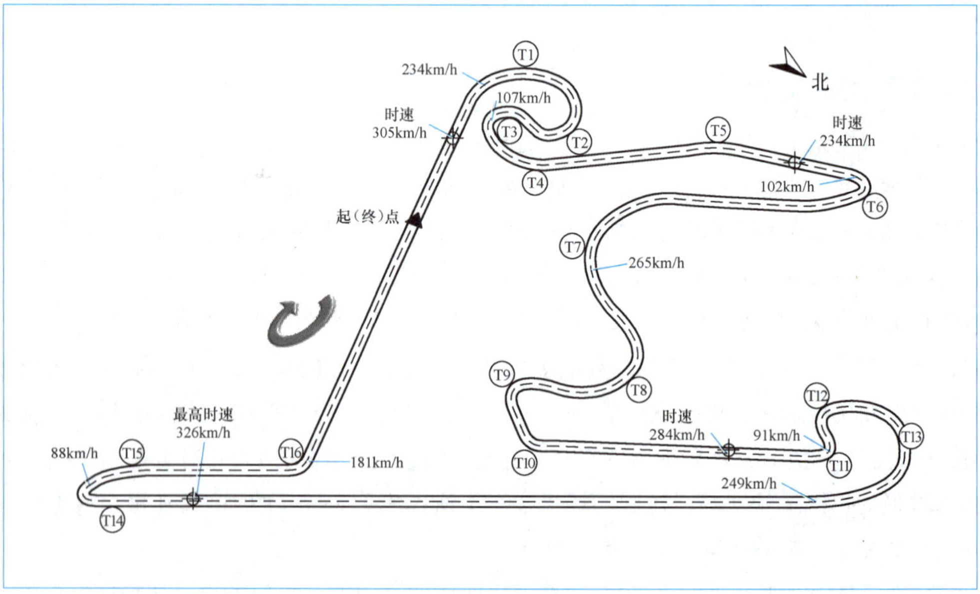

图 6.10　上海国际赛车场赛道

第 4 节　汽车拉力赛
（World Rally Championship）

汽车拉力赛（World Rally Championship，WRC）中“拉力”来自英语的“Rally”，意思是集合。它是在一个国家内举行或者跨越国境举行的多日的、分段的长途距离汽车比赛。比赛的路面既有平坦的柏油公路，也有荒山野岭的崎岖山路。比赛时，路线上不断绝其他车辆通行，限定参赛汽车每天行驶的路程及到达时间。路线上设检查站检查是否在规定时间内通过，这是一种既检验车辆性能和质量，又考验驾驶员技术的比赛。

一、比赛规则

参赛汽车须是批量生产的小轿车或经过改装的车。短的拉力赛需要几天，长的可持续几十天。拉力赛将出发地到终止地之间的路程分成若干个行驶路段和赛段，并在沿途设有给养站和休息站。在行驶路段行驶时，参赛汽车受到一定的时速限制，并须按规定时间抵达各路段的终点，既不能提前也不能拖后，行驶中要遵守当地的交通规则，违反规则者将被扣分。在赛段中，赛车可以全速行驶，有时车速高达 200km/h 以上。拉力赛车都配备一名领航员，坐在副驾驶席上。领航员通过被称做“PaceNote”的比赛路线图为赛车选手指示前进方向。选手们在领航员的配合之下，任凭大雾弥漫或者雨雪交加，以超乎人们想象的速度驶过每一处弯道，最终那些能够征服大自然重重障碍，以最短时间完成比赛的选手将赢得胜利。在整个拉力赛结束时，以跑完全程累积时间最少和被扣分数最少的汽车和驾驶者为优胜。

二、我国的汽车拉力赛

中国汽车运动联合会为适应中国汽车运动的发展需要，1997 年在北京的通县修建了一条赛道，赛道全长 2 040m，并在同年举办了全国南北对抗赛。1998 年举行了全国拉力锦标赛北京分站的第一赛段的比赛。把拉力赛中的一个赛段作为单独的一个赛事，是根据中国汽车运动发展的需要而形成的。这种比赛可使运动员多次出场，利用计时、淘汰的方式决出胜负。由于短道拉力赛符合现阶段中国汽车运动发展的需要，因此这项比赛是参加汽车比赛人数最多的项目之一。

1. 555 香港—北京汽车拉力赛

1985 年，在中国汽联的前身国家体委一司摩托处、中国对外体育服务公司以及香港汽车会的具体组织下，首届 555 香港—北京汽车拉力赛正式举行。路线总长 3 400 多 km，纵跨 7 个省市。比赛组织工作牵动了以国家体委、公安部、交通部等 20 余个部委，规模和气魄国际少有。

比赛的成功举办为中国汽联日后组织大型国际性汽车赛事奠定了良好的基础，也使拉力赛成为中国汽车运动的一个先驱性项目。这项拉力赛共计举办了 7 届，分别在 1985—1987 年，1993—1996 年。自 1994 年起，555 香港—北京汽车拉力赛以其出色的组织工作开始被国际汽联列为亚太拉力锦标赛的一站。

在国际上，555 香港—北京汽车拉力赛以其线路长、规模大、地形变幻莫测、沿途风光绮丽而获得广泛赞誉，成为世界上最具魅力的汽车拉力赛之一（见图 6.11）。

2. 中国拉力赛

1997 年，为了申办世界拉力锦标赛，555 香港—北京拉力赛改版为中国拉力赛，它采用梅花形路线，在北京和河北省北部山区举行。整个赛事严格按照世界拉力锦标赛规则设计。为此，中国汽联将赛事总部设在怀柔的雁栖湖旅游区，并勘定出一条高标准的比赛路线。

经过 1997 年、1998 年连续两年的成功举办（见图 6.12），比赛的组织水平不断提高，得到了国际上的广泛赞誉，同时也获得国际汽联官员的一致肯定。中国拉力赛因而被批准列为 1999 年世界拉力锦标赛的一站，并获得了很大成功。

图 6.11　555 香港 - 北京汽车拉力赛

图 6.12　1998 年中国拉力赛

2000—2001 年，中国拉力赛仍然是国际汽联亚太拉力锦标赛的一站，比赛地点则变更为广东省北部的韶关。韶关拥有全国最好的沙石路赛段，每年均吸引了大量来自日本、韩国、新西兰、澳大利亚、印度、马来西亚以及意大利和英国的赛车手。

3. 巴黎—莫斯科—北京汽车越野赛

中国的大西北荒漠戈壁地区宽广，同时也是古代文明交流频繁的地区，文化古迹众多，成为开展汽车越野赛的理想地点。1992 年，世界汽车运动史上的一个惊人之作首次出现在中国的土地上，由中国汽联、法国汽协共同主办，三菱商事赞助的巴黎—莫斯科—北京汽车越野赛正式举办。比赛全长 16 000 多千米，横跨欧亚，共有 300 多辆汽车、摩托车以及 20 多架飞机、直升机参加了比赛，被称为是世界上路线最长、规模最大、最艰苦和耗时最多的比赛。1995 年，比赛再度成功举办。

4. 全国汽车拉力锦标赛

随着各项高水平国际赛事的引进，国内汽车运动迅速升温，各种赛车俱乐部陆续成立，民族汽车工业和企业也纷纷投身到汽车运动中来，民间组织的汽车场地赛、越野赛层出不穷。

图 6.13　全国汽车拉力锦标赛

与此同时，中国汽联为推动国内汽车运动发展，统一制定了比赛规则、规程。1996 年，作为一个试点，郑州汽车拉力赛在河南成功举行，这是一次国内选手、汽车及相关产业厂商以及组织者的大聚会。1997 年，第一届全国汽车拉力锦标赛在全国范围内展开，无论在赛事组织、参赛车手、俱乐部数量和运动水平上均有很大提高，这是中国汽车运动走向规范化、系列化的一个良好开端。1998 年，第二届全国汽车拉力锦标赛再次成功举办，使这一系列赛事逐步走向正轨（见图 6.13）。

1999—2001 年，全国汽车拉力锦标赛在全国范围内稳步开展，把汽车拉力运动推向了北京、上海、河北、河南、山东、贵州、云南、广东、湖北、吉林等省市和地区，在国内产生了广泛的影响，并得到赛事赞助商的广泛青睐。

第 5 节　卡丁车赛
（Karting Racing）

卡丁车是指“有车箱或无车箱的微型汽车，车轮独立持久地接触地面，后两轮驱动前两轮导向”。卡丁车是诸多赛车种类中的微型赛车，外型小巧，结构简单，是赛车运动中最低的起步运动，是一项很有魅力的大众休闲、健身娱乐项目，也是进入 F1 方程式赛车的“摇篮”，在欧洲也称“迷你方程式”（见图 6.14）。

1. 卡丁车赛的发展

在最早的时候，卡丁是一些父母设计出来供子女在后花园或大型停车场玩耍的玩具，最初是用剪草机改装而成，设备及发动机均非常简单。渐渐地卡丁车在性能及场地安全方面不断地改良及转型，再加上可供标准比赛用的场地纷纷落成，基于其入门技术及费用要求不是很高，所以迅速发展为一项老幼均宜的运动项目（见图 6.15），世界各地大大小小的国际性赛事便应运而生。其中最具代表性的赛事是全欧洲卡丁车锦标赛和日本世界杯锦标赛。由于卡丁车的重心非常低，易于操控，所以卡丁车可算是赛车运动中最安全的一种车型。

图 6.14　卡丁车赛

图 6.15　卡丁车练习

国际汽车联合会（FIA）在 1962 年成立了世界卡丁车联合会。中国汽车运动联合会（FASC）于 1995 年加入国际汽车联合会世界卡丁车联合会，完成了中国卡丁车运动与国际的接轨工作。

2. 卡丁车赛比赛规则

按国际运动规则的定义，卡丁车为有车厢或无车厢，4 轮独立悬挂，持久地接触地面，两轮导向的比赛用车。它的结构十分简单，由钢管式车架、4 个小车轮、转向系统、脚蹬（离合、油门、刹车）、风冷或水冷发动机、油箱、传动链护罩、车手座位、前后及左右防撞保险杆和护套组成。

卡丁车场地是由赛道和封闭停车场、维修区、赛事控制中心、新闻中心、观众看台、防撞设施、救护设施、消防设施、办公设施、生活设施等组成。“国际卡丁车规则”要求，供举办国际卡丁车比赛的永久性路线长度至少700m。供举办国际汽联卡丁车联合会锦标赛、大奖赛、杯赛的路线长度至少1 000m。

卡丁车比赛共分6大类，12个等级。卡丁车比赛前的场地检查、车辆技术检验、比赛组织工作十分严格，与一级方程式大赛相同，车辆所有的油料都必须经过专门的化验测定。

在比赛进行过程中，如因发生事故或基于安全或其他原因，赛事主管认为有必要停止比赛时，将在发车线上展示红旗、点亮红灯。各裁判岗的裁判员均展示红旗，示意比赛已经停止。所有车手必须立即停赛，将卡丁车缓慢驶回发车线。

3. 卡丁车在中国

卡丁车运动自1995年正式引入中国，随着大众传播媒介的宣传和介绍，该运动在全国范围内正蓬勃发展。到1998年年底中国已建成投入使用的卡丁车赛车场地有近50个，兴建场地的投资者绝大多数为社会上的经济实体公司，以开展卡丁车娱乐活动和举办各类卡丁车的比赛活动。

中国汽车运动联合会于1995年10月加入国际汽车联合会世界卡丁车联合会。世界卡丁车联合会对中国开展卡丁车运动十分关注，联合会主席布塞尔先生已5次来华访问，亲自走访了北京、上海、天津、杭州、深圳等地进行实地指导，并对中国卡丁车运动的管理提出了许多宝贵的建议，希望中国的卡丁车运动能够快速良好地发展。

卡丁车运动是一项具有强大吸引力的运动，2006年中国各卡丁车场进行娱乐活动的游客总数已达25万人次，部分车迷已开始向卡丁车运动竞赛方面发展，积极参与卡丁车的各级比赛。中国汽车运动联合会在1998年度根据全国卡丁车运动开展的状况和实施国家全民健身运动计划，继1997年后举办了第二届全国卡丁车锦标赛。锦标赛经过北京、上海、天津、郑州、成都、杭州6个分站激烈角逐，获得了圆满的成功，决出了1998年度的卡丁车个人总冠军和车队冠军，有12人获得了中国汽车运动联合会种子车手的称号，推动了卡丁车运动在中国范围内的迅速发展。通过比赛，参赛车手的技术水平有了很大的提高。截至1998年已签发初级车手执照300个、中级车手执照110个，高级车手执照12个。现经中国汽车运动联合会根据国际运动规则审核批准的国家级卡丁车A级运动场已有12个、B级2个、C级1个。经报世界卡丁车联合会注册批准，北京飙程和天津滨海卡丁车场已获国际B级、上海富士达卡丁车场已获国际C级卡丁车运动场等级。图6.16所示为2008年AG上海卡丁车赛。

图6.16 2008 AG上海卡丁车赛

由于中国卡丁车的运动发展已初具规模，中国汽车运动联合会报请国家体育总局批准从

1999 年度继续开始举办全国卡丁车锦标赛，在开展活动较好的城市分设 6 个分站的卡丁车比赛，并且为了配合全民健身运动，也为在中国青少年中大力推广卡丁车运动，还与团中央少工委共同举办全国少年卡丁车锦标赛。

找一找

世界车坛名将舒马赫小时候是怎样练习卡丁车的？后来又是怎样进入 F1 赛事的？

第 6 节　德国房车大师赛
（Deutsche Tourenwagen Masters）

一、房车赛历史

德国房车大师赛（Deutsche Tourenwagen Masters，DTM），原名为 DPM（German Production Championship）。首届 DPM 赛事于 1984 年的 3 月 11 号在比利时的 Zolder 赛车场举行，至今已有 20 多年的历史。从 DPM 一问世，就一直是全世界最成功、最受欢迎的房车赛事。在经过两个成功的赛季之后，德国的最高赛车协会（ONS）决定在 1986 年赛季将 DPM 改名为 German Touring Car Championship（GTCC），随后德国的赛车迷又将 GTCC 称为 Deutsche Tourenwagen Masters（DTM）。DTM 代表了整个欧洲水准最高的赛事，每年在欧洲各大城市举办十场分站比赛。

德国房车大师赛，每场赛事都以紧张激烈、扣人心弦而著称。参加比赛的赛车性能相近，且都经过了各种形式的改装，冠军、亚军、季军之间的差距往往只有百分之几秒，胜数变幻莫测。不到最后一刻，谁都不敢轻言夺冠，正因如此，每年十场以上的比赛中，场场都会有数以十万计的观众前来观看（见图 6.17）。

图 6.17　2004 赛季德国房车大师赛

二、21 世纪的房车赛

过去 DTM 一直是全世界最成功、最受欢迎的房车赛事，无论是比赛竞争的激烈程度，或是参赛车辆的性能表现与科技水平，乃至参加比赛的开销，都称得上是房车赛的最高境界。尽管 DTM 这一系列赛事所能凝聚的人气鼎盛，无奈在参赛花费不断升高的情况下，还是让各大车厂玩不下去了，终于在 1996 年（当年这一系列赛事已由 DTM 德国房车赛扩大为 ITC 国际房车赛）画上休止符，令全球的房车赛迷感到惋惜不已。

在 Mercedes-Benz 赛车部门的催生下，DTM 德国房车赛在跨入 21 世纪的 2000 年获得了重生，它虽有着和以前一样的名称，却有着截然不同的全新内容。主办单位对于参赛车辆引擎及底盘制订了明确而严格的限制，参赛车都是以量产车为基础所开发的车型，并禁止各种高科技电子辅助系统的使用，这样不仅可以避免参赛费用的无限制增长，同时可以有效地缩短各车厂车队间的实力差距，让比赛的公平性与竞争性提高，胜利不再会被拥有最多研发费用的车厂所垄断。

目前共有 3 款车投入这一最高等级的房车赛事，其中自然少不了继承 Mercedes-Benz “Silver Arrow”（见图 6.18）光荣赛车传统的 CLK，另外两款参赛车型分别是 Opel Astra Coupe（见图 6.19）和 Audi TT（见图 6.20）。2000 年 Mercedes-Benz 派出 8 部 CLK DTM 参赛，拿下年度车队与车手的双料冠军，当家车手 Bernd Schneider 更是提前封王拿下年度车手冠军。2001 年 Mercedes-Benz 共有 5 支车队 10 部 CLK DTM 参赛，再度拿下车队与车手的双料冠军，车手 Bernd Schneider 顺利蝉联年度车手冠军。

图 6.18　Mercedes-Benz “Silver Arrow”

图 6.19　Opel Astra Coupe

图 6.20　Audi TT

第 7 节　勒芒 24 小时耐力赛
（Le Mans 24 Hours）

勒芒（Le Mans）位于法国巴黎西南约 200km 处，是一个人口约 20 万的商业城市。这个小城市能够闻名于世，主要是因为自 1923 年开始（1936 年、1940—1948 年除外），每年 6 月举行的被称为最辛苦、最乏味的单项赛事——“勒芒 24 小时耐力赛”。比赛一般从第一天的下午 4 点开始，一直持续到次日的下午 4 点，历时 24 小时。至 2001 年已经举办了 69 届（见图 6.21）。

世界耐力锦标赛的赛程主要有 1 000km、1 610km、5 000km 和 8 050km，以时间计有 6 小时、12 小时和 24 小时。其中以 1 000km 汽车大赛和勒芒 24 小时汽车耐力大赛最为著名。从 1984 年开始，FISA 规定，C 组车车重不低于 850kg，对于 1 000km 赛程耗油量不超过 60L。1992 年，FISA 又规定 C 组车一律采用无增压发动机，一般赛程为 480km。汽车耐力赛对汽车的性能和车手的耐力都是极大的考验，这是一项艰苦的比赛（见图 6.22）。

图 6.21　勒芒夜景

图 6.22　勒芒赛车场

勒芒大赛对汽车的速度和耐力都是最严峻的考验，对车手更是个极大的考验。FISA 规定每辆赛车只准 3 名车手轮番驾驶，每人连续驾驶时间不超过 4 小时，主车手总驾驶时间不超过 14 小时（见图 6.23）。

后来，国际汽车运动联合会作出决定：从 1992 年开始，除排量为 3.0L 以下的活塞发动机赛车以外，装其他发动机的赛车不准参加勒芒 24 小时赛。装有转子发动机的马自达 787B 刚夺取冠军就要被排斥在比赛之外。至此，在这项大赛中努力奋斗过十几年的马自达转子发动机，以其辉煌的成绩为自己画了个漂亮的句号。

由于勒芒耐力赛是全球各种耐力赛时间最长的比赛，而且选手驾车在同一环行赛道上要不停地转上 350 多圈，比赛显得单调、乏味。不论车手、维修还是观众，在下半夜的时候都会变得疲惫不堪。因此，这场比赛被称为最辛苦、最乏味的赛事。大多数观众是带着宿营车或帐篷前来观战的，赛场旁的 30 个大型停车场每次比赛都停满了 10 万部汽车。赛场周围还有设施齐备的餐饮、娱乐和休闲场所，以及销售仿制的各大车队服装、帽子的铺位，让车迷们在这里如同过节一样。观众可以在餐厅里一边吃着可口的食物，一边观看窗外时速超过 300 千米的赛车飞驰而过，这也是堪称赛车界里独一无二的情景（见图 6.24）。

图 6.23　比赛开始

图 6.24　观众与车手

第 8 节　印第安 500 大赛
（Indiana 500）

印第安 500 大赛也称印第安奈波利斯 500 英里赛，俗称“印第 500”，这是印第车赛系列中的核心赛事。1911 年 5 月为追悼美国战亡者纪念日举办了第一次比赛，第二次世界大战期间曾经中断。后来它被列为美国每年举行的一项赛事，在每年 5 月的最后一个星期一举行，并将比赛地点固定下来。它已经成为与 F1 摩纳哥大奖赛和勒芒 24 小时车赛并列的世界三大车赛之一。这一赛事吸引观众达到 40 万人，赛车的平均时速为 360km（一圈 2.5 英里的赛道大约 40 秒跑完），最高时速达到 390km，奖金总额接近 1 000 万美元，冠军奖金接近 200 万美元以及银色的奖杯，无论从哪方面讲，都是异乎寻常的大型比赛。

一、赛道

“印第车赛系列”只在椭圆形场地举行，从来没有在其他赛道（由各种形状和不同长度的弯道、直线所构成的赛场）举行过。但是，椭圆形赛场仍然有各种区别，比如有的场地对减少因高速行驶而滑出赛道比较有效（如印第安奈波利斯和风达那的赛道），还有的因拐角角度小而必须急减速的短椭圆形场地以及像德克萨斯赛道那样的转弯路面高倾斜角的场地。

二、赛车

赛车的形状与 F1 赛车一样，为车轮、驾驶舱全露的单座型赛车。使用 3.5L 的自然进气发动机，甲醇燃料，最大输出功率约 650hp 并采用发动机极限转数（转数限度为 10 300r/min）。2003 年发动机提供方除丰田汽车公司以外，还有 GM（雪佛兰）、本田共 3 个厂家，赛车底盘有英国制造的 G 强力底盘和意大利制造的达拉拉两种。轮胎是法亚斯特公司独家提供，印第赛车的轮胎暴露在外，带有前后扰流板。变速箱为 6 挡变速，对发动机和底盘的要求与以前相比，连前后扰流板的角度都被规定，为的是尽可能地使赛车的性能水平一致（见图 6.25）。

在比赛中，赛车进维修站的作业也成为决定胜负和引人入胜的一环。在维修站，各车队加油换胎，但不能进行尾翼的调整，工作人员争分夺秒地展开着速度竞赛。进站策略至关重要。比赛中一旦出现意外事故，为了确保安全，赛场会出示黄旗，全赛道禁止超车，此时是进站的绝好时机。随机应变地进站作业，这也是一大看点。但无论如何，印第车赛的最大魅力还是在于超高速的，势均力敌的鏖战。赛车的负升力大，转弯速度高而稳定，所以尽管车轮在外，也毫不妨碍车手们展开并驾齐驱、首尾相接的激烈角逐，比赛从始至终扣人心弦。

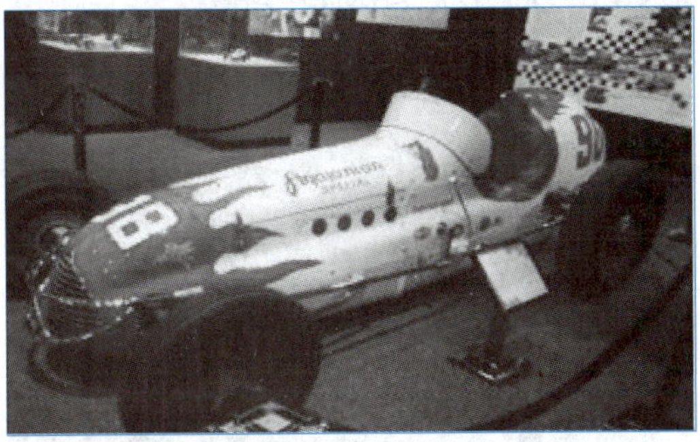

图 6.25　转向机构在车外的大赛冠军车

三、印第 500 与 F1 的区别

（1）印第 500 与 F1 所追求的比赛效果是不同的，印第 500 车赛是在一个超长的椭圆形赛道上不间断地跑 500 圈，耗时 5 小时左右，观众们看的是比赛时经常出现的激烈碰撞，比的是车手在 500 多圈的比赛里的耐力和对千篇一律的赛道保持清醒的头脑。在印第 500 车赛里，碰撞是常有的，只要不是太大，一般都不会在意。F1 要在变化多端的复杂赛道上进行比赛，考验的是赛车的综合性能与赛车手对赛车精确的操控。在 F1 的比赛里，一切都是那么的精准，加油的时间要计算到毫秒，每一个部件都要没有一点毛病。

（2）印第 500 和 F1 是两种风格截然不同的赛事。印第赛车是典型的美国式比赛，它的根基就在印第安纳波利斯，是典型的美国粗犷文化。印第安纳波利斯是世界上最老的、目前还在使用的车场。该赛道是 1909 年由当地的一些商人和汽车厂家共同兴建的。1909 年 8 月 16 日，印第安纳波利斯赛道首次承办比赛。除了“一战”和“二战”期间，这里每年都举办比赛。

F1 有着欧洲人严谨的文化，一级方程式赛车的根基在欧洲，首次汽车大奖赛 1905 年在法国举行。就在那次比赛之前，由各国派队参加的格尔登 • 本耐特杯汽车赛就已经开始举行了。这个比赛就是一级方程式赛车世锦赛的雏形。

（3）F1 赛车比赛是真正的国际性比赛，不仅是因为比赛在世界各地举办，而且车手和车队都与他们的所在国有关。加拿大人要为维伦纽夫加油；德国人只认舒马赫；意大利则支持驾驶法拉利赛车的任何车手，不管他是来自哪个国家。另外，印第赛车比赛主要在北美进行，多数比赛是在美国进行。这个比赛不强调车手的国籍。

（4）印第 500 和 F1 的价值可是天壤之别。F1 赛车的价值是印第 500 赛车的好多倍。虽然马力和极限速度都差不多，但 F1 的加速以及过弯能力都是印第 500 无可比拟的。而且 F1 在空气动力学上是很讲究的，可以看到，印第赛车的空气动力套件都是横来竖去的，但 F1 的却是每一点都有细微的弧度和弯曲，这是非常完善的空气动力套件。加上 F1 的车架、外壳都是由坚硬而昂贵的碳纤维制成的，而印第 500 是由钢管和玻璃纤维以及特殊塑料制成的，所以价格低廉许多。印第赛车主要是为适合在椭圆赛道上进行。F1 赛车的车底是平的，印第车底部有一条管道，目的是通风。这两种设计的区别是，前者在过弯道时速度高及没有侧滑（见图 6.26 和图 6.27）。

（5）印第赛车是世界上唯一可以使用涡轮增压引擎的方程式赛车，通过进气系统的加压，赛车的动力可以突然加倍。在 20 世纪 70 年代和 80 年代，一级方程式赛车也使用涡轮增压引擎，到了80年代中，只有富有的车队才能使用涡轮增压技术。到80年代末，为了体现公平和竞争，一级方程式赛车禁用涡轮增压引擎。

图6.26 印第500赛车

图6.27 F1赛车

（6）印第500与F1比赛的另一个最大区别是比赛的积分系统不一样。一级方程式赛车比赛只统计过终线的前6名车手。而印第赛车的前12名均可获得不同积分，此外，获得排位赛第一和领先圈数最多的车手还可以获得加分。

（7）印第赛车采用“滚动发车”，就是说全部赛车都跟在安全车的后面在赛道上行驶，这时不许超车。安全车只要一离开赛道，比赛立即就开始。F1赛车采用“定位发车”，车手要将车停在发车区的指定位置上，信号灯发出信号后，赛车开始比赛。

（8）如果遇雨，在椭圆形赛道上进行的印第比赛会推迟，直到雨停，或取消比赛。在其他赛道上比赛时，印第赛车可以继续比赛。一级方程式赛车比赛是全天候的。

印第500与F1赛事最大的区别就在于他们的比赛宗旨不同，印第500是最低的成本，最高的速度；而F1则体现的是精细、严谨、高科技，并将赛车的科技最大限度地运用到民用技术中去。

本章小结

- 汽车运动
  - 汽车运动起源
    - 汽车运动在法国
    - 汽车运动在中国
  - 汽车运动类型
    - 方程式汽车赛
    - 汽车拉力赛
    - 卡丁车赛
    - 德国房车大师赛
    - 勒芒24小时耐力赛
    - 印第安500大赛

思考与练习

（1）为什么赛车运动在法国兴起，而不是在汽车的发源地德国兴起?

（2）国际汽联（FIA）的各项车赛的内容有何不同?

（3）请描述传奇车手舒马赫（Michael Schumacher）的成长过程。

（4）赛车运动对汽车技术、车手成长、地区经济等有什么影响?

（5）赛车运动对促进汽车大众化的作用如何?

第 7 章

车与生活

(Automobile and Life)

汽车从工业品逐渐成为日用品，这已是一个不争的事实。汽车技术的发展、汽车应用的普及，从一个方面反映了时代的进步，反映了科学技术发展的飞速。汽车已逐渐成为一种文化，走进了我们的生活（见图 7.1）。

图 7.1　生活中的汽车

学习目标

◎ 了解生活中与汽车相关的现象和事件。

◎ 熟悉生活中与汽车相关的代表性事件和事物。

第1节　报纸杂志
（Newspaper & Magazine）

20世纪汽车工业发展令人叹为观止，汽车类杂志、报纸应运而生，色彩纷呈的汽车类杂志、报纸，在积累和传播汽车工业技术成果，开辟汽车广告窗口，活跃汽车市场营销，培养成熟的汽车消费者等方面，起到了难以估量的作用。

中国的汽车类杂志、报纸兴起比较晚，但是发展却很快。迄今已有40多种汽车类刊物出版，多数达到了世界同类刊物的完善与精美，为普及汽车知识、丰富人们的文化生活、进行学术研究起到了十分重要的作用，同时也构成了我国汽车文化市场上一道亮丽的风景线。

一、报纸

1.《汽车导报》

《汽车导报》创刊于1994年，主管主办单位为深圳特区报业集团。导报围绕的核心价值观是“深度理解汽车 倡导汽车文明”（见图7.2）。

《汽车导报》旗下产品包括《汽车导报—综合版》200页、大度16开；《汽车导报—改装与四驱》100页、大度16开；《汽车导报—中国赛车杂志》100页、大度16开；《CRC》24页、大度8开。《汽车导报》初步实现符合现代传媒理念的“平面+网络+品牌活动”运营模式。

《汽车导报—综合版》定位成长中的中国汽车社会主流人士；《汽车导报—改装与四驱》定位中国迅速崛起的汽车改装业及相关人群（包括改装发烧友、四驱越野爱好者）；《汽车导报—中国赛车杂志》定位中国汽车运动行业相关人群。三刊致力于深度挖掘中国汽车产业链上最有潜力的细分市场，希望为产业的成长和成熟做出自己的贡献。

图7.2 《汽车导报》

2.《中国汽车报》

中国汽车报社隶属人民日报社，成立于1984年（见图7.3）。20多年来，《中国汽车报》坚持永远追求创新的理念，不断改革，目前已发展成为拥有一报、五刊、两个网站、两个公司、员工200余人的汽车传媒集团。旗下有《汽车族》《汽车与运动》《家用汽车》《商用汽车新闻》《摩托车趋势》5本杂志，和《中国汽车报网》《汽车爱好者网》两个网站，以及“北京东方艾狄尔展览有限公司”、“北京东方艾狄尔顾问有限公司”等。

《中国汽车报》作为经济类汽车产业报，以“汽车行业的舆论领袖”为己任，以专业、权威、深刻的报道风格为特长，建树了中国汽车业界和汽车用户广泛的影响力和渗透力。其他所属媒体也正在全力打造其细分市场的第一。目前中国汽车报社正在向“中国第一、世界著名的汽车传媒集团”这一宏伟的奋斗目标大踏步地迈进。

2006年，《中国汽车报》被原国家新闻出版总署评为“中国最具竞争力的行业报”。

3.《当代汽车报》

《当代汽车报》是国家新闻出版署批准的面向全国公开发行的汽车行业主流媒体，由长江出版集团主管，是一份市场化、大众化、时尚化相结合的汽车专业类报纸（见图 7.4）。

中国汽车报
CHINA AUTOMOTIVE NEWS
中国人民政治协商会议第十一届全国委员会第一次会议今日在京开幕
汽车界议案提案
紧扣"科学发展观"
解放思想 从具体事情做起

图 7.3 《中国汽车报》

图 7.4 《当代汽车报》

《当代汽车报》的办报宗旨是"立足汽车行业，面向社会各界，宣传产业政策，引导汽车消费，传播汽车文化，营造汽车时代"。自 1994 年开办以来，经过 14 年的发展，报道面已涵盖汽车生产制造、政策信息动态、汽车市场、汽车后市场等与汽车相关的所有领域，已成为中国汽车市场的主流媒体。

图 7.5 《汽车观察》

二、杂志

1.《汽车观察》

汽车观察杂志是由商务部主管，由国际商报社、清华汽车工程开发研究院、中国机械工业质量管理协会联合主办的中国第一本面向汽车及相关行业管理层的高端汽车财经杂志，2005 年 3 月创刊（见图 7.5）。

《汽车观察》充分整合主办单位在政府、学术、行业等方面的优势资源，跳出汽车看汽车。通过对汽车行业重大事件、焦点话题和行业领军人物的纵深报道，反映、呼吁行业共同面临的问题，为管理层群体提供高附加值的信息服务；用冷静的思维观察市场现状和市场走向，利用科学可靠的数据分析，为商家提供决策依据，并为读者提供国内、国际一流汽车企业生存样板。

2.《轿车情报》

1993 年创刊于上海，深刻反映国内外最新轿车动态的全彩色时尚领导月刊，是目前中国最为权威翔实的购车指南和汽车测评平台，内容翔实及时、风格清新高雅、设计制作精美，已成为汽车业商业前沿的情报荟萃地和动态讲演厅。

《轿车情报》主要栏目有每月要闻、东方时评、分析预测、新闻荟萃、路试报告、专题点评、新技术、设计与文化、城市车景、维修保养、时尚消费、汽车运动 F1 等。主要客户对象为各大知名品牌的轿车制造厂、零部件生产企业、轿车经销商、维修厂、车主、车迷以及汽车爱好者。

3.《世界汽车》

《世界汽车》杂志创刊于1970年，是中国最早的汽车整车类刊物（见图7.6）。该杂志现由中国汽车技术研究中心主办，拥有最权威的技术支持。《世界汽车》杂志的宗旨是服务：为购车者服务，为用车者服务，为汽车爱好者服务。

《世界汽车》杂志主要栏目有车事观察、新车秀场、实车测试、对比测评、商用汽车、全球采风、技术前沿、专题报道、购车参谋、维护保养、人车天地、分类信息、价格在线。其内容丰富而且实用。

《世界汽车》还免费为企业发布动态新闻，如新产品下线、新技术、重大活动等。企业可将新闻随时发给杂志社，如果需要，杂志社还会派人进行专访。《世界汽车》杂志社与国内外众多知名企业始终保持良好的合作关系，媒企互动，共同发展，已成为企业新闻发布与对外宣传的平台，成为读者了解汽车行业动态、获取汽车产品信息的窗口。

4.《车主之友》

《车主之友》是国内第一本将汽车知识、时尚生活、汽车文化、汽车应用、购车指导完美结合在一起的汽车时尚类杂志（见图7.7）。在私家车主和高消费群体中拥有良好的口碑，被称为“最具有可读性”和“性价比最高”的汽车时尚类杂志。在完成汽车文化的启蒙运动以后，《车主之友》希望每一位读者和杂志社一样，成为汽车专家。

图7.6 《汽车世界》

图7.7 《车主之友》

杂志社的广告中有这么一句话：我们跟踪车主购车、用车的每一个环节——我们有立场；我们关注市场上每一款好车——我们有观点；我们也关注每一个热点车事——我们有新意。

《车主之友》栏目扫描：

关注：汽车媒体中的“焦点访谈”。

汽车试驾：第一时间道路写真。

专业测试：比宣传辞令更有说服力的是数据。

品牌：岁月积累的世家风范。

车主说车：大量车主现身说法。

量产车：全球靓车的处子秀。

概念车：眼花缭乱的未来汽车世界。

车主学堂：训练精彩又精明的车主。

车主超市：车上的新好玩意儿。

Q&A：关于车和有车生活，有问必答。

车大夫：车有疑难杂症，大夫药到病除。

汽车改装：科学、合理地发挥你的个性和天才。

新技术：增加你侃侃而谈的资本。

赛事：足不出户体验驰骋激情。

新车志：最火新车的实用手册。

找一找

每位同学找一份有关汽车的报纸或杂志，选其中一篇文章向同学们做个推荐。

第2节 汽车博物馆 (Automobile Museum)

经典可以承载历史，历史又赋予经典更神秘的光环。不论是世界上最古老的奔驰汽车博物馆、奥迪汽车博物馆、大众汽车博物馆、通用汽车博物馆，还是年轻的北京汽车博物馆、上海汽车博物馆……这里各个年代的车汇聚为各国现代交通史的缩影，有汽车历史、汽车技术、汽车品牌、汽车体验、汽车艺术等。

汽车博物馆，揭开了巨人的神秘面纱，带我们走进经典，触摸历史曾经的光芒。

一、法国国家汽车博物馆

法国国家汽车博物馆位于法国东北部阿尔萨斯的米卢斯城（见图 7.8），是欧洲最大和最有名望的技术博物馆，它的博物馆参观率在法国排行第二，仅次于巴黎。米卢斯以传统工业起家，因此一些工业设计为主题的博物馆，均是早在 19 世纪中期即成立，不仅藏品丰富亦具有时代意义，而且是欧洲最大工艺博物馆的中心。著名的国家汽车博物馆（The National Automobile Museum）典藏了世界上最漂亮、最着名的 400 辆老式汽车。

汽车博物馆的收藏品，几乎绝大多数是由 Hans 及 Fritz Schlumpf 两兄弟所有，可说是全世界最大收藏、最丰富的博物馆。由于当时两兄弟对汽车的狂热，已到了买车买到破产的地步，于

1976 年忍痛将所拥有的工厂关闭。目前在汽车博物馆 500 辆收藏汽车中，包括有 98 个国家知名的汽车品牌，如劳斯莱斯、奔驰、法拉利、保时捷等、并且有许多是属于非常珍贵的古董车款。如果真要仔细参观的话，至少要花费 5 天的时间，才能一窥全貌。

图 7.8　米卢斯镇

博物馆内不仅有柬埔寨国王使用过的座车，还有一辆价值高达 1.2 亿法郎的名贵古董车，是 1930 年由 Bugatti 车厂所生产的“皇家拿破仑”双门跑车，虽然重达 2t，但每小时的时速还是能跑到 200km。

此外，还有设于 Carl Schlumpf 大道的“跑车区”，除了保时捷、法拉利等知名车款外，还有一级方程式的第 1 代赛车——时速可达 300km 的莲花跑车。

二、奔驰汽车博物馆

奔驰汽车博物馆（Mercedes-Benz Museum）坐落在德国的斯图加特市，创建于 1923 年，与奔驰总厂相连，免费供人们参观（见图 7.9）。它是奔驰汽车从发明到发展的一本历史教科书。同世界其他汽车博物馆相比，奔驰汽车博物馆的特点在于其自身就是一部完整的汽车发展史。作为世界上最古老的汽车公司，奔驰汽车在许多方面却总是走在时代的最前沿。从最早的奔驰一号车和戴姆勒一号车，第一辆打破纪录的奔驰赛车，到当今高科技奔驰汽车，奔驰无不证明着自己在汽车行业的龙头地位。

图 7.9　奔驰汽车博物馆馆内展品

奔驰博物馆中的许多收藏都是最原始的，它们因为具有设计和专利方面的价值而留了下来。第二次世界大战期间，由于许多有价值的车辆不得不转移，从而使一些有历史意义的车辆就此遗失，但尽管这样，许多重要的奔驰车还是不断地被发现、收藏。

1961 年，奔驰公司建造了一个更大的博物馆，共有 300 万的参观者目睹了奔驰汽车的风采。这一博物馆于 1985 年翻修，并于 1986 年重新开放。

总而言之，奔驰汽车博物馆已不仅仅是汽车的收藏，它更是人类创造性的体现，智慧的结晶和奔驰传统的彻底展现。人们在这里看到的不仅是历史，更是奔驰公司过去、现在和未来所要面对的挑战。

三、奥迪汽车博物馆

奥迪汽车博物馆自诞生之日起就受到各界瞩目。建于 20 世纪 70 年代的奥迪汽车博物馆，自 2000 年 12 月向外界开放以后，仅第一年就有 25 万的参观者慕名而来。在独具特色的建筑氛围里。奥迪汽车博物馆带给参观者一次穿越时空的难忘之旅。从摩托车、汽车的品牌发展史到今日的汽车工业巨人，每一幅历史画面都在此一一呈现。

奥迪汽车博物馆集销售、展示和游览功能为一体，意在使来访者在购车或游历奥迪汽车王国的同时，能感受到奥迪品牌的价值，是奥迪公司品牌形象宣传的重要设施之一（见图 7.10）。

图 7.10　奥迪汽车博物馆的外景和内景

在这里，人们可以欣赏到奥迪汽车家族中的珍品，感受奥迪尊贵豪华的风格。事实上每个博物馆都中了一种奇妙的“80 咒语”，即如果一个博物馆中有超过 80 辆汽车展出，那么人的大脑就会超载，拒绝对更多的车作出反应。参观者仅仅能够记住最开始的这些车，而对以后看到的车则没什么印象。奥迪博物馆在建成之前就清楚地认识到了这一点，因此在这座奥迪的艺术陈列中心里，永远只会展出 50 多辆汽车和 30 辆摩托车、自行车。这样才会让参观者印象深刻，并且不会感到疲劳或者厌倦。

图 7.11　红色 Horch

在奥迪博物馆的进门处，最显眼的位置静静地停着一辆 100 多年前制造的红色 Horch（见图 7.11）。这辆产于 1904 年的敞篷车就是今天风靡世界的奥迪品牌轿车的前身，即使你只能保持一定距离去欣赏它，也会被它那精湛的制造工艺所折服。

霍希先生将品牌定位在马力强劲、质量优异、装饰豪华的形象上，这一风格在 1933 年奥迪公司重组之后一直延续至今。Horch Spezial Roadster 855 是奥迪汽车博物馆中最光彩夺的珍品之一（见图 7.12），它由茨维考（Zwickau）的汽车联盟霍希工厂于 1939 年生产，当时仅生产 7 辆，价格为 22 000 德国马克，约合现在的 32 万马克。这辆车的造价相当于当时的一套独立住宅的价格。为了再现 Horch Spezial Road-ster855 昔日的绰约风姿，奥迪历史文化部耗时两年，花费了 5000 多工时将其修复。所配备的直列 8 缸发动机油箱容量达 4 944mL，输出功率达 120hp。

奥迪的赛车冠军史可追溯到 20 世纪初。1937 年在法兰克福高速公路上，一辆奥迪“银箭”赛车一举改写了 15 项世界汽车速度纪录，并以 406.3km/h 的极速纪录令当代人目瞪口呆。不幸的是“银箭”在第二次世界大战期间被战火摧毁。1982 年，在汽车联盟的唯一继承人奥迪公司的全力支持下，该车复制成功，又出现在赛场上（见图 7.13）。

图 7.12　Horch Spezial Roadster 855

图 7.13　“银箭”复制品

四、丰田汽车博物馆

1936 年，日本丰田（Toyota）汽车在名古屋的举母市（Colomo）创造出第一台售价 3 350 日元的 Toyoda AA 型汽车，到 2006 年，短短 70 年时间，丰田已经超过美国福特、通用，以及欧洲的奔驰等车种，一举成为全世界销售第一的汽车大厂，名古屋的举母市也因为 Toyota 的成就，因此更名为丰田市。

丰田汽车博物馆是在 1989 年公司为了庆祝成立 50 周年而设立的博物馆，位于名古屋长久手高速公路第一出口旁（见图 7.14）。整个博物馆内总共汇集了 120 多部汽车，其中 60 多部为欧美产汽车、60 多部为日本产汽车（见图 7.15 和图 7.16）。

图 7.14　丰田汽车博物馆外观

副馆长后藤健治说，这 120 多部车，不一定都是大家眼中的经典名车，但是每一部都有其最特殊的历史意义。例如，馆内可以看到全世界第一部奔驰汽车，那是一台三轮车。由于当时奔驰车厂虽然想做四轮汽车，但却想破脑袋也不知该怎么做出可以控制4个轮子的方向盘，因此，最后出现的，就是一台上面有着公园座椅般的三轮车，后头顶着蒸汽机，模样非常可爱。

图7.15　丰田跑车

图7.16　丰田概念车

丰田汽车博物馆最让人称奇的地方是馆内这120多辆车，尽管是已有上百年历史的古董老车，但加了油就能跑，保养得非常好。馆内也常常可以看到有些展示架上突然空了下来，副馆长说，那是因为拖出去跑了。这120多辆汽车，每一部每隔一段时间就会拖到博物馆边的跑道上跑一跑，这样的用心维护，以及这样重视品质与管理，这也是丰田今天之所以能成为世界第一汽车大厂的关键。

五、上海汽车博物馆

中国首家以汽车为主题的行业博物馆——上海汽车博物馆（见图7.17）坐落于上海国际汽车城的汽车博览公园内。博物馆于2006年10月24日正式建成，2007年1月17日正式向公众开放，是上海第一家融汽车历史、人物、技术和创意为一体的专业博物馆。

上海汽车博物馆建筑由德国IFB公司和同济建筑设计院完成建筑设计，概念设计由美国JRA完成，内容规划由同济汽车学院完成，方案设计由德国ATB完成。博物馆外依环境优雅的汽车主题公园，内设完善舒适的配套服务设施，内外景致交融，适宜车友聚会、时尚派对、新闻发布等各类企事业大、中、小型会议的举办。从远处看，上海汽车博物馆外观酷似叠加的书本。入口处摆放着公元前1100年的西周马车复制品，展馆中心并列着卡尔·奔驰制造的全球第一辆汽车（复制品）和中国正式生产的第一代轿车红旗CA72。

上海汽车博物馆由历史馆、技术馆、品牌馆、古董车馆和临展馆5部分组成（见图7.18）。汇集历史博览馆、现代科技馆、古董车收藏馆与品牌文化展示的不同特点，形成全新的综合概念。

图7.17　上海汽车博物馆外景

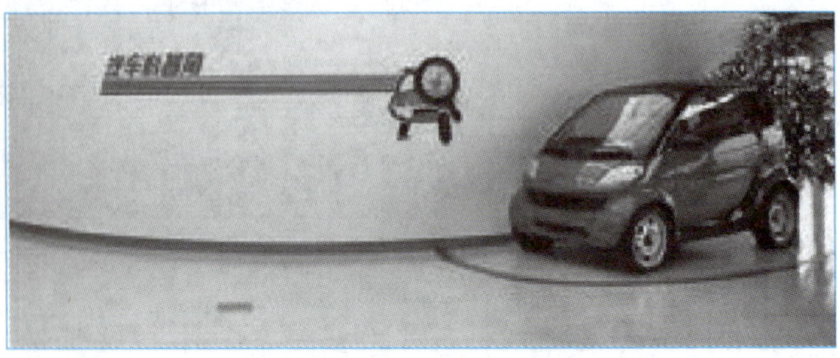

图7.18　馆内的汽车科普角

汽车历史馆和古董车馆，采用了昨天、今天、明天的汽车发展展示。汽车诞生以来世界上出现过的近 80 辆经典车型，纯手工的转化发展为流水线的生产；时间跨度逾百年，为观众提供了鉴赏珍贵古董车，展示发展工艺技术更新，了解汽车历史变迁的平台。

第 3 节　汽车展览
（Automobile Exhibition）

全球知名的国际汽车展览有 30 多个，其中底特律、日内瓦、法兰克福、巴黎和东京举办的汽车展最为著名。受历史传统、地域和文化因素的影响，国际著名车展呈现出明显的地域特点，具有各自不同的办展风格。但不管哪个车展，也无论哪个时期举办，它们均表现出相同的特征：①具个性化；②规模大；③车型多；④方式独特；⑤反映技术发展方向；⑥聘用模特；⑦宣传资料多。

汽车展览代表了世界汽车工业发展的潮流，对世界汽车工业与汽车市场的发展起到了极大的推动作用。

一、德国法兰克福车展

1. 概况

法兰克福国际汽车展（IAA）的前身为柏林车展，1951 年移到法兰克福举办，素有世界汽车工业“奥运会”美誉。车展创办于 1897 年，是世界 5 大车展之一、欧洲规模最大的双年车展，至今已经成功举办了 62 届（见图 7.19）。

图 7.19　第 62 届车展标志

在第 35 届之前，该车展的举办地在柏林，此后移师法兰克福，并确定一年为轿车展，一年为商用车展。展览时间一般在 9 月中旬，每两年举办一次，展出的车辆主要有轿车、跑车、商用车、特种车、改装车以及汽车零部件。由于身处欧洲汽车工业和消费市场的中心，法兰克福国际汽车展历来是各大汽车厂商必争之地。

2. 参展条件

法兰克福国际汽车展对参展商设置了很高的门槛，要求参展商必须具备以下条件：①没有知识产权纠纷，完全拥有自主产权；②有新产品且新产品有一定水平的科技含量，在市场上有一定的保有量。

3. 特点

（1）地大——法兰克福国际汽车展的特点就是“博大”。它是世界上规模最大的车展，一个细节足以说明这一点：法兰克福中央车站就从这个展馆中间穿过，虽然展馆中设置了水平电梯，但每次看车展，还是会有一些人走得脚磨出泡。

（2）人多——因为是名车发源的老家，靠近各大车商总部，看法兰克福车展的欧洲人拖家带小、人山人海，他们的消费心理非常成熟，汽车知识了解得很全面。

（3）专业——对观众来说，看车展就是“打前哨”，是作为消费者去的，而不是为了看热闹。每个人都看得很细，坐上去瞧瞧，打开门看看，所以一个人看就要花上很多时间。各种品牌新车很多，他们挑选车型，重视的是科技状态的发展、汽配零部件质量，甚至是 DIY（Do It Yourself，自己动手）维修问题、售后市场产品，理性实用的成分居多。

二、北美国际车展

1. 概况

北美国际车展也称为北美国际汽车展览（North American international Auto Show，NAIAS），车展标志如图 7.20 所示。每年一月在美国密歇根州底特律市举行的北美国际车展，创始于 1907 年。其前身是原底特律国际汽车展览，至今已经有近百年历史，是美国创办历史最长的车展之一。

图 7.20　车展标志

每年两周的展期，有超过 70 万人参观，每年为底特律地区提供了 6 亿美元收入。在每届的车展中，都会有全球汽车厂商推出重量级新车型。北美国际车展是世界上历史最长、规模最大的汽车展之一，是全球汽车发展的风向标。

2. 历史

1900 年 11 月，纽约美国汽车俱乐部召开了第一届世界汽车博览会，1907 年转迁到底特律汽车城，当时会场设在贝乐斯啤酒花园，小小的展示区中参加的厂商只有 17 家，车辆不过 33 辆。1957 年，欧洲车厂终于远渡重洋而来，首次出现了沃尔沃、奔驰、保时捷的身影，获得了美国民众的高度重视，底特律车展的“王旗”正式树起。从 1965 年起，展览移师 Cobo 会议展览中心。1989 年底特律车展更名为北美国际汽车展，每年一月办展。北美车展每年总能出现四五十辆新车。

三、瑞士日内瓦车展

1. 概况

享有盛名的日内瓦车展始于 1905 年，距今已有 100 多年的历史。相比世界其他车展而言，日内瓦车展是最受传媒关注的，并且被业内人士看做是最佳的行业聚会场所，有“国际汽车潮流风向标”之称（见图 7.21）。日内瓦车展 1926 年起由非正式协会主办，1947 年协会改组为国际车展基金会，1982 年起由政府出面创立的 Orgexpo 基金会主办。

由于本国无汽车工业，日内瓦车展成为最无偏向性的国际车展。技术和观念是日内瓦车展的核心所在，因此高科技、高配置的豪华车和代表流行趋势的概念车是最大看点。

每年，日内瓦车展都向世人展示全球汽车世界的最新革新成果，这正是引人关注的关键所在。每年日内瓦会有来自 100 多个不同国家和地区的近百万名参展者，其中更包括了 4 000 名来自 80 多个国家的新闻记者。

图 7.21　车展广告

2. 特点

瑞士虽然它没有自己的汽车制造公司，但它却是一个庞大的汽车消费市场。在瑞士的大街小巷，常常可以看到本特利、保时捷等名车，名车就跟名表一样，成了某种标志。这样的“天时”和“地利”，自然唤来了“人和”：日内瓦车展上的展品不仅是各汽车厂家最新、最前沿的产品，而且参展的车型也极为奢华。由于各大公司纷纷选择日内瓦车展作为自己最新最靓的车型首次推出的场所，这就为日内瓦车展博得了“国际汽车潮流风向标”的美誉。

日内瓦车展不仅档次高、水准高，更重要的是车展很公平，没有任何歧视。一般的国际车展虽然名为“国际”，但在展馆的面积、配套设施的水准上都会向东道国倾斜，东道国的汽车厂商往往会占去 1 ～ 2 个展馆。但唯独在日内瓦车展上，人们看不到这种特别的“眷顾”。总之，无论是汽车巨头还是小制造商，都可以在日内瓦车展上找到一席之地，就连各类车展的资料，也被“一视同仁”地印成了英语、法语、德语等几种版本。

四、法国巴黎车展

1. 概况

享誉全球的法国巴黎国际汽车展（Mondial de l’Automobile）自 1898 年创办以来，直至 1976 年每年一届，以后改为每两年一届，它是世界第二大汽车展（见图 7.22）。巴黎车展的展览时间一般在 9、10 月间，展览时间与德国法兰克福车展交替举办。1998 年 10 月，巴黎车展恰逢百年，欧洲车迷期待很久的巴黎“百年世纪车展”以“世纪名车大游行”的方式，让展车行驶在大街上供人们观赏。

图 7.22　2008 巴黎车展广告

巴黎车展的地点位于巴黎市区，共有 8 个展馆，展出的车辆主要有轿车、跑车、商用车、特种车、改装车、古董车、电动车及汽车零部件。

2. 特点

法国的汽车设计一向以新颖独特而著称于世，富有浪漫情调和充满想象力的法国人，总是在追求别具一格的车型、风一般的速度和最舒适的车内享受，这些法国人的嗜好在巴黎车展中显露无遗，使得巴黎车展始终以“新”字做文章。

那些汽车厂商不仅时兴玩“新品”，对“老古董”也饶有兴致，每次车展的时候都会专门有一个展馆来展出老爷车。去巴黎车展会发现，关于车展的资料居然是以价格表居多，每届车展上还会举行二手车拍卖，难怪有人说巴黎车展是 5 大车展中商业味道最浓的车展。

五、日本东京车展

日本东京车展创办于 20 世纪 50 年代，逢单数年秋季在东京近郊的千叶县举行。东京车展具有鲜明的特点：日本本土车厂出产的五花八门、千姿百态的汽车历来是车展的主角，同时，各种各样的汽车电子设备和技术也是展会的一大亮点，被誉为“亚洲汽车风向标”。

东京对于世界汽车市场有较深的影响，对于亚洲汽车市场更有着重要的意义。1999 年的东京车展创下了参观人数达 140 万的世界纪录，足见它的热闹程度。与其他西方大型车展相比，日本车展更具有亚洲的东方风韵。东京车展每年轮流展示一次轿车和商务用车，2003 年东京汽车展（见图 7.23）着重展示的是商务用车和摩托车。

东京车展参观人数的高峰为 1991 年，达 201.85 万人次。2009 年车展的规模被缩小，参观人数也大幅减少。

六、国内车展

1. 北京车展

于 1990 年创办的北京国际汽车展览会（AutoChina），每两年定期在北京举办，已连续举办了九届，至 2008 年已走过 18 年的发展历程（见图 7.24）。北京国际汽车展览会自创办以来，规模不断扩大，展会功能也由过去单纯的产品展示，发展到今天成为企业发展战略发布、全方位形象展示的窗口；全球最前沿技术创新信息交流的平台；最高效的品牌推广宣传舞台。展品品质逐届提高，影响也日趋广泛，众多跨国汽车企业将北京车展列为全球 A 级车展。

图 7.23　东京车展广告

图 7.24　2008 第九届北京国际车展

2. 上海车展

上海国际汽车工业展览会（简称上海车展）创办于1985年，是中国最早的专业国际汽车展览会（见图7.25）。2004年6月，上海国际汽车展顺利通过了国际博览联盟（UFI）的认证，成为中国第一个被UFI认可的汽车展。伴随着中国汽车工业与国际汽车工业的发展，经过20多年的积累，上海国际汽车展已成长为中国最权威、国际上最具影响力的汽车大展之一。

2009上海车展的主题为"科技·艺术·新境界"。在这次车展中展示的红旗HQE吸引了众多目光（见图7.26）。红旗HQE，是中国第一款自主研发V型12缸发动机的高端轿车，作为红旗最顶级的车型，HQE将被用作高级国家礼宾用车。

图7.25　2007上海车展

图7.26　红旗HQE

一起做

请去过车展参观或工作的同学，将你拍的照片向同学们作展示和介绍。

第4节　汽车广告
（Automobile Advertisement）

对广告人们是耳熟能详的，对于广告在汽车方面的作用以及其应用形式，大家又有何认识呢？

一、汽车业广告统计

汽车广告的立足点是企业。做广告是企业向广大消费者宣传其产品用途、产品质量，展示企业形象的商业手段。

近几年，随着我国居民收入的快速增长和消费者的年轻化，我国汽车化水平不断提高，汽车需求增长快速。同时，汽车广告也随之高速增长。

慧聪研究媒体监测统计数据表明，2008年前三季度汽车行业投放平面广告约67亿元，其中乘用车平面广告费用约为 62 亿元，占汽车行业平面广告总费用的 92.6%，商用车广告仅占 7.4%。乘用车广告中近 3/4 的广告是轿车广告，越野车广告也占了一成多的市场份额；商用车中则以客车和货车为主，二者占了商用车广告的八成多。

（1）从时间来看——乘用车在 1 月、3 月、4 月投入平面广告的费用均较高，2 月因是新年，厂商加强促销力度，平面广告费用减少；相对乘用车而言，商用车广告投入相对较少。

（2）从城市来看——汽车行业投放平面广告的首要城市是北京，在北京的广告投放费用占汽车行业整体平面广告费用的 22%。深圳、成都是商用车的次重要市场，广告费用分列第 4 位和第 5 位，而乘用车更关注在东南沿海城市杭州、南京的市场开拓。

（3）从品牌来看——商用车中仅有五菱、全顺、长安之星和依维柯宝迪的平面广告费用突破千万元，这 4 个品牌的广告费用合起来占商用车总费用的三成，而乘用车中突破千万元的品牌有 70 多个，前 4 品牌仅占乘用车总费用的一成。

（4）从广告主性质来看——商用车和乘用车的广告主均有七成多是厂商，授权的经销商各占两成，可见厂商是汽车广告的主体。

（5）从广告类型来看——商用车和乘用车都主打产品广告和促销广告，二者之和分别占商用车广告和乘用车广告总额的 91.8% 和 97.4%。

（6）从媒体来看——商用车广告投放在 300 多家报刊上，平面广告费用投放上千万元的媒体有 4 家；而乘用车投放在 500 多家报刊上，平面广告费用投放上亿元的媒体有 5 家。相比较而言，乘用车广告选择更多的媒体和更大的广告投放量。

二、汽车广告的类型

1. 汽车促销广告

促销广告，是指直接向消费者推销产品或服务的广告性形式。它运用各种途径和方式，将产品的质量、性能、特点、给消费者的方便性等进行诉求，唤起消费者的消费欲望，从而达到广告目的。它是传统的以促销为首要目的的广告（见图 7.27）。

图 7.27　丰田皇冠广告

在汽车进入市场前，营销部门就着手进行广告的策划，利用广告对汽车产品进行包装推销。促销广告的方式层出不穷，但其中的广告语则是起到画龙点睛的作用。以下是各汽车品牌广告中出现的广告语：

宝马：　　　　　　驾乘乐趣，创新极限

奔驰：　领导时代，驾驭未来
捷达：　理性的选择
桑塔纳：　拥有桑塔纳，走遍天下都不怕
富康：　走富康路，坐富康车
福特：　你的世界，从此无界
克莱斯勒：　你买车不考虑一下我们克莱斯勒，那你就吃亏了——不但你吃亏，我们也吃亏
蒙迪欧：　世界，就看我的！
飞度：　外在动人，内在动心
马自达 6：　魅·力·科技
凯迪拉克：　敢为天下先
雪佛兰 Spark：　只代表你
福莱尔：　空间远远超出想象
威姿：　生活多姿才多彩
西耶那：　有成就，也有情趣；多彩人生路，激情菲亚特
派力奥周末风：　平常日子，周末心情
哈飞赛马：　生活随心而动
丰田：　车到山前必有路，有路必有丰田车
奥迪：　前途把握在手中，未来前途才会乐趣无穷
别克：　有把握——高速行驶又快又稳，当然有底
广州本田：　世界品质，一脉相连
上海大众：　一路畅通，上海大众与你一起驰骋新世纪
帕萨特：　惊世之美，天地共造化。修身，齐家，治业，行天下。帕萨特，成就明天
雅阁：　起步，便与世界同步。进步，就是永不停步。激活新力量——新雅阁，新力量，新登场
别克君威：　心致、行随，动静合一
天籁：　灵感触发，至雅风范
凯越：　全情全力，志在进取
高尔夫：　经典和荣耀。杰作天成，一见如故
伊兰特：　流动的激情
花冠：　世界心动时刻
福美来：　和谐灵动，君子风范，和谐生活新成员
千里马：　雷霆动力，纵情千里。心有多野，未来就有多远
高尔：　实在，反而更难得。我的动感高尔，与众不同。无需潮流，只要始终经典

奇瑞 QQ：　　　　秀我本色

吉利：　　　　　造老百姓买得起的好车。七彩豪情，亮丽人生

图 7.28　车身广告

2. 以车为载体的广告

（1）车身广告。由于车身外表的直观性和流动性，使得车身成为商业广告的重要载体形式。现代的车身广告是当今城市的一道亮丽的风景线，也是“公车文化”的重要组成部分。通常，适合车身广告对象的主要包括居民生活消费，而且主要针对本地市场销售的商品，如日用品、房地产、生活用品、饮料副食、装饰材料等（见图 7.28）。

（2）车内广告。拉手广告——公交车内的拉手，主要供乘客因车辆加速、减速或颠簸时防止摇晃，保障乘客安全所用。拉手可以承担传播信息的功能，因而可以作为广告媒体。公交车拉手广告的内容，比较适合那些只需要向公众进行简单信息告知的商品或服务，也适合那些不便于大规模进行宣传的商品或服务，如医疗服务等。

车内视听广告——车载电视、广播、电子显示屏等视听服务设备，也具有广告媒体属性，以文字、声音、图像等形式向乘客传达商业的或公益的广告信息。车载电子显示屏除满足公交服务外，还可以显示商业广告信息。

其他车内广告——在公共汽车与长途客车车厢内，其车厢内壁、灯箱、吊牌、隔板、座椅罩等部位，均比较适合做广告宣传。这些车内广告图文并茂，既可以宣传商品或服务，又可供乘客休闲。

车内广告具有广告成本低、表现形式灵活、线路针对性强、广告时效性好、便于内容更新、宣传效果好等优点，它是公共汽车广告市场的重要组成部分（见图 7.29）。

图 7.29　车内广告

试一试

若要你制作一则销售汽车香水的广告，你准备在哪里、用什么形式做这则广告？你准备如何设计这则广告？

第 5 节　汽车模型
（Automobile Models）

2009 年 4 月 25 日，由世界著名汽车的模型组成的车模文化展在天津博物馆开展（见图 7.30）。此次展览集合了 40 多个品牌的汽车厂家提供的近千辆汽车模型，其中最昂贵的要数 1911 年梅塞德斯 37 90HP 林宝迪特的车模。

图 7.30　车模文化展展品

一、汽车模型的诞生

世界上第一批车模诞生于 1914 年，当时，美国福特汽车厂在销售新出品 T 型车的同时，还赠送给购车者一个精致的 T 型车小模型，福特的本意纯粹是为了和通用汽车公司进行竞争。然而出人意料的是无心插柳柳成荫，这种被用于赠送的礼品车模一经问世，便很快受到爱车人士的青睐。各汽车生产厂继而争相效仿，在推出新车的同时纷纷推出新款车模甚至和新车面世同步，车模所用的图纸往往就是真车的设计图。

作为“汽车的缩影”，汽车模型在问世之初便立即成为全世界玩具厂商的宠儿。汽车模型越来越精致，吸引了越来越多的车迷，为这些微型的汽车倾注越来越多的热情。

二、汽车模型的作用

1. 文化价值

车模的价值在于通过它可以了解汽车历史，增长汽车知识。很多车模收藏者对自己收藏的模型原车了如指掌，对汽车的发展历史也有相当深的了解。汽车发展仅百年多，但整个世界却因汽车而在这百年中发生了巨大变化，因此汽车模型的文化内涵相当丰富。

2. 收藏价值

车模除了供欣赏和了解科学、历史、文化知识外，还具有特殊的收藏价值。特别是一些限量生产的车模通常是生产一定数量之后就将模具销毁，由于手工制作的模具无法复制，这些模型车也由此而身价倍增。还有一些极品车模每一辆都是纯手工制作的，这些模型更是价值连城。

例如，中国第一汽车集团制造的顶级仿真车模——红旗检阅车仿真精品车模，采用当今最先进的车模制造工艺，按CA770TJ红旗高级检阅车原样，以1:24比例仿真精制而成，仅生产1万辆，毁模绝版，且每辆车模均有绝版编号及单体绝版公证书，使每一个收藏者成为独一无二的拥有者。该款车模由于集历史价值、艺术价值和纪念价值于一身而成为至臻完美的收藏新宠，其收藏价值非比寻常。

3. 艺术价值

车模本身就是一种艺术品，仿真的模型再现了形态各异的真车，每一款汽车模型都是对原车的诠释，有它独特的魅力和观赏价值。

三、车模品牌介绍

同真车一样，各车模公司的产品风格也有很大的差别，因此，鉴赏车模时必须注重其品牌风格和工艺特点。国内普通收藏者最熟悉的品牌就是京商（KYOSHO），这是一个日本品牌，在汽车模型方面主打1:18的高级合金模型，代表作是007系列《末日帝国》中詹姆斯·邦德的座驾宝马Z8。京商车模的做工精良，仿真程度高，且非常有质感，特别是一款比例为1:12的银灰色宝马Z8，连门把手旁的导弹发射器都能弹出，可谓极品。

然而京商车模价位偏高，令许多模型收藏者只能望“价”兴叹。而泰国产的玛莎图（MAISTO）车模价廉物“良”，因此占有很高的市场份额。

国内车迷熟悉的车模品牌，还有我国香港特别行政区的安翠（ANSON）、法国鹰牌（EAGLE）、德国MINICHAMPS等（见表7.1）。

表7.1　　世界上一些主要的车模品牌

序号	车模品牌	中文名称	原产地	介　绍
1	Franklin	富兰克林	美国	专业制造合金车模精品和纪念品，产品比例为1：24、1：43、1：16
2	MBI	邓泊维利	美国	专业制造合金车模精品和纪念品，产品比例为1：24、1：16
3	Ertl	安徒	美国	以美国本土为主要市场，仿制对象主要为美国本土车款，产品比例有1：18、1：43、1：64等
4	MATTEL	美泰	美国	主要生产1：18、1：64、1：43的房车系列
5	EFE		英国	主要生产1：76的巴士模型和货车系列
6	CORGI	狗仔	英国	主要生产1：76、1：50、1：43的巴士模型、货车系列、轿车系列
7	MINICHAMPS	迷你切	德国	主要生产1：43、1：24等轿车、赛车系列（DTM）。1993年除了制造了1：43的赛车之外，还开发出1：18的一级方程式赛车，将贝纳通车队、威廉姆斯车队和法拉利车队尽收名下。2001年开始生产1：12的世界摩托车和公路赛车，包括布加迪、本田、铃木和雅马哈。其1：43的轿车系列深受车迷追棒
8	REVELL	永威	德国	主要生产现代款式1：18的房车系列
9	HERPA	贺宝	德国	主要生产现代款式1：43、1：87的房车，工程车系列
10	CMC		德国	生产精品车模，产品比例为1：24、1：18
11	VITESSE	威资	葡萄牙	主要生产现代款式1：43比例的房车系列
12	KYOSHO	京商	日本	主打1：18的高级合金模型，代表作是007系列《末日帝国》中占姆士邦德的座驾宝马Z8

续表

序号	车模品牌	中文名称	原产地	介　绍
13	Matchbox	火柴盒	中国香港	主要生产 1 ∶ 60 和 1 ∶ 43 的合金车模
14	CDC		中国香港	主要生产现代款式 1 ∶ 43 的房车系列
15	DETPRADO		中国香港	主要生产现代款式 1 ∶ 43 的房车系列
16	ANSON	安翠	中国香港	主要生产现代款式 1 ∶ 43、1 ∶ 18 的房车系列
17	MAISTO	玛莎图	泰国	成立于 1994 年，在泰国和广东设有工厂。主要生产 1 ∶ 24、1 ∶ 18 和少量 1 ∶ 12、1 ∶ 10 的车模，车款包括欧洲、美国、日本等地的著名款式
18	AUTOART	奥拓	德国	主要生产 1 ∶ 18 的汽车模型，同时发展 1 ∶ 12、1 ∶ 24、1 ∶ 32、1 ∶ 43、1 ∶ 64 等系列。每天推出 50 ~ 100 种新款，月产量达 10 万辆，在美国、加拿大、德国、法国、意大利、巴西、南非、英国、澳大利亚、日本等设立分销公司
19	ROAD		中国香港	主要生产现代款式 1 ∶ 18 特种车
20	HOT WHEELS	风火轮	中国香港	主要生产 F1 及法拉利车模
21	Hongwell	康威	中国香港	主要生产现代款式 1 ∶ 43 的各种车模
22	RICKO	锐克	中国香港	主要生产 1 ∶ 18 的房车系列
23	GATE	盖特	中国香港	主要生产 1 ∶ 18 的房车系列
24	CODE3		中国香港	主要生产消防车模
25	Bburago	布拉格	意大利	最初时，它只是开发玩具以及汽车模型市场。压铸模的汽车模型是在意大利独家制造的，它的金属车身和塑胶外壳都是经过现成装配及打造而成的。Bburago 模型经由时髦的包装，极强调典型的意大利设计。主要生产现代款式 1 ∶ 18 的跑车系列
26	WELLY	威利	中国香港	成立于 1996 年，生产基地设立于中国广东，主要生产和开发 1 ∶ 18、1 ∶ 24 等比例的汽车模型。2002 年威利成功地开发和生产出 1 ∶ 10 的雅马哈、宝马等摩托车，进一步丰富了其产品线。产品主要销往西欧、美国等地
27	SUNSTAR	太阳星	中国香港	生产基地设于中国广东，主要生产 1 ∶ 18 系列的美国车和欧洲车，近年来成功开发出 1 ∶ 18 系列奔驰、林肯的豪华加长型轿车以及公路赛车。产品主要销往美国、欧洲和日本
28	Tomy	多美	日本	创立于 1970 年，前后共计发行超过 600 款以上各式的车款，照着原始车款的模样，缩小比例制造。最大特色是它总会做出可开关的车门，让车迷可以享受一下迷你拟真的快感
29	YATMING	一鸣	中国澳门	1989 年成立于澳门，主要生产 1 ∶ 18、1 ∶ 24、1 ∶ 43 的车模，车款有老式的美国车、欧洲车以及老式的消防车。在美国、西班牙、俄罗斯、加拿大、意大利等地设有分销 机构
30	CHINA	国产原厂	中国大陆	国内原汽车厂家（包括合资公司）在国内汽车下线时为了促销真车和赠送给相关人员纪念而生产出来的仿真模型。模型均委托或授权给国内知名的模型厂家开发生产，做工和造型都不比国外知名品牌的车模差，加上原汽车厂家的用途主要是作为赠送的纪念品，所以这类车模的品质在世界上是数一数二的。这类车模没有自己固定的品牌，其所有权只归于原汽车厂家，因此在车模界上获得了“国产原厂”的美名。车模比列有 1 ∶ 12、1 ∶ 15、1 ∶ 18、1 ∶ 20、1 ∶ 24 等

第 6 节　车牌趣事
（About Number Plates）

在大街上行驶的车辆均装有车牌，这是各国交通管理部门对车辆进行管理的有效手段。可是，这个车牌的来源、里面包含的信息、所体现的文化内涵以及与之相关的社会现象……这些你知道吗？

一、车牌起源

19 世纪福特公司开始大批量生产汽车后，汽车工业迅猛发展，汽车数量激剧增加，汽车的使用管理就成了各个国家必须解决的问题。1899 年 4 月 14 日，德国慕尼黑警察局给巴尔特先生的“瓦尔特布克”汽车发了牌照，这是保存到现在的最古老的汽车牌照，也是德国最早的汽车牌照。这块牌照是一块长方形金属牌，上面只写了一个“1”字。恐怕这也是内容最简单的汽车牌照了。

关于最早的车牌还有这样一种传说：1901 年，德国一个经营汽车的名叫鲁道夫的商人想出了一个给汽车挂牌照的好办法。当他的一辆挂有“IA1”字样车牌的汽车在柏林街道上行驶时，引起了人们的极大兴趣。在一次晚宴上，记者问鲁道夫的牌照上的字表示的是什么意思，鲁道夫解释说：我的未婚妻叫约甘纳・安凯尔，I 和 A 是她姓名的第一个字母。不过，现在她已成了我太太。至于“1”这个数字，是表示我对妻子的一片忠诚。牌照的意思就是说约甘纳•安凯尔是我第一个，同时也是唯一的一个心上人。人们一致认为这是一个好办法。许多汽车也纷纷仿效。于是柏林当局也采纳了汽车挂牌照的方法来管理全城的汽车，给柏林全城的汽车都编了号。

二、车牌介绍

1. 中国

中国的第一个汽车牌照是 1912 年颁发的。当时，上海共有汽车 140 辆，为了对这些汽车进行管理，英国人把持的工部局，决定对上海的汽车下发牌照，并规定从第 1 号到 500 号为私家车号。牌照的式样，私家车为黑底白字，每季度每辆车缴纳税金 15 两银。当时有一个英籍医生要回国，便将自备汽车卖给上海房地产巨商宁波人周湘云。周有了这辆“戴姆勒・奔驰”汽车后，就到工部局去申请牌照，结果周湘云捷足先登，取得了 001 号车牌。

那时不知有多少人，财与势俱有，窥觎这块全国第 1 号车牌，千方百计，不惜重资要把它弄到手。工部局捐务处的承办人，不断受到财大气粗者的人情包围，搞得焦头烂额。当时英籍犹太人哈同也看上了这块第 1 号车牌，他先同周湘云商量，周湘云不肯相让。哈同恼羞成怒，声言要以武力强夺。

过了不久，工部局捐务处为了应付哈同的催逼，便想以周湘云违反规则为借口将 001 号汽车牌照“吊销”以便收回，但最后却无法得逞。周湘云使了一个绝招，他干脆把 001 号牌照连车一起锁进车库，从此不再露面，他自己另外又购买了一辆英国名牌“奥斯汀”汽车。

目前，中国大陆使用的是“92 式”车牌。“92 式”的样式是 1992 年确定的，起初只在乌鲁木齐、大庆等地先试行，直至 1994 年才在全国大规模推广，今天街道上行驶的车辆大部分就是“92

式”车牌，车牌只有一行字（见图 7.31）。

图 7.31 “92 式”小车牌

2. 美国

美国早期的车牌出现在 1902—1920 年间，当时的车牌是用搪瓷做的，后来才改用铁和铜做材料。美国最早的车牌只有数字，没有图案和宣传词。1928 年，爱达荷州首开先河，把当地盛产的土豆突出地印在该州的车牌上，并自豪地加注：“闻名于世的土豆。”

美国实行联邦制政体，各州被赋予了独立制定相关法律的权力。所以，与世界其他许多国家整齐划一的规范车牌不同，美国车牌异彩纷呈，州与州相互不同，美国车牌往往能够反映出各个地方的风土人情文化（见图 7.32）。

（1）车牌上的图案——这是除了号码以外最吸引人眼球的了。各州非常注重图案的设计与选择。风光旖旎的夏威夷选择了绚丽的彩虹作为本州车牌的背景图案，北卡罗莱纳州的车牌上有飞机发明者莱特兄弟，佛罗里达州化身为阳光果园中的一个鲜嫩欲滴的大橘子，爱荷华州的象征是州鸟——背美金翅雀和州花——野玫瑰，亚利桑那州则选取了极具大峡谷风情的山峦与沙漠仙人掌作为其代言。

（2）车牌上的文字——这是各州历史地理文化特点最简洁精练的概括，如威斯康星州为“美国的牛奶场”、康涅狄格州为“宪法之州”、阿拉斯加州为“最后的拓荒地”、南卡罗莱纳州为“微笑的面庞、秀美的土地”、明尼苏达州为“万湖之国”、马萨诸塞州为“美利坚精神”等。

3. 英国

拉塞尔伯爵将自己的“纳维亚”牌汽车抢在 1903 年的圣诞节前登记，获得了挂上第一号“A”汽车牌照的殊荣。据说，这位心急的车主头天夜里激动不已，彻夜难眠，第二天一大早便驱车前往登记，以便让自己心爱的“铁骑”挂上全国第一号汽车牌照。他最后终于以 5 秒钟之先如愿以偿。一个多世纪过去了，当年汽车牌照的编号方法一直被沿用下来。

从 2001 年 9 月 1 日起，英国政府放弃已经使用了 28 年的老式牌照，实行新的牌照发放系统。新式牌照由 7 位数字和字母组合而成，前 4 位和后 3 位之间留出一定的空间以方便辨认（见图 7.33）。

图 7.32 田纳西州车牌

图 7.33 英国车牌

4. 德国

标准的德国车牌由两部分组成，第一部分 1 ~ 3 个字母，是该车注册地地名的缩写。单个字母一般都分配给了大城市，比如 B 就是柏林，D 是杜塞尔多夫，S 代表斯图加特等。规模小一些的地区就要再加上 1 ～ 2 个字母来以示区别，比如 HD 就是大学城海德堡穴 Heidelberg 的简称。车牌的第二部分一般为 1 ～ 2 个字母再加一个 1 ～ 4 位数。这一部分，只要花上 20 马克，就可以由车主自定。当然，在相同的城市或地区，这一部分内容不能重复出现。

德国的这套车牌系统，早在 1956 年就开始实行（见图 7.34）。当年，因为各个地区都想使用最简练的字母，如果若干个以同样字母开头的地区规模不相上下的话，甚至还要联邦交通部门出面协调决定。

5. 日本

日本汽车制造业的开山者应是吉田真太郎，1904 年他成立了东京汽车制造厂，3 年后制造出第一辆国产汽油轿车“太古里 1 号”。随后日本国内出现了众多汽车制造厂，情形不亚于 20 世纪 80 年代的中国。出于军事的需要，政府颁布了《军用汽车补助法》，对汽车厂商进行扶持，这成为早年日本汽车业发展的原动力。当时的牌照只是个人物品的代表，跟着汽车产业的发展一起前进着。

1965 年，名古屋至神户高速公路的开通揭开了日本公路交通高速时代的序幕，自此日本掀起了爆炸性的汽车普及狂潮，极大地拉动了汽车消费，1967 年日本即超过德国而成为第二大汽车生产国。这时候汽车牌照就已步入正规化，基本上和现在的规则差不多（见图 7.35）。

图 7.34 德国车牌

图 7.35 日本车牌

三、车牌趣事

1. 加拿大车牌趣事

加拿大的车牌有个性化的特点，在加拿大西北部地区的车牌是北极熊的形状（见图 7.36），更能显示地域的差别。而其他地方则一般都是方形车牌，大小为 300mm × 150mm。一般来讲，加拿大的车牌是位于汽车的前面和后面各有一个，但是在西北部的地区是不一样的，如魁北克省、爱德华王子岛、育空地区等地方，汽车只有后面才挂一个车牌。而且最有意思的是，车牌也承担了宣传城市的功能，非常有新意，也很有效。例如，加拿大卑诗省的汽车车牌下方都印有“Beautiful British Columbia”——“美丽的哥伦比亚”这样一句话。车牌下方的这行字体，各州省均不同（见图 7.37）。

图 7.36 西北部地区车牌

图 7.37 安大略省车牌

2. 美国车牌趣事

美国的车牌上还可以显示出车主的重要信息。如果车牌上有美国国旗图案，说明车主曾参加过越战等重要战争。车牌上有轮椅图案，则标明车主有残疾。在美国，残疾人的权益受到法律保障，有时候车位很难找，而残疾人享有专门车位（见图 7.38）。

特殊车牌是州政府为一些公益组织筹款的方式。特殊车牌每年要交费，费率依各州规定而不同，收益用于赞助公益组织的项目。佛罗里达州为纪念“挑战者”号航天飞机发射而发放的特殊车牌，仅车牌这一项的筹款就高达 3 000 万美元。为保护数量不断减少的大角麋鹿，新罕布什尔州发放过麋鹿车牌，车牌的左上角印着一只麋鹿，以此为该州的动物保护组织筹集资金。

图 7.38　残疾人车牌

3. 英国车牌趣事

根据许多汽车驾驶员的书面要求，英国警察部门决定逐步取消带有“666”这个被抱怨为不吉利的汽车牌照号码。不少人认为，这组数字在《圣经》中表示“魔鬼”的意思，因此和车祸的发生有关。

四、各国车牌欣赏

世界一些国家的车牌如图 7.39 所示。

图 7.39　各国车牌一览

第 7 节　汽车俱乐部
（Automobile Association）

一、汽车俱乐部的起源

追溯汽车俱乐部的历史，应回到 1902 年的美国，当时全美只拥有 2 000 部汽车，这些汽车拥有者由于各种原因组成一个类似“沙龙”的组织，这也是俱乐部发展的雏形。最初俱乐部建立就是以汽车救援为主。起先，会员之间是通过酒吧的形式加强彼此间的合作。之后，这种俱乐部开始在一些国家发展起来，如 1905 年新加坡相继成立了汽车俱乐部，1969 年澳大利亚成立了汽车俱乐部。

“汽车俱乐部”国际上统称 AA 会，即 Automobile Association，如果直译应翻译作汽车协会。可以看出，这里所谓的“汽车俱乐部”并不是词典里定义的那个概念，之所以在我国目前这类组织都叫做汽车俱乐部，则完全是出于突出这种组织“会员制”这一特定组织形式，才借用了俱乐部的组织概念。

当今国际上有两大汽车俱乐部组织——国际汽车运动联盟（FIA）和国际汽车旅游联盟（AIT）。

国际汽车运动联盟是以组织汽车运动赛事为主的组织，总部设在法国巴黎，世界上各大汽车运动赛事均由其主办，如 555 拉力赛、一级方程式汽车赛等。世界各国以汽车运动为经营方向的大型汽车俱乐部都是这个联盟的成员，我国现有的汽车俱乐部中特纳多汽车俱乐部和蜂鸟越野车俱乐部就属于这一类型的俱乐部，但它们都还未能正式成为 FIT 的成员。

国际汽车旅游联盟是普通驾车人的组织，1898 年成立于瑞士，发展至今已有百余年历史，目前国际拥有 138 个成员国，2 亿以上在册会员。国际汽车旅游联盟的成员为世界各国的汽车俱乐部，汽车俱乐部的主要职能是为其会员提供各类应急性和便利性的与驾车人相关的服务，如旅游、文化、救援、金融、购物、优惠、服务等，现在国际汽车旅游联盟的服务内容已经几乎涵盖了驾车人生活的方方面面。1998 年初，我国的大陆汽车俱乐部被该组织接纳为会员。

在经营内容上，AIT 和 FIT 泾渭分明：一个是汽车社会不可或缺的生活服务大总管，一个是体育赛事的金手指，但在经营管理模式上却十分统一——会员制。

二、各国汽车俱乐部

1. 美国汽车协会 (American Automobile Association，AAA)

1902 年 3 月，9 个汽车俱乐部在芝加哥召开会议，宣布成立美国汽车协会，并接纳了 1 000 个会员。

目前，全美 69 个地区俱乐部为其成员，现有会员 4 800 万，初级会员年费为 70 美元。

100 多年来，AAA 服务范围和种类不断扩大，目前有以下几项主要服务：

出行服务、会员服务、预订服务、金融服务、保险服务，汽车救援服务作为汽车主要服务嵌入到上述各项特色服务之中。

2. 全德汽车俱乐部（Allgemeiner Deutscher Automobil-Club e. V.，ADAC）

ADAC 成立于 1903 年，是一家企业化运作、非赢利性、混合型的组织。拥有保险、空中救援、旅游、通信、汽车金融、汽车运动等领域的经营性公司 18 个，然而最基本的汽车救援等服务是以会员制的方式，收取少量的年费，服务时不收费或少收费。

ADAC 也是 AIT（国际汽车旅游联盟）与 FIA（国际汽车协会）的双重会员。ADAC 在德国各地共设有 18 个地区性汽车俱乐部，会员数量超过 1 500 万，仅次于拥有 4 800 万会员的美国汽车俱乐部。

ADAC 拥有救援直升机 39 架、27 个直升机站，自成立以来，执行过 130 万次的救援任务。

ADAC 在海外，包括美国、加拿大以及欧洲各国，拥有 16 个海外会员救援呼叫中心，配备德语为母语的工作人员，为会员提供各种（包括医疗在内）救助。

ADAC 追求高质量的救援网络建设，除不断完善自有的网络拓扑外，发展了 4 100 个合作伙伴，与他们签订特约服务合同，建立通信联系、疏通指挥渠道，巩固、发展合作伙伴关系，实现更加有效、及时地向公众提供服务的目的。

3. 日本汽车联合会（Japan Automobile Federation，JAF）

JAF 成立于 1962 年，现有会员 1 720 万，基本会费每年 2 000 日元。

日本汽车联合会也公开称自己为公众组织，他们的宗旨是：为增强驾车人的安全与提高安全意识服务，努力改善驾驶安全和公共交通环境与秩序。这样的宗旨还体现在他们提出的三原则之中，即面向服务的原则；面向挑战的原则；开放的原则。

也就是说，为会员服务是该机构的第一宗旨；不断改进服务，面向新的挑战，是提高为会员服务质量的根本；保持与会员的联系，利用各种手段与机会创造一个透明的运行环境，使会员充分地了解自己，向会员开放，是该机构不断发展，保持生命力的根本。

考虑到在 21 世纪，现在 16 ～ 17 岁的青少年，将是摩托化社会的骨干以及老龄化社会到来的现实。日本汽车联合会别具特色开发了面向个体会员、家庭会员、16 ～ 17 岁青少年，满足不同人群、不同需求、不同内容的服务，兑现了他们的服务宗旨。

4. 意大利汽车俱乐部集团（Automobile Club d'Italia，ACI）

ACI 成立于 1905 年，公开声明自己是法定的非赢利组织，但却是一个上市公司。拥有 106 家汽车俱乐部，11 个全资公司，7 个参股公司，经营范围涉及旅游、保险、通信、出版物、传媒、救援、汽车运动、二手车评估等各个领域。13 个分支机构遍布意大利全国。

受国家委托，从 1927 年开始，机动车登记及国家车辆信息数据库管理由 ACI 负责，并监控车辆征税状态。数据库资源无偿为国家服务。

ACI 的会员每年交纳 70 欧元的会费，可以得到免费救援、安全驾驶培训等服务，倘诺会员通过该集团所属的保险公司购买保险，不仅可以得到 20% 的优惠，还可以得到每年 2 ～ 4 次的免费救援服务。

5. 澳大利亚汽车协会（The Australian Automobile Association，AAA）

AAA 成立于 1924 年，由 8 个州和地区的俱乐部组成，现有会员 620 万人。

协会的宗旨是：让所有的成员保持汽车服务领域的世界一流水平。其使命是：提高驾车人对公共政策的影响力，推动会员有效地利用俱乐部。

“新车碰撞试验程序与检测标准”项目是否能代表驾车人的利益，是俱乐部是否站在驾车人立场上的一个重要标志。ANCAP（Australian New Car Assessment Program）是 AAA 代表公众利益设立的一项试验项目。不同年份、不同车型的新车碰撞检测的结果被公开在网站上，任何人均可以查阅。

AusRAP（The Australian Road Assessment Program）作为 ANCAP 的姐妹项目，它的作用是要绘制一张道路风险图，告知驾车人、提示驾车人，某种道路、某条高速公路的事故风险率，以保障安全出行。该系统每年将实际发生事故的数据：死亡人数、伤害人数，事故类型等进行统计分析，做出报告，并公示给社会大众。

澳大利亚汽车协会从 2000—2005 年的 6 年间，共向会员、政府或相关部门提出咨询建议或提案 28 件，2003 年提案 9 件，其次是 2005 年有 6 件，涉及地方铁路与道路网络的出入口衔接问题、生物燃料问题、俱乐部年度预算等诸多内容。充分体现了该组织的宗旨，代表会员行使了对公共政策的影响力，实实在在站在了消费者一边。

各种具体的服务与活动是通过 NRMA、RACV、RACQ、RAA、RAC、RACT、AANT 和 RACA 8 个州或地区俱乐部落实的。提供的各类服务与美国 AAA 向车主提供的各种服务类似。

成立于 1920 年的 NRMA 是最大的实体，有 240 万会员，拥有 500 辆救援车，现代化呼叫中心每年的救援呼叫量达 280 万次。路面救援到达时间 45 分钟以内，恢复行驶率高达 94%。1999 年 12 月澳大利亚 NRMA 与 CAA 合资，开启中国 CAA 国际进程，2000 年 8 月 NRMA 在 ASX 成功上市，并命名为 IAG。

6. 大陆汽车俱乐部（China Automobile Association，CAA）

1995 年中国成立了第一家汽车俱乐部——大陆汽车俱乐部（CAA）。CAA 以全国汽车道路救援为起点，建立全国综合性的汽车服务管理平台。2003 年 CAA 成为澳大利亚保险集团 IAG 的全资子公司。2006 年 CAA 全国道路救援网络覆盖全国 31 个省，4 个直辖市，561 个城市。现在已经发展全国网络合作伙伴 1880 家，全国道路服务网络覆盖全国 1 ~ 5 级城市的 95% 以上。CAA 除了开展救援服务这一核心业务之外，更加深入地发展汽车后市场，为会员及合作伙伴提供更多的选择便利和多元化的服务。现在 CAA 已有的服务包括救援服务、保险服务、车检代缴费用服务、技术咨询及俱乐部自驾、趣味讲座等活动，丰富了会员的服务范围。

本章小结

1.

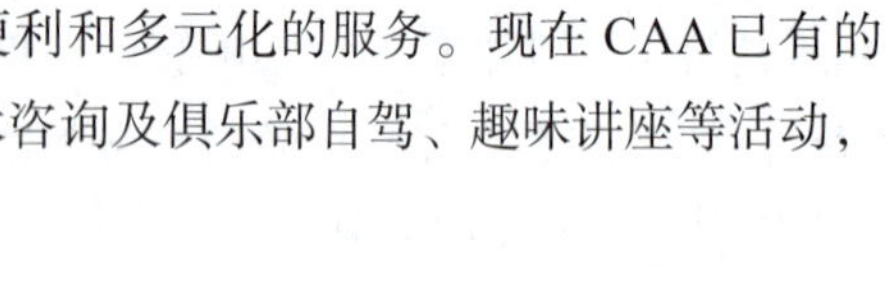

2.

- 汽车博物馆
  - 法国国家汽车博物馆
  - 奔驰汽车博物馆
  - 奥迪汽车博物馆
  - 丰田汽车博物馆
  - 上海汽车博物馆

3.

- 汽车展览
  - 德国法兰克福车展
  - 北美国际车展
  - 瑞士日内瓦车展
  - 法国巴黎车展
  - 日本东京车展
  - 国内车展

4.

- 汽车广告
  - 汽车业广告统计
  - 汽车广告的类型

5.

- 汽车模型
  - 汽车模型的诞生
  - 汽车模型的作用
  - 车模品牌介绍

6.

- 车牌趣事
  - 车牌起源
  - 车牌介绍
  - 车牌趣事

7.

- 汽车俱乐部
  - 汽车俱乐部的起源
  - 各国汽车俱乐部

思考与练习

（1）汽车或与汽车有关的事物在你生活范围的哪个地方曾遇到过？

（2）请向同学们介绍一部你看过的有关汽车的电影或电视剧内容。

（3）你喜欢汽车类杂志吗？你看过哪些汽车类杂志？

（4）请列举你知道的国内有关汽车的专业网站。

（5）除了书中介绍的汽车博物馆，你还知道哪些汽车博物馆？它们有什么特点？

（6）根据你收集的有关广州车展情况，写一个广州车展的简介。

（7）你在哪里见过汽车销售广告？是什么形式的广告？请找一则你喜欢的汽车销售广告，用相机将其拍下后通过网络发给老师。

（8）你收藏汽车模型吗？你收藏的汽车模型是什么车辆？

（9）你喜欢哪个国家的车牌？为什么？

（10）你知道哪些国内的汽车俱乐部？如果知道，请介绍一下该汽车俱乐部提供哪些服务。

第 8 章

汽车技术

（Automobile Technology）

相信大家还记得第 2 章中谈到的蒸汽机汽车、内燃机汽车，还记得世界汽车史上的“奔驰一号”车吧。虽然只是过了 100 多年的时间，但现代汽车与之已是天壤之别了，图 8.1 所示为现代汽车的零部件。汽车技术的日新月异，使人们很难想象将来汽车技术的发展程度。

下面就让我们带着种种对未来汽车的遐想，了解一下汽车的技术。

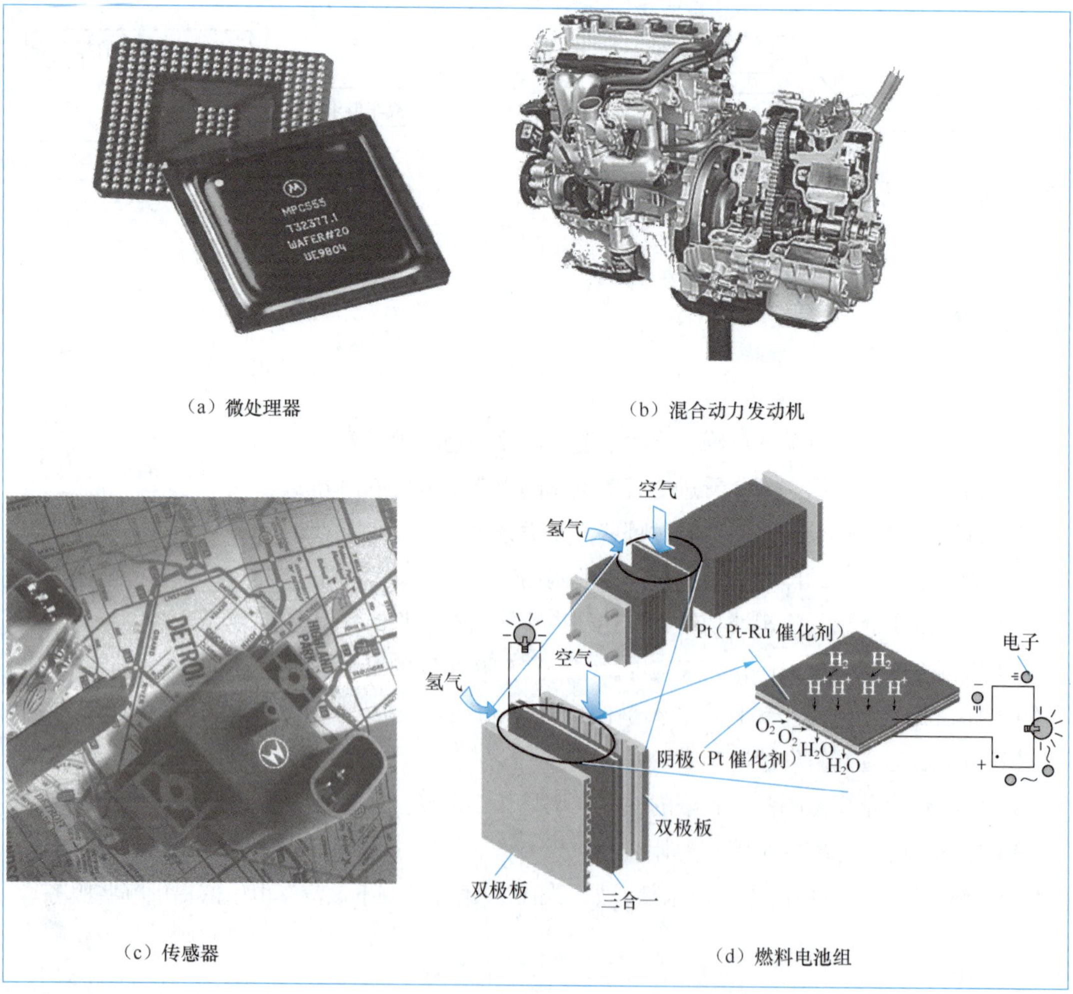

（a）微处理器　（b）混合动力发动机　（c）传感器　（d）燃料电池组

图 8.1　现代汽车零部件

学习目标

◎ 了解汽车技术发展的基本状况。
◎ 熟悉现代汽车主要的技术。
◎ 了解现代汽车的安全和环保技术。
◎ 了解汽车技术发展的趋势。

第 1 节　汽车技术发展概况
(Overview of the Technology Development)

随着汽车技术的不断发展，现代汽车已经有了翻天覆地的变化，汽车技术已有了百年以上历史，那么汽车技术有哪些重要的演变呢？未来汽车将如何变化呢？我们还是首先从了解汽车技术发展史开始。

一、汽车技术的里程碑

1. 梅塞德斯——开创先河

1901 年，戴姆勒发动机公司将发动机装在车前部，通过离合器、变速装置和齿轮传动装置把驱动力传到后轮的方案安装在威廉 • 迈巴赫设计的一辆汽车上（见图 8.2），这种汽车成为全世界汽车制造的样板，开创了汽车时代的先河。

图 8.2　早期的梅塞德斯

戴姆勒公司有一位杰出的汽车推销商，名叫埃米尔 • 那利内克，他很喜欢赛车，1901 年 3 月，埃米尔•那利内克用他的奔驰赛车参加了“尼扎赛车周”。他用他可爱女儿的名字“梅塞德斯”作为汽车的牌号登记参赛，这种新赛车战胜了所有的对手，一鸣惊人。从此，德国人就喜欢将戴姆勒 - 奔驰的汽车叫做“梅塞德斯”。

2. 福特公司——大批量生产

1908 年 10 月 1 日，美国底特律开始生产一种以“福特”命名的汽车，型号为“T”型（见图 8.3）。这个时代的 T 型汽车是一种没有先例的技术典型。构造简单的四缸发动机只有 14.7kW（20hp），工作容积为 2 884mL，转速为 1 600r/min。工作负荷低，转速慢，使得这种发动机非常坚固耐用，它可以使用最低劣的汽油，甚至可以用煤油比例很大的混合油。自第一辆 T 型车交货以来，直至 1927 年夏天，T 型车共售出 1 500 多万辆。T 型车成了便宜和可靠交通的象征，带动了全球汽车产业的发展。

图 8.3 福特公司的“T”型车

T 型车的许多创新永远地改变了汽车制造业。流水组装线是亨利 • 福特于 1913 年在福特海兰公园工厂首创的。这为汽车制造业乃至整个工业带来了伟大的变革。由 T 型车推广开来的创新还有许多，如方向盘左置使乘客出入方便。T 型车第 1 个将发动机气缸体和曲轴箱做成单一铸件，第 1 个使用可拿掉的气缸盖以利检修，第 1 个大量使用由福特汽车公司自己生产的轻质耐用的钒钢合金。T 型车灵巧的“行星”齿轮变速箱让新手也觉得换挡轻松自如。诸如此类的创新和改进，加之亨利 • 福特生产的 T 型车所固有的价值，使得它在世界进一步趋于城市化之际成为最佳的个人交通工具。

3. 雪铁龙——前轮驱动

20 世纪 20 年代中期，汽车生产者讨论了把驱动作用从后轮移到前轮是否更好些的问题。1934 年 3 月 24 日，一种新型的汽车结构出现了：一款名叫 7A 的前驱动汽车问世（见图 8.4）。前轮驱动、无底盘的车身结构、通过扭杆实现单轮减振、液压制动等，这些都曾有人采用过，但从未有人把这些集中在一辆汽车上，并且是成批生产的。受雪铁龙委托的安德烈 • 勒费弗尔及其助手莫里斯 • 圣蒂拉创造的这种汽车，其设计方案即使在 70 多年后的今天也没有过时。这种车除了个别地方作了一些小修改外，连续生产了 25 年，最后被安德烈 • 勒费弗尔设计的第 2 种汽车，即雪铁龙 ID/DS 型汽车所取代。前轮驱动汽车至少在行车安全方面证明了它优于常规构造方式。图 8.5 所示为前轮驱动汽车传动示意图。

图 8.4 第一款前驱动汽车——雪铁龙 7A

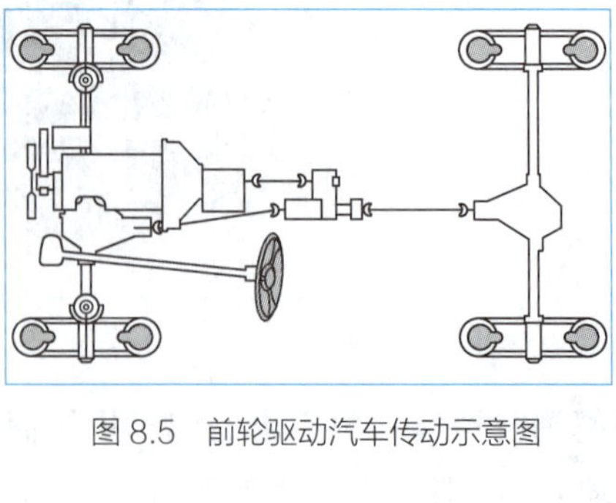

图 8.5 前轮驱动汽车传动示意图

4. “迷你”汽车——风采不减

亚力刻•艾西贡尼斯在画第 1 张梦想中的汽车草图时就想到要为 4 个人留下足够宽敞的座位，

所以把机械都集中到人不需要用的地方——两个前轮之间以及后座地板下面。这种车长 3.05m，宽 1.4m，它的重量仅为 630kg，所以 25kW（34hp）横置的发动机可以使它开得飞快（见图 8.6）。这个“迷你车”不久后就有了更大的功率。曾经在一段时间里，“迷你”车成了一种不分等级的、受崇拜的汽车，许多名流把它当做玩具在市区里开来开去。这种小型车在取得“观念上的突破”的同时，还在汽车赛中取得成就，其中在蒙特卡洛汽车赛中 3 次夺魁，在无数次环形路车赛中获胜。这种“迷你”车怎么可能在比赛中把保时捷、富豪、福特等汽车甩在后面呢？它的秘密来自于技术优势：巧妙的重心分布及适当的轴距和轮距。

5. “MPV”——风靡 90 年代

“MPV”又称多用途厢式车（见图 8.7）。这种由法国雷诺汽车公司在 20 世纪 80 年代创造的汽车，以它新颖的车厢布局设计引起了车坛的轰动。MPV 车内每个座椅都可独立调节，可以做成多种形式的组合，既可是乘车形式，又可是会议形式。MPV 的出现标志着汽车使用概念上的变革。受 MPV 设计概念的启发，现代汽车又出现了运动型多用途车，英文简称“SUV”，它具有轿车和轻型卡车的特点，在“MPV”与“SUV”的基础上，又出现了近年风靡全球的休闲车热浪。休闲车又称“RV”，它在外形上突破了传统轿车三厢式的布局，车厢空间具有多用途、富于变化和适应性广的特点。它在设计思想上，承袭了 MPV 的基本设计概念——可变的车厢空间组合。正因为 MPV 的出现，才使汽车设计者突破了旧的框架，设计出从专用性到多样性的各种各样的家庭汽车。

图 8.6　迷你汽车

图 8.7　多用途厢式车

二、汽车技术概述

1. 汽车电子化

汽车电子化是汽车技术发展进程中的一次革命。

现代汽车上出现了很多各种各样的电子产品，电子技术的应用越来越广泛，今天的汽车已经进入了计算机控制的时代。电子技术和计算机技术的发展为汽车技术性能的提高，以及经济性、舒适性、环保等方面的改善创造了良好的条件。汽车电子化的程度被看做是衡量现代汽车水平的重要标志。据统计，目前平均每辆车上电子装置在整个汽车制造成本中达 23% 以上。在一些豪华轿车上使用单片微型计算机的数量已经达到 48 个，电子产品占到整车成本的 50%，如发动机的燃油喷射系统（EFI）、废气再循环系统（EGR）、汽车底盘中的自动变速器（ECT）、制动系统的制动防抱死系统（ABS）、车身内的自动空调（见图 8.8）等。

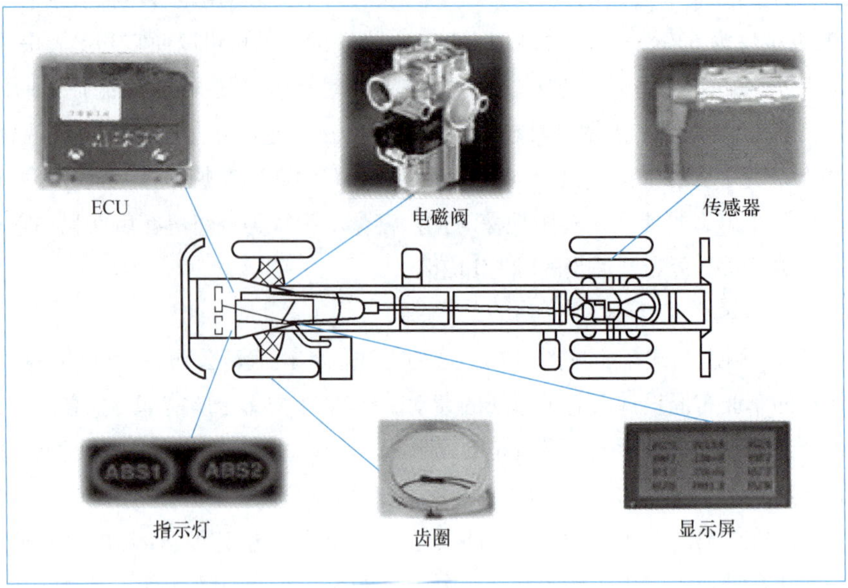

图 8.8　ABS 系统

2. 汽车信息化

汽车信息化使现代汽车成为一个移动的信息中心。

现代汽车信息化技术包括 GPS（全球定位导航系统）和因特网应用，GPS 技术利用卫星与用户之间的相对位置，通过数据处理确定用户的位置，可以监察和引导汽车运行（见图 8.9），但服务项目有限。而利用因特网技术，就能够拓展出许多项目的服务。移植手机无线上网的最新技术，配置大容量存储及读写功能的车载电脑，就能够逐步实现汽车应用因特网技术。通过因特网，车主不但可以直接进入厂商设置的网站查询自己汽车的资料，一旦汽车有故障发生，也可以通过车载电脑将信息资料发向维修中心，维修中心下载信息资料可以了解到故障的位置和原因，维修工程师可以通过因特网远程操纵汽车自检系统或指导车主处理。汽车应用因特网技术，车主可以随时了解到瞬间变化的股市行情，可以随时发送和接收电子信件或传真件，使车主在驾驶途中如同在办公室一样。

3. 汽车娱乐化

汽车娱乐化使现代汽车成为了移动的多媒体。

汽车音响技术已成为汽车消费者和爱好者关注的内容。现代轿车很多已经在车室内营造成影、音、声、光效果俱佳的 DVD 剧院（见图 8.10）。近年来，采用最新技术，将声音、图像、信息和通信融为一体，形成新的汽车多媒体系统，事实上它已大大超过了汽车音响的功能，这是近期汽车音响发展的趋势。

随着因特网、卫星通信和无线技术的日益发达，今后汽车音响的发展趋势将是利用高科技手段使乘员在车内可以办公、娱乐，并对驾驶者给予路线状况、车辆状况和安全方面的提示。同时，具有收音、CD、VCD、TV、导航、通信、传真、电脑等一系列的综合功能的汽车音响系统，将成为汽车音响的发展方向。

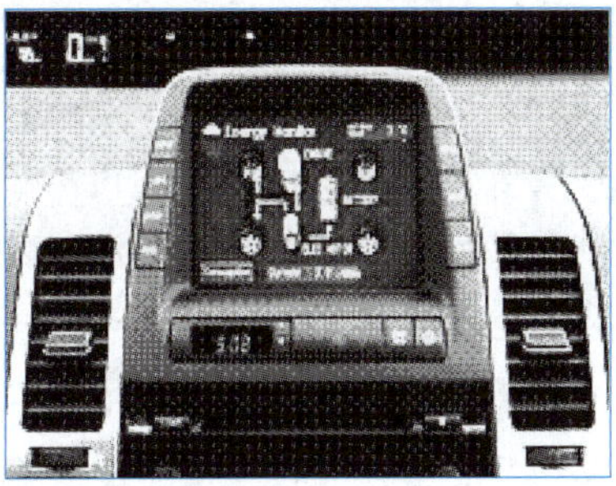

图 8.9　GPS 仪表台上的显示器

图 8.10　汽车上的 DVD

4. 汽车网络化

汽车网络化将使汽车成为办公、通信、娱乐的场所。

将传统的汽车技术与现代信息技术高度结合的产品就是网络汽车。网络在汽车上的应用，不仅可以减轻驾驶员的操作负担，而且还可以使驾驶员与外界始终保持紧密的联系。网络汽车不仅仅是一种交通工具，而且能成为办公、通信、娱乐的场所（见图 8.11）。网络汽车的主要装置有电子地图导航系统，网络汽车能知道自己在地图上的所在位置和行驶方向，并知道到达目的地的最佳路线；有汽车前后摄影系统，它将开车盲角的位置通过中控台平面显示器显示出来，在夜间可利用红外线镜头将车前一切静止及移动的物体所散发的热量转化成影像，在夜间行车时能远距离探测到路面上的障碍物。在网络日益普及的今天，这种新型的通信技术理所当然地要进入到汽车领域。

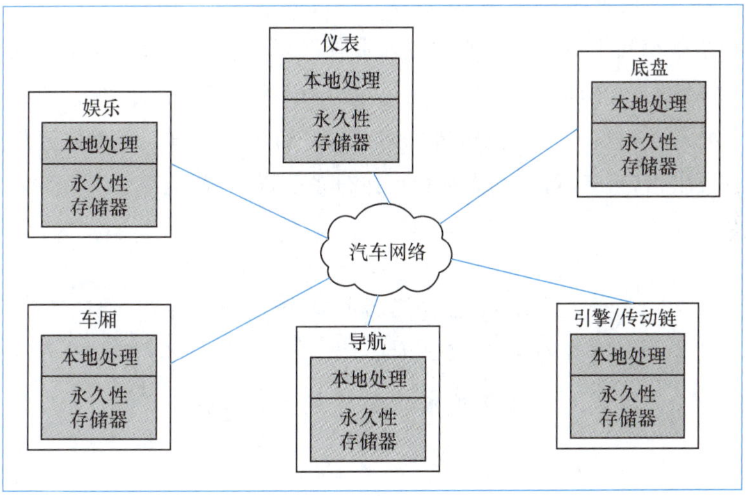

图 8.11　汽车网络

5. 汽车智能化

汽车智能化使人、车、路密切配合，达到和谐统一。

随着计算机的广泛应用，汽车无须人驾驶就能自动行驶，这种汽车称为智能汽车，其关键技术是计算机代替了人的一切操作，因为它附带有道路识别系统、信号接收系统、自动制动系统、自动变速系统等。所有的系统由多个计算机控制并相互联机协调。当人们给予启动信号后，汽车将被启动并向目的地行驶。通过对各种交通信息的实时采集、传输和处理，借助各种先进的技术和设备，对交通进行协调处理，从而使道路变得“聪明”起来，车辆有了一定的“头脑”，使人、

图 8.12　自动驾驶 SUV 汽车

车、路密切配合，达到和谐统一（见图 8.12）。智能汽车能在道路上自由行驶；智能公路能使交通流达到最佳状态；两者结合能使驾驶员对周围环境了如指掌，使交通管理人员对交通状况和所有车辆的行踪一清二楚；两者互相通信，共同减少交通阻塞。

随着电子技术的发展，许多智能化技术被广泛应用到汽车上。据粗略统计，单用于汽车安全的智能技术就有数十种。智能化的后视技术层出不穷，如 Gentex 公司研究的用一个数字辅助的后视镜系统来加强驾驶员的视觉。这个系统并不仅仅反映能看到的景物，还用若干个传感器捕捉和显示不明显的视觉信息，传感器能改变物体间光线的反差，使在黑暗中不容易看见的物体显现出来，还能发现在前照灯照不清楚或阳光炫目地方的危险障碍物。

汽车避撞技术首先解决的问题是汽车之间的安全距离。汽车与汽车之间超过了这个安全距离，就应该能自动报警，并采取制动措施。目前，测定汽车之间安全距离的方法有超声波测距、微波雷达测距、激光测距等。

汽车智能“黑匣子”能客观地记录机动车辆发生车祸前司机的操作过程，有效地提供驾驶员在事故发生前作出的种种反应。据称，交通事故处理部门安装这种系统后，可随时对穿行在各条公路上的所有汽车进行实时监控，一旦发生车祸，离事故发生地点最近的交通事故处理中心可以在几秒钟之内获取撞车的行驶速度、车内乘客伤亡情况等信息。

汽车智能驾驶系统相当于机器人，能代替人驾驶汽车。它主要通过安装在汽车前后保险杠及两侧的红外线摄像系统对汽车前后左右的一定区域进行不停地扫描和监视，通过车内计算机、电子地图、光化学传感器等对红外线摄像机传来的信号进行分析计算，并根据道路交通信息管理系统传来的交通信息发出指令，代替人的大脑指挥执行系统操纵汽车。

想一想

（1）汽车技术发展主要经历的各阶段中，还有哪些代表汽车公司和事件？

（2）你认为，汽车技术的发展趋势会如何？

第 2 节　现代汽车技术
（Modern Automobile Technology）

现代汽车使用了很多新技术，同学们知道现代汽车与传统的汽车相比采用了哪些新技术吗？当然，有些技术现在可能是新技术，有可能很快就被其他新技术所替代。但无论如何，我们应该熟悉现代汽车所采用的主要技术。

一、发动机技术

1. 电子燃油喷射控制系统

（1）电子燃油喷射系统（EFI）的定义。EFI 是以一个电子控制装置（ECU）为控制中心，利用安装在发动机不同部位上的各种传感器，测得发动机的各种工作参数，按照在计算机中设定的控制程序，通过控制喷油器，精确地控制喷油量，使发动机在各种工况下都能获得最佳浓度的混合气。

（2）EFI 的组成。EFI 是由进气系统、燃油系统和电子控制装置系统 3 部分组成的（见图 8.13）。L 型电喷汽油机 3 部分在汽车上的布局如图 8.14 所示。

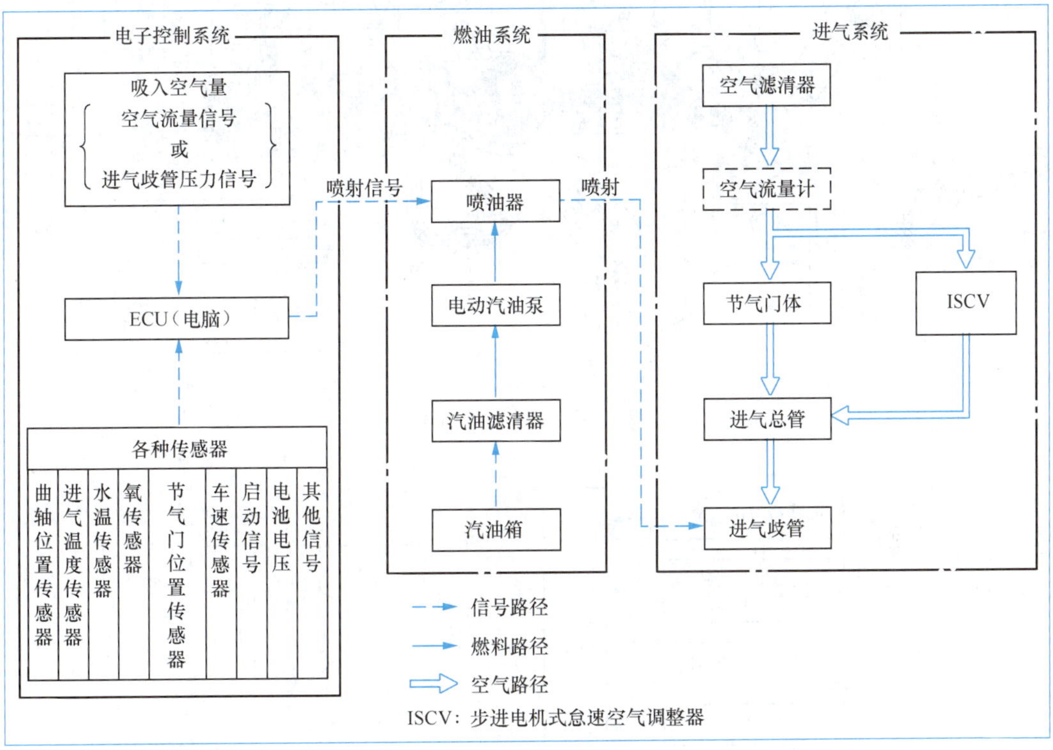

图 8.13　电子燃油喷射系统的组成

（3）电子燃油喷射系统的优点。

① 进气系统无喉管和预热的影响；无流动损失和调头换向、抢气的影响；无雾化不好、分配不均的影响。

② 充气效率好、燃烧条件好、热效率高。

③ 利用 ECU 计量控制，均匀点喷，随机修正，能使空燃比（A/F）控制在 14.7 最佳区域内。

④ 获得了“动力性”、“经济性”、“净化性”。

2. 电子点火控制系统

（1）电子点火控制系统（ESA）的组成。ESA 是由各种传感器、ECU 和执行器组成的（见图 8.15）。

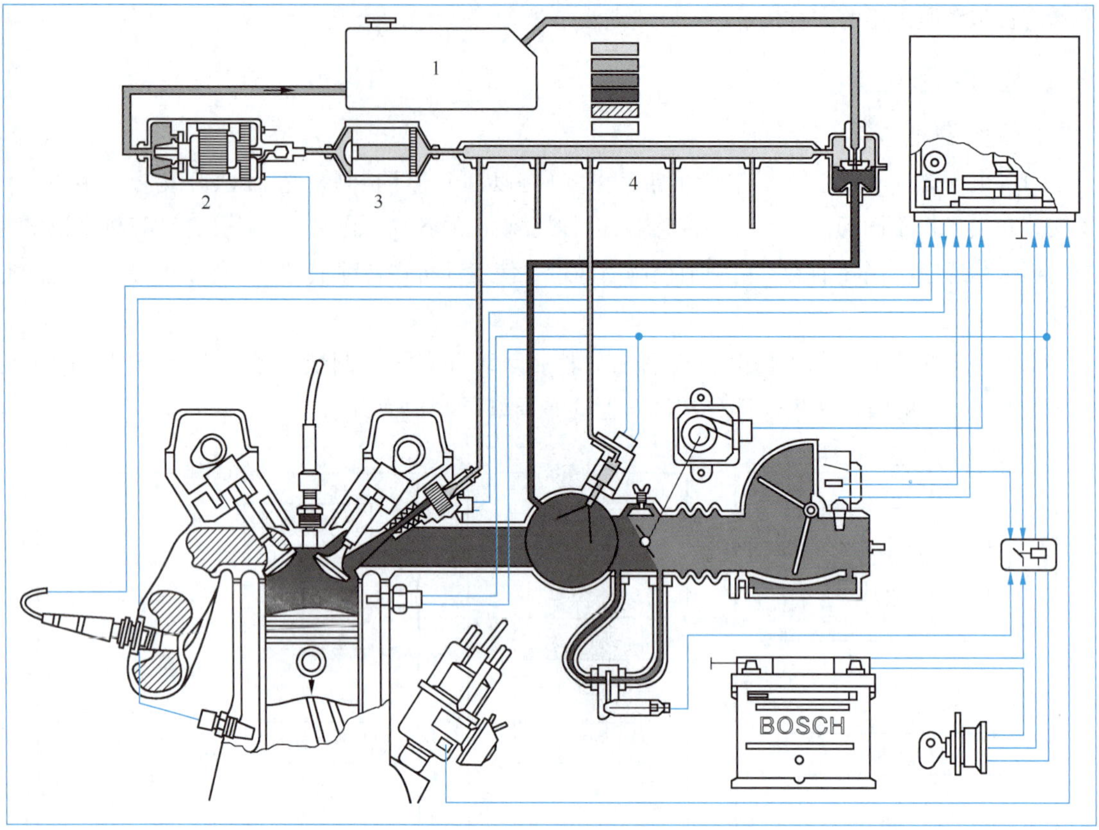

图 8.14　L 型电喷汽油机

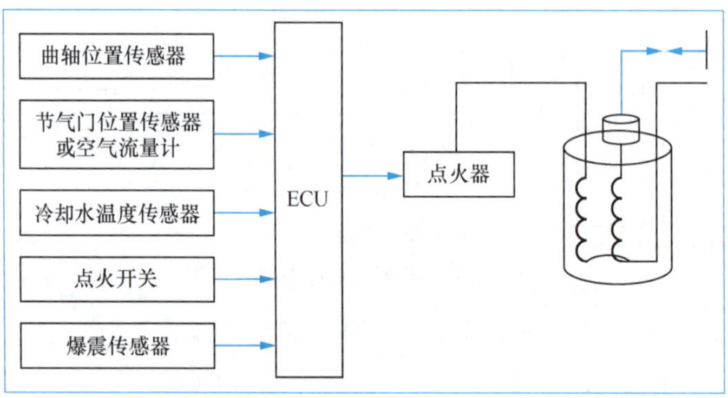

图 8.15　电子点火电子控制系统原理图

（2）ESA 的工作原理。ESA 的 ECU 根据曲轴位置传感器提供的位置信号，判断出各缸的活塞位置，并判断发动机转速。再通过节气门位置传感器或空气流量计确定出负荷，判断发动机运行工况。ECU 计算对应的点火提前角和点火初级线圈电路的通电时间，从而对电子点火器进行控制。另外，ECU 还可根据影响因素如水温、传感器等对这两个参数进行修正和通过爆震传感器对点火反馈控制等，实现点火系统的智能控制。

发动机工作时，点火提前角由 3 部分相加组成，即实际点火提前角 = 初始点火提前角 + 基本点火提前角 + 修正点火提前角。初始点火提前角由发动机结构及曲轴位置传感器安装位置决定，是未经电控单元修正的点火提前角。基本点火提前角是由电控单元转速和负荷所确定的。修正点火提前角由 ECU 的 CPU 根据发动机的转速和负荷以外的信号对点火提前角修正的角度。

3. 废气再循环控制装置

（1）废气再循环控制装置（EGR）概述。废气再循环控制装置是将发动机排放的一部分废气返回到进气管中，与新鲜的混合气混合后进入气缸，然后参与燃烧过程。它可以减少氮氧化合物的生成，降低燃烧的最高温度。其功能是根据发动机的工况，控制再循环的废气量，减少排放污染。

（2）EGR 率。EGR 率表示 EGR 系统的控制量，即

$$\text{EGR 率}=\frac{\text{EGR 气体流量}}{\text{吸入空气量}+\text{EGR 气体流量}}\times 100\% \tag{8.1}$$

当 EGR 率过大时，使燃烧速度太慢，燃烧变得不稳定，失火率增加，使碳氢化合物（HC）排放增加；若 EGR 率过小，氮氧化物（NO_x）排放达不到法规要求，易发生爆震、发动机过热等现象。

试验结果证明：当 EGR 率小于 10% 时，燃油消耗率基本不增加；当 EGR 率大于 20% 时，发动机燃烧不稳定，工作粗暴，HC 排放物将增加 10%。因此，通常将 EGR 率控制在 10% ～ 20% 范围内较合适。

（3）EGR 的工作原理。电子控制的 EGR（见图 8.16）是根据发动机 ECU 测得的发动机转速、负荷、温度状态等工况信号，由 EGR 计算出符合当时工况的最佳 EGR 率，并控制 EGR 执行器进行相应的操作。更为精确的 EGR 还对 EGR 率进行闭环控制，将实际的 EGR 率反馈给 ECU，供 ECU 对输出信号进行修正，以便实际 EGR 率与控制目标更为接近。

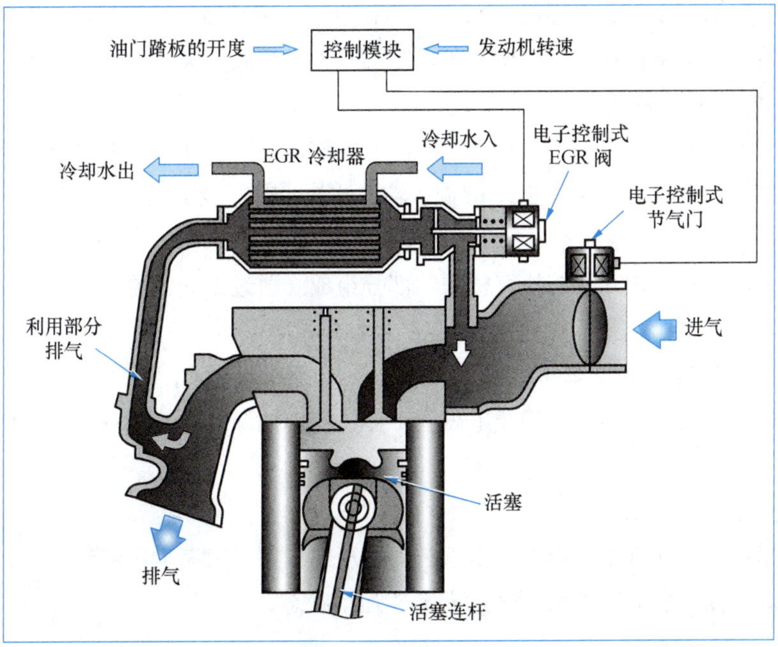

图 8.16　EGR 结构图

二、底盘技术

1. 自动变速器

自动变速器（ECT）是根据车速、驾驶员的愿望、道路情况等条件可在前进时自动变换车速，而不需要驾驶员手动换挡。

（1）组成：电液控制的 ECT 主要由液力变矩器、变速机构、液压控制系统、电子控制系统等组成（见图 8.17）。

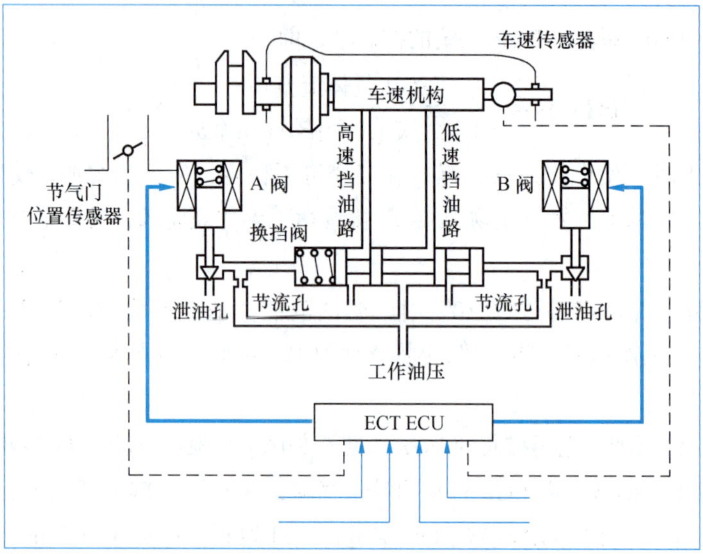

图 8.17　电液控制自动变速器基本原理图

ECT 电子控制系统主要有传感器、ECU 和执行机构。传感器包括节气门位置传感器、车速传感器、油温传感器、水温传感器、挡位开关、制动开关、模式开关、保持开关等。执行机构主要有换挡电磁阀、锁止电磁阀等。

（2）工作原理：液力变矩器位于自动变速器的最前面，安装在发动机的飞轮上，它利用液力传递的原理，将发动机的动力传给 ECT 的输入轴，此外，它还能实现无级变速，具有一定的减速增扭的功能。

变速机构是由齿轮机构和换挡执行机构两部分组成。通过不同齿轮的组合，改变传动比和传动方向，实现汽车空挡、前进挡和倒挡。

电子控制系统是 ECU 根据车速传感器、节气门位置传感器等输入信号，经过判断、运算、分析和处理，最后控制换挡电磁阀、锁止电磁阀工作，使不同组合的换挡执行元件工作，实现不同的挡位。

2. 制动防抱死控制系统

（1）滑移率：汽车在制动过程中，由于制动力矩的作用，使制动车轮经历了自由滚动、边滚边滑和抱死 3 个过程。常用滑移率（s）表示车轮运动状态，即

$$s=\frac{v-\omega\times r}{v}\times 100\% \qquad (8.2)$$

式中，v为车速，ω 为轮速，r为车轮半径。由式（8.2）计算可知，当车轮抱死时，滑移率

为 100%。

试验证明，滑移率与地面对车轮附着系 数有一定关系（见图 8.18），当车轮抱死时，侧向附着系数为 0，所以抱死时易发生侧滑现象。前轮侧滑会失去转向，而后轮侧滑易发生翻车等交通事故（见图 8.19）。因此，将滑移率控制在 20% 左右时，除了保证侧向有一定附着系数，还可获得最佳纵向附着系数。

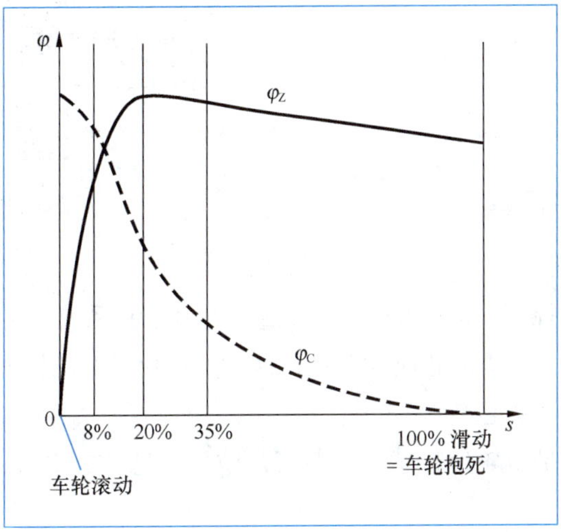

图 8.18　滑移率与附着系数的关系

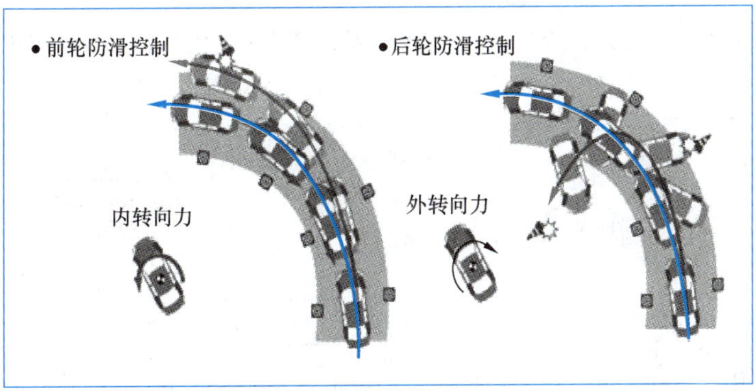

图 8.19　汽车发生侧滑状态

（2）ABS 的工作原理：ABS（Anti-lock Braking System）即防抱死制动系统，它是通过安装在各车轮或传动轴上的转速传感器检测各车轮的转速，由 ECU 计算出当时的车轮对应的滑移率，并与理想的滑移率相比较，向 ABS 液压调节装置输出控制信号。

当滑移率大于 20% 时，ECU 向液压调节装置输出 5V 电压，电磁阀上移（见图 8.20），使轮缸油液卸压；同理，当滑移率在 20% 左右时，ECU 输出 2.5V 电压，使轮缸油压保持不变（见图 8.21）；当滑移率小于 20% 时，ECU 不输出电压，使轮缸油压不断地增大（见图 8.22）。

（3）ABS 的优点：安装了 ABS 系统后，可防止车轮抱死，因而可达到改善轮胎的磨损情况，缩短制动距离，提高汽车制动稳定性，并使制动效果达到最佳状态。因此，ABS 系统在汽车上得到了广泛应用。

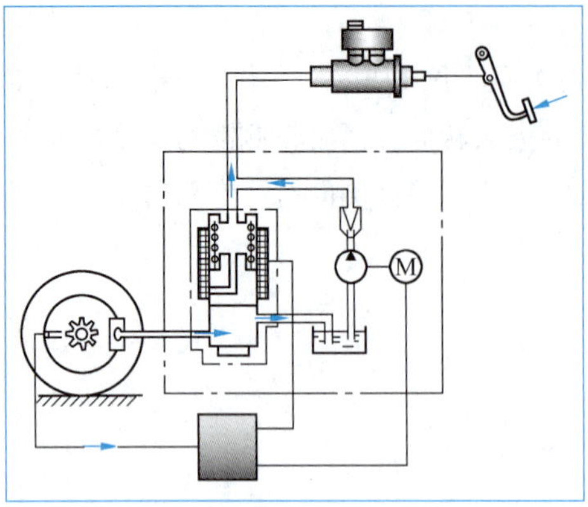

图 8.20 减压过程

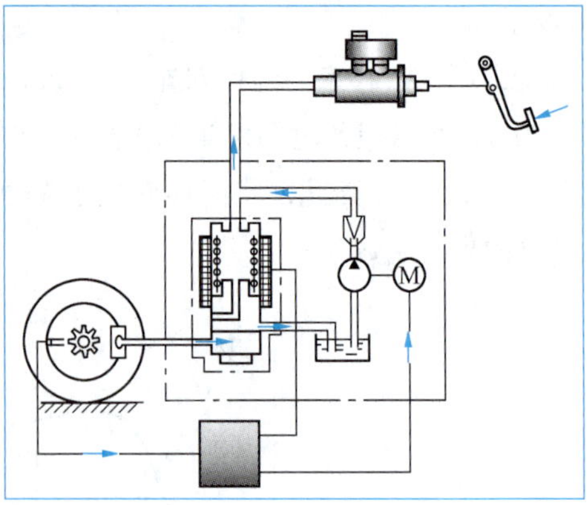

图 8.21 保压过程

3. 驱动防滑控制系统

（1）作用：驱动防滑控制系统（ASR），又称牵引力控制系统。它的作用是当汽车加速时将滑移率控制在一定范围内，从而防止驱动轮快速滑动。避免后驱动轮滑动容易甩尾，而前驱动轮滑动容易失去转向的汽车不稳定现象。

（2）系统组成：ASR 是由轮速传感器、节气门位置传感器、ECU、节气门作动器、驱动泵、压力调节器等组成。

（3）工作原理：ASR 的工作原理是，ECU 根据轮速传感器和车速传感器检测到某个驱动轮打滑时，就会自动降低发动机的输出功率，并对打滑的车轮施加制动力，直到该轮恢复正常的转动。该系统与 ABS 有许多共同之处，所以有些车将两者组成在一起使用（见图 8.23）。

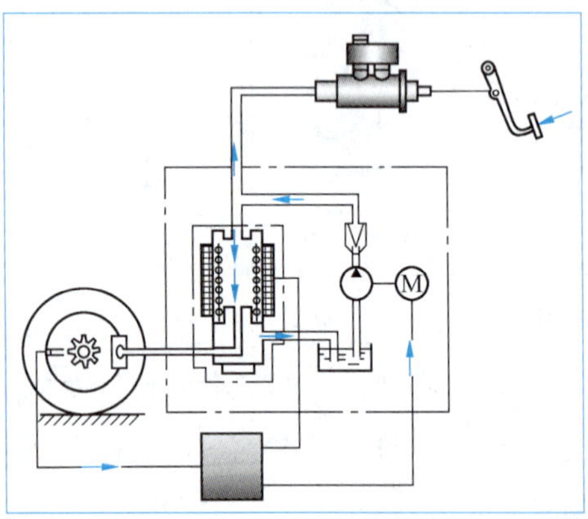

图 8.22 增压过程

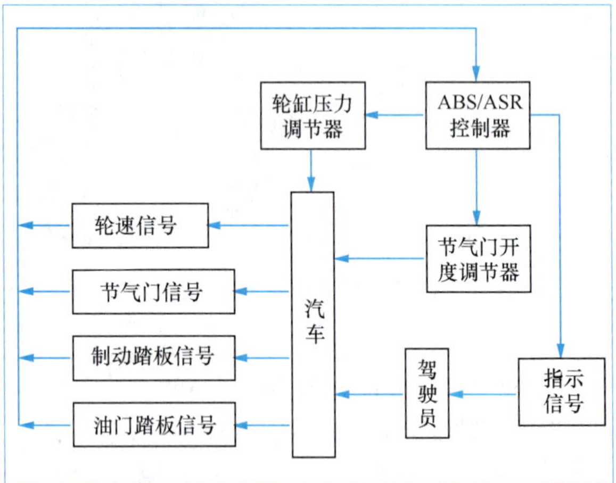

图 8.23 ABS 和 ASR 系统图

4. 电子稳定装置

（1）作用：电子稳定装置（ESP）实际上是一种牵引力控制系统，它不但控制驱动轮，还控制从动轮。例如，当后轮驱动汽车常出现的转向过多情况，此时后轮失控而甩尾，ESP 可控制外侧的前轮制动来稳定车辆；而当出现转向过少时，ESP 会控制内侧后轮制动来校正行驶方向。

（2）系统组成：ESP 包括制动防抱死系统（ABS）和驱动防滑控制系统（ASR）。ESP 是由控制单元（ECU）、转向传感器、车轮传感器、侧滑传感器、横向加速度传感器等组成。ESP 能够探测和分析车况并主动纠正驾驶的错误，防患于未然。ESP 对过度转向或不足转向特别敏感。例如，汽车在右转向不足时，会产生向右甩尾，传感器感觉到滑动就会迅速制动右后轮制动力并同时降低发动机输出扭矩，使其保持在原来的车道上（见图 8.24）。

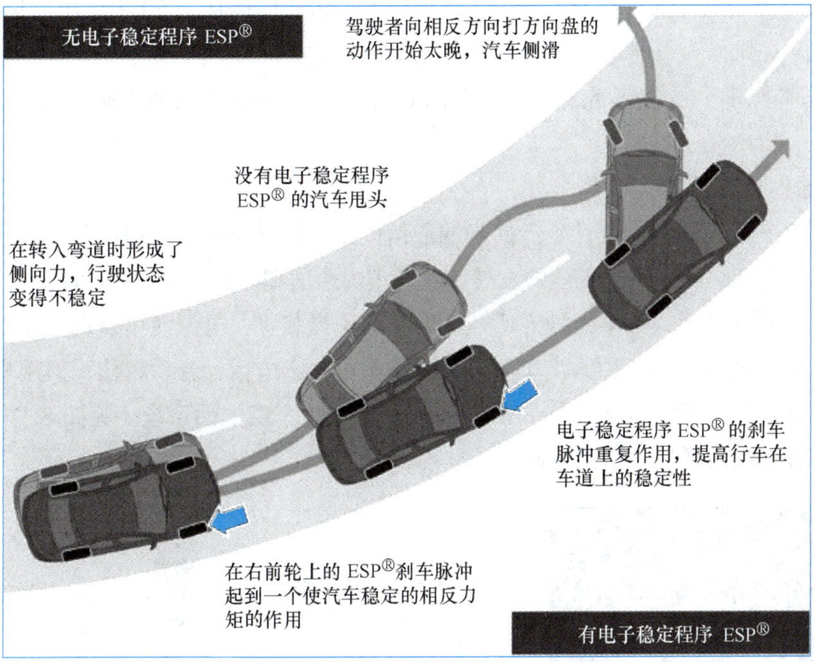

图 8.24　有 ESP 和无 ESP 汽车的运动状态

ESP 是保证车辆主动安全系统的终极设备，它替驾驶员完成了很多不可能的动作，让车能够更加易于控制。当车身出现轻微失控的时候，ESP 可以通过制动系统修正车身姿态，但当车拐弯速度太快，轮胎的附着力低于离心力的时候，ESP 也不能控制车辆。

5. 电子制动力分配系统

电子制动力分配系统（EBD）能根据汽车制动时产生轴荷转移的不同，而自动调节前、后轴的制动力分配比例，提高制动效能，并配合 ABS 系统提高制动稳定性。EBD 是在汽车制动瞬间，计算出 4 只轮胎的摩擦系数，调整制动装置，达到制动力与摩擦力的匹配，避免出现甩尾或回转运动的发生（见图 8.25），即 EBD 是在 ABS 基础上平衡每个轮胎的有效附着力，改善制动平衡，缩短制动距离。

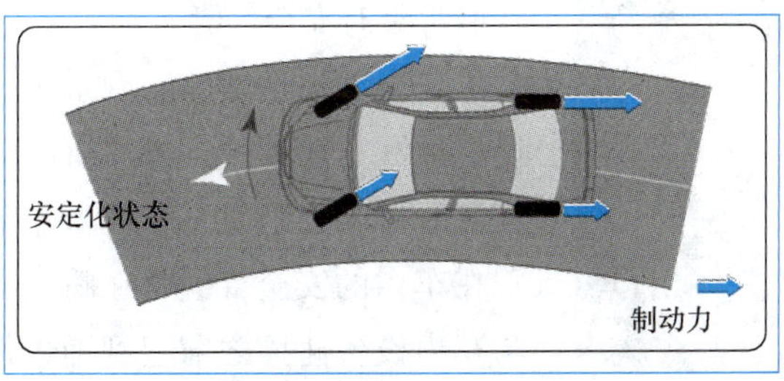

图 8.25　左右制动力分配控制

三、信息及导航系统

1. 车载自诊断系统

车载自诊断系统（OBD）可从发动机的运行状况随时监控汽车是否尾气超标，尾气一旦超标，会马上发出警示。当系统出现故障时，故障灯或检查发动机警告灯亮，同时动力总成控制模块（PCM）将故障信息存入存储器，通过一定程序可以将故障码从 PCM 中读出（见图 8.26）。根据故障码的提示，维修人员能迅速、准确地确定故障的性质和部位。

OBD 装置监测多个系统和部件，包括发动机、催化转化器、颗粒捕集器、氧传感器、排放系统、燃油系统、EGR 等。

2. 车载通信装置

汽车电话是专门为驾车人设计生产的高端通信产品，其安全性、适用性及与其他产品的兼容性等有着特殊的要求。随着汽车工业的发展，实现车内通信和办公乃是大势所趋。

汽车通信包括 3 种形式：第 1 种为低档次的车载免提装置，电源使用点烟器，安装容易，但可听辨程度及音质较差；第 2 种为汽车电话，属于车内固定电话，音质较佳，但用户必须另外买卡，开车时将手机转接到汽车电话上，较麻烦；第 3 种是车载电话系统（见图 8.27），可与驾车人电话匹配，此系统音质好，使用方便。

图 8.26　提取故障码

图 8.27　车载电话系统

四、安全气囊

安全气囊（SRS）（见图 8.28）是汽车被动安全中一项技术含量很高的产品。20 世纪 80 年代，汽车生产厂家开始逐渐装用安全气囊，进入 90 年代，安全气囊的装用量急剧上升，而进入 21 世纪以后，汽车上普遍都装有安全气囊。

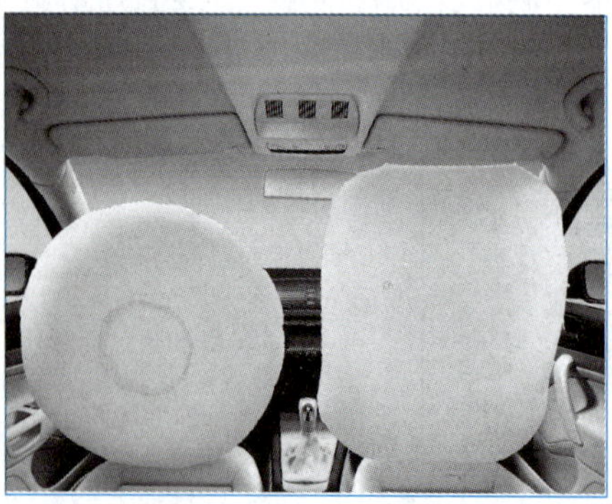

图 8.28　安全气囊工作

安全气囊是辅助安全系统，与安全带配合使用时可使事故死亡率降低 47% 左右。当汽车遭受一定碰撞后，气囊系统就会引发某种类似小剂量炸药的化学反应，隐藏在车内的安全气囊就在瞬间充气弹出，在乘员的身体与车内设备碰撞之前起到铺垫作用，减轻身体所受冲击力，从而减小乘员伤害的程度。

想一想

（1）现代汽车发动机方面有哪些新技术？各自有什么优点？

（2）现代汽车底盘方面有哪些新技术？各自有什么优点？

（3）请描述 ABS 系统是怎么工作的，它和传统制动系统相比有何优点。

第 3 节　未来的汽车
（Future Automobile）

汽车已经有一百多年历史了，它的动力源是内燃机，但是内燃机的缺陷就是效率很低，只有 20% ～ 30%。另外，目前内燃机的能源也愈显紧张，而且汽车的污染已成为世界的一大公害。随着人类生活水平的提高和科学技术的高速发展，人们对当今汽车的功能、性能、款式等方面的要求也越来越高，那么未来的汽车又将会是怎样的呢?

一、汽车环保绿色化

风驰电掣驾驶汽车的感觉固然美妙，但汽车尾气带来的环境污染越来越困扰诸多汽车厂商。尽管他们还没有找到一个根本的办法来整治这个“吞油吐烟”的家伙，但“绿色汽车”的研制已经早早地列入了汽车厂商的日程表。美国通用汽车及其德国的子公司欧宝公司，推出了“氢动一号”燃料电池汽车；戴姆勒 - 克莱斯勒则推出了以奔驰 A 系列为基础的燃料电池车——新能源 5 号；丰田汽车推出的 FINE-S 更是预示着这样一个事实：以氢能源为动力。不污染环境的“绿色轿车”已经开始进入人们的视野。

1. 电动汽车

电动汽车是指以电动机为驱动装置，并以蓄电池为能源的车辆。

电动汽车是目前可以达到零排放标准的机动车，它具有节能、污染小、能在特殊环境下使用、操作方便、噪声小等优点。

目前电动汽车用的电池性能还不理想，一次充电后汽车持续行驶里程短，同时充电、维修等基础设施的建设还不完善。

（1）混合动力电动汽车。混合动力电动汽车是两种不同动力驱动的汽车（见图 8.29）。目前混合动力汽车主要由内燃机、电动机、蓄电池、电控单元、车用辅助设备等组成。两种动力可以并联，也可以串联。混合动力汽车既有内燃机良好的动力性及长的行驶里程的优点，也有电动机零排放、低噪声、节约石油能源等优点。

（2）燃料电池电动汽车。燃料电池电动汽车是采用燃料电池作为电源的汽车。燃料电池是通过电化学反应将燃料的化学能直接转变为电能的高效率发电装置。燃料可以是氢气、甲醇、石油气、甲烷以及其他分解出氢的烃类化合物。目前，大多数燃料电池电动汽车使用压缩氢气或液态氢气作为燃料。

（3）太阳能汽车。太阳能是一种取之不尽，用之不竭的能源。太阳能汽车是靠太阳能电池作为电源。当太阳照射到车身上的太阳电池板时，根据光电转换原理，能立即产生直流电，供给直流电动机运转，驱动汽车行驶。当无光照射时，利用蓄电池储存的电能使汽车正常运行。所以太阳汽车可认为是太阳能和蓄电池组成的混合动力汽车。图 8.30 所示为匈牙利人设计的“Antro Solo”汽车。这辆车的动力系统非常特殊，它有 3 种动力来源：一是太阳能，整个车顶就是一个太阳能电池板，只靠太阳能就可以行驶；二是燃料，燃料既可采用汽油，又可采用乙醇，适合长距离行驶；三是人力，这辆车可以乘坐 3 个人，每一位乘客面前有一对踏板可用于人力发电，从而有助于使车子仅保持电动驱动模式。一旦人力驾驶疲倦，或者独自驾驶时，引擎就会开始发挥功能。

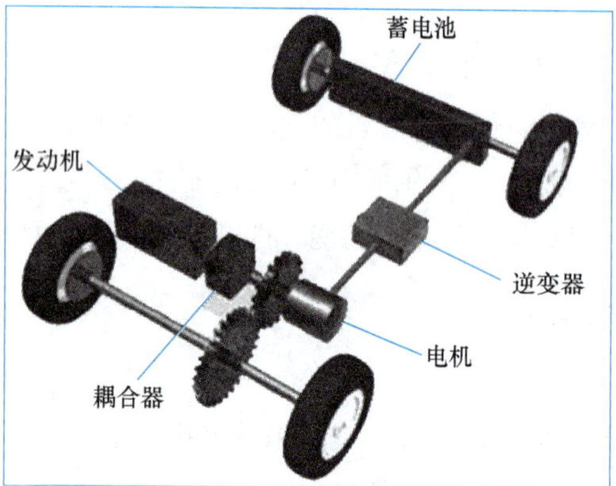

图 8.29　混合动力电动汽车

图 8.30　太阳能混合动力汽车

2. 燃气汽车

燃气汽车按使用燃料不同、燃料的使用形态不同和使用方法不同，可分为天然气汽车和液化石油气汽车。其中天然气汽车包括液化天然气汽车、压缩天然气汽车和吸附天然气汽车。

（1）液化天然气汽车（LNGV）。它是指以 –162℃左右低温液化并储存在车载绝热气瓶中的天然气作为燃料的汽车。

（2）压缩天然气汽车（CNGV）。它是指以多级加压压缩到 20MPa 左右并储存在车载高压气瓶中的气态天然气作为燃料的汽车。

图 8.31　液化石油气汽车

（3）吸附天然气汽车（ANGV）。它是指利用以中压状态储存在吸附罐内活性炭中的天然气作为燃料的汽车。

（4）液化石油气汽车（LPGV）。它是指以储存在车载气瓶中的液化石油作为燃料的汽车（见图 8.31）。

3. 醇燃料汽车

醇燃料主要指甲醇和乙醇，是汽车清洁替代燃料的一种。与汽油和柴油相比，醇类燃料氢碳原子比大且为含氧燃料，比汽油和柴油更容易燃烧，且污染少。此外，甲醇和乙醇是可再生资源，可由廉价原料等制造。

二、汽车功能人性化

汽车里的科技越来越人性化。由于电子和信息技术的介入，导致了汽车产业发生了革命性的变化，电子和信息技术在发动机管理、制动安全系统、控制悬挂装置等方面的广泛应用，使新潮流的“图文声讯汽车”应运而生。德国奥迪推出的装有自动导航功能全球定位系统的奥迪 A8，在车前方的中央控制板上有一块 5 英寸的彩色屏幕，这上面不仅能显示要去的酒店和许多景点的位置，按下一个按钮，一个十分友善的声音提示和地图上移动的箭头便会轻松地带你到达目的地。许多汽车生产商已开始研究更前卫的卫星定位系统，不仅可以更精确地导向，还可以防止车辆相撞。更多的系列功能还包括如何找到距离最近的医院、最近的餐馆、最近的加油站等。如果从这种意义上看，今后的汽车不仅只是交通工具，而且可以成为一个功能齐全的生活服务站（见图 8.32）。

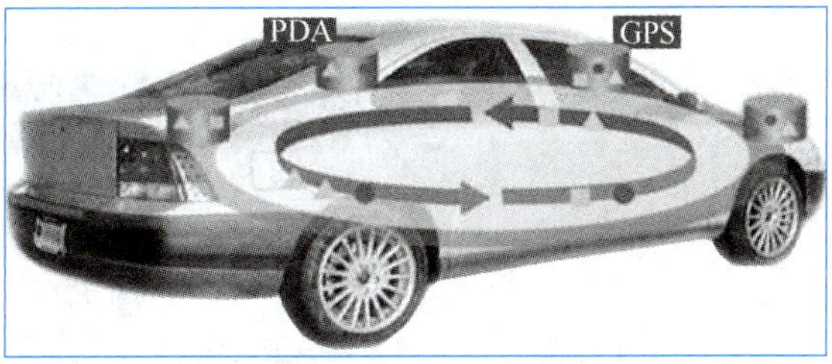

图 8.32　功能人性化的汽车

三、汽车安全智能化

交通安全一直是困扰交通业的大敌。为有效避免交通事故，汽车厂家将推出多种智能化避祸的汽车。在德国，负责车辆安全性能研究的科学家们将全球定位和安全气囊联系在一起，发明出一种多功能的气囊：在弹出的瞬间，气囊上的通信装置会把该车的准确位置以最快的速度通知最近的警察署和医院。这种看上去像电影情节的技术现在已经成为现实，日本已研究发明了 9 种安全技术，不久将陆续安装在汽车上。

（1）瞌睡警告系统。当驾驶员疏忽造成不正常的驾驶（如打瞌睡）时，自动刹车系统会自动启动，故障灯闪烁。

（2）紧急刹车先期警告系统。该系统感应到紧急刹车的先期动作后，会提前亮起刹车灯，可提醒后方车主，以免追尾。

（3）胎压监视系统。胎压不足时，主动提醒驾驶员及时充气。

（4）障碍警告系统。利用前方和左右后视镜的迷你摄影机监视并判别车辆与障碍物的相对距离、相对速度，并及时提醒驾驶员注意（见图 8.33）。

（5）高适应性快速系统。该系统加装了前方路况感知器，会根据前方车辆车速与跟车的距离，自动减速或加速。

（6）液动减速系统。该系统在驾驶员面对障碍物未采取足够的回避动作时会自动启动，使冲撞速度降到最低。

（7）夜间行人监视系统。可协助驾驶员避免夜间视觉死角误撞行人。

（8）紧急事件自动通报系统。该系统包括碰撞感知器、车辆坐标器、车内乘员情况输入器、无线电对讲机等，与基地电台保持密切联系。当发生意外事故时，基地便可立即为该车辆提供急救措施。

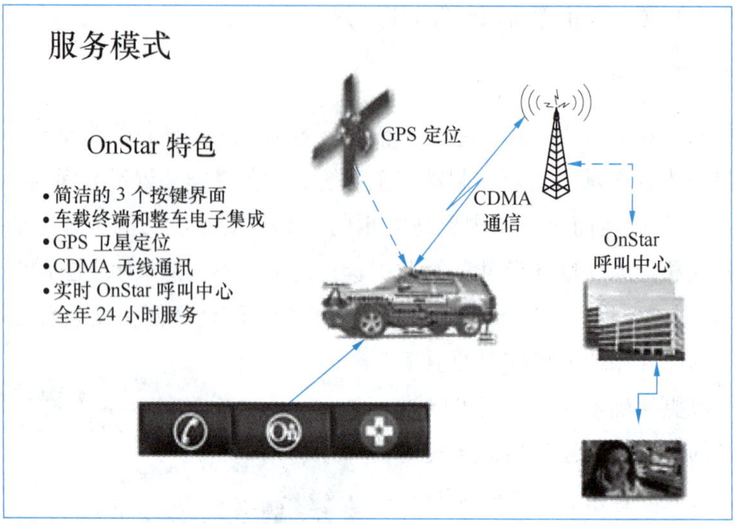

图 8.33　智能通信

（9）风挡玻璃细珠化表面处理系统。可降低下雨天水珠散布在风挡玻璃上所造成的视线不良。

更有趣的是，美国推出了防醉汉汽车，这种汽车装有电脑，可向发动机的点火系统发出指令。如果驾驶员酒后体内的酒精含量超过规定范围，电脑则立即发出指令，使发动机的点火装置失效。

四、汽车款式多样化

放眼车市，大的、小的、长的、方的、椭圆的各种车型款式应有尽有，可谓五花八门，诸如加长型礼车、敞篷车、双敞篷车、小跑车、厢型车、轿式休旅车、休闲越野车、五轮车、三轮车等。汽车做大做小都可以是一种趋势与流行。

（1）越小越有趣。最为经典的车型有 SMART、MINI、大众甲壳虫。小车有它特殊的定位，有趣可算是小车最能打动人的地方。图 8.34 所示为菲亚特 2008 年发布的一款小车 Fiat Phylla。该车最引人注目的就是它与众不同的外形，采用了非对称设计，另外，其 4 个车轮内都有电动马达，由可充电锂电池供电，而车顶、车窗和车门上都装有太阳能电池板，时刻为电池充电。

图 8.35 所示为一款德国奔驰汽车集团和 Swatch 公司共同合作的产物——精灵小车 Smart Crossblade。这可能是最小的敞篷车，两座，少了前挡风，没有车门，也可以说是最酷的小车。Smart Crossblade 车重 750kg，最大马力为 70hp，扭力为 11kgm，最高时速为 135km。

图 8.34　菲亚特 Fiat Phylla

图 8.35　精灵小车 Smart Crossblade

（2）越大越豪华。红旗、宾利、奔驰、宝马等加长车都比较大，因为大才显得气派，乘坐才舒服（见图 8.36）。

图 8.36　加长林肯

五、汽车设计动感化

同 20 世纪 90 年代初四四方方、棱角分明的风格不同，滴水型、风速型等设计理念不断融入到新款汽车中，原来的硬朗线条逐渐演变为柔和圆润、厚重饱满。宝来之于捷达、奥迪 A6 之于奥迪 100，这些带有血源关系的“进化”已经充分证实了这一点。一些新近推出的概念车更是无可争辩地说明了这个事实，克莱斯勒 PT 浪漫者、日产无限 G35 跑车因流线型的外观设计，给人这样一种印象：车子停着的时候都让人感觉车在运动（见图 8.37）。“动”的设计理念越来越被采用，一些厂家甚至在一些细节上做起“动”的文章，如尾灯设计，在各种形状的尾灯造型上突出圆形图案，显得活泼而富有动感。

想一想

（1）除了书中所列举的未来汽车，你认为，未来的汽 车还可以是怎么样的？

（2）智能汽车主要指哪些方面的智能？

图 8.37　动感化汽车

本章小结

1. 汽车技术发展概况
   - 汽车技术的里程碑
     - 梅塞德斯—— 开创先河
     - 福特公司——大批量生产
     - 雪铁龙—— 前轮驱动
     - “迷你”汽车——风采不减
     - “MPV”——风靡20世纪90年代
   - 汽车技术概述
     - 汽车电子化
     - 汽车信息化
     - 汽车娱乐体
     - 汽车网络化
     - 汽车智能化

2. 现代汽车技术
   - 发动机技术
   - 底盘技术
   - 信息及导航系统
   - 安全气囊

3. 未来的汽车
   - 汽车环保绿色化
   - 汽车功能人性化
   - 汽车安全智能化
   - 汽车款式多样化
   - 汽车设计动感化

思考与练习

（1）汽车技术发展各里程碑的时间大约在何时？

（2）自行查阅资料，了解现代汽车车身技术的内容，并在课堂上分组相互交流。

（3）大众 Passat CC 中，汽车各项技术的应用如何？

（4）宝马 xDrive35i 中，汽车各项技术的应用如何？

（5）有人说：“自动变速器即无级变速器”，你认为对吗？

（6）试述汽车环保绿色化的意义。

（7）试述汽车功能人性化的意义。

（8）试述汽车安全智能化的意义。

（9）试述汽车款式多样化的意义。

（10）试述汽车设计动感化的意义。

参 考 文 献

[1] 沈略. 汽车学史 [M]. 北京：北京新华出版社，2006.

[2] 谢攀. 百年汽车史话丛书 [M]. 北京：机械工业出版社，2007.

[3] 杨明刚. 车行天下 [M]. 上海：上海文化出版社，2007.

[4] 张国方，宋景芬，李江天. 车文化 [M]. 北京：人民交通出版社，2008.

[5] 帅石金. 汽车文化 [M]. 北京：清华大学出版社，2007.

[6] 宋景芬. 汽车文化 [M]. 北京：电子工业出版社，2005.

[7] 王震坡. 现代汽车艺术鉴赏 [M]. 北京：北京理工大学出版社，2008.

[8] 凌永成. 现代汽车与汽车文化 [M]. 北京：清华大学出版社，2005.

[9] Jim Hinckley, Jon G. Robinson. The Big Book of Car Culture[M]. Motorbooks International Company 2005 First Edition.

[10] Julian Pettifier, Nigel Turner.Automania[M]. Collins Company 1984 First Edition.